基础会计

主　编　阳春芳
副主编　吕桂兰　付　晓　秦永萍
参　编　李永登　梅　焰　吕晓明　周世林

中国财富出版社有限公司

图书在版编目（CIP）数据

基础会计／阳春芳主编．—北京：中国财富出版社有限公司，2020.11

ISBN 978－7－5047－7115－5

Ⅰ.①基…　Ⅱ.①阳…　Ⅲ.①会计学　Ⅳ.①F230

中国版本图书馆 CIP 数据核字（2020）第 233058 号

策划编辑 郭　莹　　**责任编辑** 张红燕　王蓓佳

责任印制 尚立业　　**责任校对** 杨小静　　**责任发行** 董　倩

出版发行 中国财富出版社有限公司

社　　址 北京市丰台区南四环西路 188 号 5 区 20 楼　　**邮政编码** 100070

电　　话 010－52227588 转 2098（发行部）　　010－52227588 转 321（总编室）

010－52227588 转 100（读者服务部）　　010－52227588 转 305（质检部）

网　　址 http：//www.cfpress.com.cn　　**排　　版** 宝蕾元

经　　销 新华书店　　**印　　刷** 宝蕾元仁浩（天津）印刷有限公司

书　　号 ISBN 978－7－5047－7115－5/F・3272

开　　本 787mm×1092mm　1/16　　**版　　次** 2021 年 5 月第 1 版

印　　张 16　　**印　　次** 2021 年 5 月第 1 次印刷

字　　数 341 千字　　**定　　价** 42.00 元

版权所有・侵权必究・印装差错・负责调换

前　言

习近平总书记在致首届国际教育信息化大会的贺信中提出，要“积极推动信息技术与教育融合创新发展”“坚持不懈推进教育信息化，努力以信息化为手段扩大优质教育资源覆盖面”。教育部也印发了《教育信息化“十三五”规划》，教育信息化已经成为今后工作的目标和方向。

在这个大背景下，职业院校的教育理念和教师的执教能力都面临着重大考验，职业院校、职业院校教师乃至职业院校学生，都需要转变思想，适应国家教育改革的新精神、新理念。只有摒弃旧有模式和理念、进行脱胎换骨变革的职业院校，才能最终适应这个时代。

会计教育在此转型期同样面临这一挑战。会计的教学若要契合时代的要求，适应“互联网＋”时代的特点，就要进行全方位的改革。这种改革不仅体现在教学上，也体现在教材上。一套好的教材是支撑教学的基础，教学的改革其实是以教材的改革为先导的。我们目前的教材大多拘泥于固有理念，内容上比较陈旧，形式上也并没有适应移动互联网时代学习的碎片化、信息化和立体化的特征，远远不能满足时代的需求。教材的改革没有突破，很大程度上阻碍了我国会计教学的突破。

本书充分体现了“互联网＋”时代的特征。本书根据最新的会计准则体系进行编写，以基础会计核算为主线，包含基础理论知识及编制财务报表的整套操作流程，充分考虑了会计行业入门者的需求。通过本书的学习，学生能够了解会计基础知识，掌握基本专业技能，从而具备执业能力。

本书具有以下特点。

（1）内容新颖。本书根据修订后的准则体系进行编写，内容既新又全，例题均以案例形式体现，帮助学生更快地掌握新会计准则。

（2）知识面广。本书能帮助学生了解会计基础理论，掌握后续专业课程学习所需的必要基础知识，具备会计基础工作的职业能力。

（3）实用性强。每个项目模块后附有“知识小结”，并配备了“技能强化”，帮助学生进行自我检测，强化基础知识的掌握及运用，实现“工学结合”。

本书在编写过程中参阅了会计专业的许多优秀教材，在此对其作者表示诚挚的感谢。

在本书编写与出版过程中，我们尽量做到精益求精，但由于水平和时间有限，书中难免存在错误和不足之处，敬请广大读者批评指正。

编　者

2020年10月

目　录

项目一　总论

任务一　会计概述

一、会计的产生与发展

会计的产生与发展取决于社会生产力的发展和人们管理生产的客观需要。人类要生存，就要进行必要的物质生产，并力求以最少的消耗取得最大的经济效益，这就需要对劳动所得与所费进行记录、计算、比较、分析，以达到节约劳动耗费、提高经济效益的目的。会计正是在社会生产实践中由于管理的需要而产生的，并随着社会经济的发展和科学技术的进步而不断发展变化，经历了一个由简单到复杂、由低级到高级、由不完善到逐步完善的发展过程。

（一）古代会计

早在原始社会，我国就已经有了很简单的计算工作。人们从事的生产活动最初只能用头脑来记忆，后来人们才学会用一些非常原始和简单的形式把有关事物记录下来帮助记忆，例如在树干或石头上刻画实物的形象，并记录各种实物的数量。到了黄帝、尧舜时期，我国出现了书契计量，即用文字、数字刻画的简单记录和计量。在复式记账法出现以前这些时期都被称作古代会计阶段。

到西周时期，随着生产力的进一步发展，原始社会解体，进入奴隶社会。西周是我国奴隶制经济发展的鼎盛时期，这一时期的农业、手工业及商业都有了显著的发展。当时西周王朝已设立了“司会”这一专职官吏来掌管国家和地方的“百物财用”，“司会”下面设有掌管王朝全部会计账簿的“司书”。“会计”一词曾出现在西周时期《周礼·天官》中，篇中指出：“司会掌邦之六典、八法、八则……而听其会计。以参互考日成，以月要考月成，以岁会考岁成。”而“参互”“月要”“岁会”则相当于现代的日报、月报、年报这些会计报表。这时的会计，已有记录、计算、考核和监督的内容，并且还出现了会计制度的简略轮廓。可见，西周时期会计方法已有一定的发展。

唐宋时期社会生产力快速发展，社会财富不断增加，从而使会计核算的方法又有了较大的发展。唐代出现了“账簿”一词，到了唐末宋初会计有了突飞猛进的发展，出现了“四柱清册”的会计核算方法，即在会计账册和报表中并列“旧管”“新收”“开除”“实在”四柱，其含义分别相当于现代会计中的期初结存、本期收入、本期支出、期末结存。四柱之间的数量关系可用会计方程式“旧管＋新收－开除＝实在”表示。在四柱中，每一柱都反映着经济活动的一定内容，它们之间相互联系、相互制约，形成统一的整体。“四柱清册”的创建和运用，是我国会计理论和技术的重大发展，它为我国通行多年的收付记账法奠定了理论基础，使我国传统的单式收付记账法提高到较为科学的层次。

明末清初，我国的商业和手工业空前地繁荣，出现了我国封建经济中的资本主义萌芽，并出现了比“四柱清册”更加完备的“龙门账”核算方法。“龙门账”，即把全部账目分为“进”“缴”“存”“该”四大类，其含义分别是收入、支出、资产、负债。四者之间的数量关系可用会计方程式“进－缴＝存－该”或“进＋该＝存＋缴”表示。年终，按照上式，从两方面计算盈亏，即“进－缴＝盈亏”“存－该＝盈亏”，两式计算结果相符，称为“合龙门”。年终结账时，分别编制“进缴表”和“存该表”，两表各自计算出的差额应该相等。“龙门账”中的“进缴表”和“存该表”分别与现代会计中的损益表和资产负债表的意义与作用相近。

在“龙门账”的基础上，我国会计工作者又创造了“四脚账”，这种账簿主要应用在民间商业。“四脚账”对企业日常发生的经济事项，均在账簿上记录两笔账，即要登记某一账项的来龙去脉。这为近代会计中的“复式记账”原理做出过重要的贡献。

（二）近代会计

近代我国实行闭关自给的经济政策，致使社会生产力逐渐落后。到了19世纪中叶，我国逐渐沦为半殖民地半封建社会，会计发展的步伐一直停滞不前。

清朝中期以后，我国出现了定额管理制度。中式会计随着生产的发展，在原有基础上更加完善。此后，由于商品货币经济又有了进一步的发展和外国资本主义的侵入，我国产生了资本主义萌芽，封建制度开始崩溃瓦解，并传来了西方会计。

（三）现代会计

新中国成立之初，会计方面主要是学习苏联。改革开放以后，我国于1985年出台了《中华人民共和国会计法》，这对促进改革开放发挥了重要作用。财政部于1992年发布了《企业会计准则》《企业财务通则》和行业的会计制度、财务制度（简称“两则两制”），1993年7月1日起在所有企业实施。这次会计改革的主要目的是适应改革开放和发展外向型经济的需要，使我国会计业务的处理逐渐朝国际化、通用化的方向发展。1999 年根据改革开放发展的需要，我国对《中华人民共和国会计法》进行了修订。2006 年财政部颁布新的《企业会计准则》，标志着我国会计进入了国际化发展的新阶段。

会计是随着社会生产的发展和经济管理要求的提高而产生发展的。经济越发展，生产力水平越高，生产规模越大，人们对经济管理的要求越高，会计也就越重要。

【例 1－1】（单选）“司会”一职最早在（　　）时期设置。

A. 西周　　B. 宋代　　C. 清代　　D. 商代

【解析】 正确答案为 A 项。西周时期的《周礼・天官》中记载。

【练 1－1】（单选）“会计”一词最早出现在（　　）时期。

A. 商代　　B. 西周　　C. 唐宋　　D. 明清

二、会计的概念与特征

（一）会计的概念

会计是以货币为主要计量单位，运用一系列的专门方法，核算和监督一个单位经济活动的一种经济管理工作。

（二）会计的基本特征

1. 会计以货币为主要计量单位

对经济活动进行计量，可以采用实物量度、劳动量度和货币量度三种计量单位。但在商品经济条件下，只有把货币作为基本计量单位，才能计量一切经济活动，进行系统的记录、计算、分析和考核，比较劳动耗费与劳动所得，核算劳动成果，达到加强经济管理的目的。这是因为货币是固定地充当一般等价物的特殊商品。

2. 会计拥有一系列专门方法

会计方法是指用来核算和监督会计对象、执行会计职能、实现会计目标的手段，是人们在长期的会计实践中总结创立的各种技术方法，包括会计核算方法、会计分析方法、会计检查方法等。其中会计核算方法是最基本、最主要的方法，常用的会计核算方法主要有设置账户、复式记账、填制和审核凭证、登记账簿、成本计算、财产清查、编制财务会计报告。

3. 会计具有核算和监督的基本职能

会计一方面要按照会计法规、制度的要求，对经济活动进行确认、计量和报告，另一方面要对业务活动的合法性、合理性进行审查。会计核算和监督是会计工作最基本的职能，贯穿于会计工作的全过程，也是会计管理活动的重要表现形式。会计核算是会计工作的基础，会计监督是会计工作质量的保证。

4. 会计的本质就是管理活动

会计产生于人们管理社会生产和经济事务的过程，传统意义上的会计，主要是账务处理，仅限于事后的记账、算账、报账等工作。随着社会经济的发展，现代意义上的会计不仅为管理人员提供各种数据资料，还通过各种方式直接进行管理，例如参与经济管理、进行经营决策、评价经营业绩、预测经济前景等。因此，从本质属性看，会计本身就是一种管理活动；从职能属性看，核算和监督本身也是管理活动。

【例 1 -2】（多选）会计具有的基本特征包括（　　）。

A. 会计以货币为主要计量单位　　B. 会计拥有一系列专门方法

C. 会计具有核算和监督的基本职能　　D. 会计的本质就是管理活动

【解析】 正确答案为 A、B、C、D 项。

【练 1 -2】（单选）会计以（　　）为主要计量单位。

A. 金额　　B. 数量　　C. 货币　　D. 时间

三、会计的基本职能

会计的职能是指会计在经济管理中所具有的功能。会计的基本职能包括会计核算和会计监督。

（一）会计核算职能

会计核算职能，又称会计反映职能，是指会计以货币为主要计量单位，通过对特定主体的经济活动进行确认、计量和报告，如实反映特定主体的财务状况、经营成果（或运营绩效）和现金流量等信息。会计确认解决的是定性问题，即判断所发生的经济业务属于哪个会计要素及具体会计科目；会计计量解决的是定量问题，即在会计确认的基础上确定具体金额；会计报告是将确认、计量和记录的结果以财务报告的形式提供给信息使用者。

（二）会计监督职能

会计监督职能，又称会计控制职能，是指会计机构和会计人员依照法律的规定，通过会计手段对经济活动的合法性和合理性进行审查的功能。

（1）合法性审查是针对各项经济业务是否遵守国家有关法律制度、是否执行国家各项方针政策等情况的审查，以杜绝违反财经法纪的行为。

（2）合理性审查是指对经济业务是否符合经济运行的客观规律和单位的内部管理要求、是否执行了单位的财务收支计划、是否有利于经营目标或预算目标的实现等进行的审查，为单位增收节支、提高经济效益和社会效益把关。

会计监督贯穿于会计管理活动的全过程，包括事前监督、事中监督和事后监督。

（三）会计核算与监督职能的关系

会计核算与监督两者关系密切、相辅相成。会计核算是会计的首要职能，也是会计监督的基础。会计核算工作的质量会直接影响到会计信息的质量，会计核算为会计监督提供依据；会计监督是会计核算的保证。

会计的职能除核算与监督两项基本职能外，还有预测经济前景、参与经济决策、评价经营业绩等拓展职能。

【例 1-3】（多选）会计的基本职能有（　　）。

A. 会计检查　B. 会计核算　C. 会计管理　D. 会计监督

【解析】正确答案为 B、D 项。会计的基本职能包括会计核算和会计监督。除这两个基本职能外，会计还具有预测经济前景、参与经济决策、评价经营业绩等职能。

【练 1-3】（多选）会计监督职能是对经济活动的（　　）进行监督。

A. 准确性　B. 合法性　C. 合理性　D. 效益性

任务二　会计对象与会计基本假设

一、会计对象

会计对象是指会计核算和监督的内容，即特定主体能够以货币表现的经济活动。具体来讲，会计对象就是会计主体能够量化为货币的经济活动。能够以货币表现的经济活动通常又被称为资金运动，因此，会计对象就是会计主体的资金运动。

【例 1-4】（判断）会计对象是社会再生产过程中的全部经济活动。（　　）

【解析】错误。会计对象是特定主体能够以货币表现的经济活动，社会再生产过程中的某些经济活动如果不能量化为货币，则不属于会计对象。

资金是指一个单位所拥有的各种财产物资的货币表现。资金运动是指资金的形态变化和位置移动。资金运动具有客观性，资金运动的客观性体现在任何国家、任何地区、任何单位的资金都要经过资金的投入、资金的循环与周转、资金的退出这样一个运动过程。通常情况下，对任何单位来说，资金的投入、退出基本一致。资金的循环与周转在不同的单位则存在较大的差异，其具体运动形式并不完全相同。在此，仅以工业企业为例说明企业的资金运动（见图1－1）。

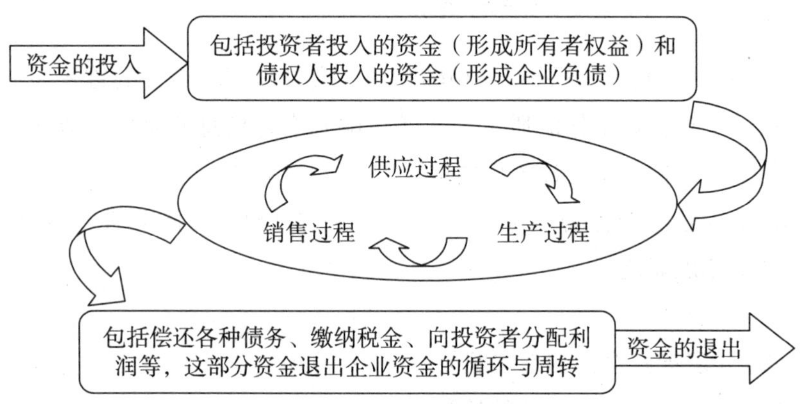

图1－1　工业企业的资金运动

（一）资金的投入与退出

资金的投入是单位取得资金的过程，是资金运动的起点。单位资金的来源包括投资者投入的资金和向债权人借入的资金。成立公司，需要注册资本，即投资者按照法律规定应投入的资本，可表现为货币资金，也可表现为原材料、固定资产、无形资产等非货币性资产，此项投入形成所有者权益。单位成立后，在运营的过程中，存在资金不足或需要扩大经营规模等情况时，还可以从单位外部借取一定的资金，本单位为债务人，对方为债权人，此项借款形成债权人权益（又称企业负债）。

资金的退出是指资金离开本单位，退出资金的循环与周转。资金退出是资金运动的终点，主要包括偿还各项债务、依法缴纳各项税费以及向投资者分配利润等。

【练1－4】（多选）资金退出包括（　　）。

A. 偿还债务　　　　B. 缴纳税金

C. 向投资者分配利润　　　　D. 经法定程序减少注册资本

（二）资金的循环与周转

企业将资金用于生产经营过程就开始了资金的循环与周转。企业的生产经营活动通常包括供应过程、生产过程和销售过程三个阶段，这三个阶段的资金构成了开放式的资金运动形式，是相互联系、相互制约的统一体。资金的循环与周转内容如表 1－1 所示。

表 1－1　　资金的循环与周转内容一览

<table>
<tr><td rowspan="6">资金的循环与周转</td><td>供应过程</td><td colspan="4">企业进行采购，为生产产品做必要的物资准备，如购买劳动对象（各种材料），并与供应单位发生货款的结算关系</td></tr>
<tr><td rowspan="4">生产过程</td><td rowspan="4">生产费用</td><td>劳动对象的耗费</td><td>各种材料的耗费等</td><td rowspan="4">劳动者通过劳动手段将劳动对象加工成产品，相应地发生生产费用，也引起企业与工人、企业与有关单位之间的结算关系</td></tr>
<tr><td>劳动资料的耗费</td><td>厂房、机器设备等固定资产的折旧费等</td></tr>
<tr><td>劳动力的耗费</td><td>职工工资以及职工福利费等</td></tr>
<tr><td>其他耗费</td><td>支付的生产部门办公费、水电费等</td></tr>
<tr><td>销售过程</td><td colspan="4">企业将生产的产品对外销售并取得收入，发生销售费用、缴纳税金、回收货款等业务，并与购货单位、税务及相关部门发生结算关系</td></tr>
</table>

【例 1－5】（思考）在资金的循环与周转中，劳动对象的实物形态与资金形态有何不同？

【解析】在资金的循环与周转中，劳动对象的实物形态在供应、生产、销售等环节依次发生转变，即“原材料—在产品—库存商品”；资金形态也相应地发生变化，即“货币资金—储备资金—生产资金—成品资金—结算资金—货币资金”。资金运动从货币资金形态又回到货币资金形态，便完成了一次资金循环，资金的不断循环就是资金周转。

【练 1－5】（多选）资金循环过程中资金的形态包括（　　）。

A. 储备资金　　B. 生产资金　　C. 成品资金　　D. 结算资金

二、会计核算的具体内容

企业的资金运动，也称企业的经济业务事项。经济业务事项包括经济业务（又称经济交易）和经济事项两类。经济业务，是指单位与其他单位和个人之间发生的各种经济利益交换。经济事项是指在单位内部发生的具有经济影响的各类事项。这些经济业务事项内容就是会计核算的具体内容。现以企业为例加以说明。

1. 款项和有价证券的收付

款项是作为支付手段的货币资金，主要包括现金、银行存款以及其他货币资金等；有价证券是表示一定财产拥有权或支配权的证券，包括股票和债券等。款项和有价证券是流动性最强的资产，企业必须按照国家统一的会计制度的规定，加强监督管理，及时、如实地核算其收付及结存。

【练1－6】（多选）下列属于有价证券的是（　　）。

A. 国库券　　B. 应收票据　　C. 企业债券　　D. 股票

2. 财物的收发、增减和使用

财物是财产、物资的简称，企业的财物是企业进行生产经营活动且具有实物形态的经济资源，一般包括流动资产和非流动资产。

【例1－6】（多选）下列属于财物范畴的是（　　）。

A. 款项及有价证券　　B. 原材料　　C. 房屋建筑物　　D. 周转材料

【解析】 正确答案为B、C、D项。财物包括原材料、燃料、周转材料、在产品、自制半成品、库存商品、房屋建筑物、机器设备、运输工具等。

3. 债权、债务的发生和结算

债权是企业收取款项的权利，一般包括各种应收和预付款项等，如应收账款、应收票据、其他应收款、预付账款等。

债务是企业承担的需要偿付的现时义务，一般包括各项借款、应付和预收款项以及应交款项等，如短期借款、应付票据、应付账款、预收账款、应付职工薪酬、应交税费、应付股利、其他应付款、长期借款、应付债券、长期应付款等。

【练1－7】（多选）从会计意义看，属于单位债权的是（　　）。

A. 应收账款　　B. 应收票据　　C. 其他应收款　　D. 预收账款

4. 资本的增减

资本是投资者为开展生产经营活动而投入的本金，是企业进行生产经营活动的必要条件，是现代企业明晰产权关系的重要标志。会计上的资本专指所有者权益中的投入资本，包括实收资本（股本）和资本公积。

5. 收入、支出、费用、成本的计算

收入是指企业在日常活动中形成的、会导致所有者权益增加的、与所有者投入资

本无关的经济利益的总流入，例如销售商品收入、提供劳务收入、让渡资产使用权收入。

支出是指企业实际发生的各项开支，以及在正常生产经营活动以外的支出和损失。以支出的属性为标准对支出进行划分时，如果一项支出符合资产的定义，则形成企业的资产，否则为当期费用或损失。

费用是指企业在日常生活中发生的、会导致所有者权益减少的、与向所有者分配利润无关的经济利益的总流出，是为了取得收入而发生的资源耗费。费用通常包括营业成本和期间费用。

成本是指企业为生产产品、提供劳务而发生的各种耗费，是按一定产品或劳务对象归集的费用，是对象化的费用。产品的成本项目包括直接材料费、直接人工费、应分摊的制造费用。

【例1－7】（单选）下列属于生产成本的是（　　）。

A. 销售费用　　B. 财务费用　　C. 管理费用　　D. 制造费用

【解析】 正确答案为D项。成本是对象化的费用，产品成本是指一定种类和数量的产品所应负担的生产费用，包括直接材料费、直接人工费和应分摊的制造费用。

6. 财务成果的计算和处理

财务成果主要是指企业在一定时期内通过从事生产经营活动而在财务上取得的结果，具体表现为盈利或亏损。

7. 需要办理会计手续、进行会计核算的其他事项

需要办理会计手续、进行会计核算的其他事项，是指除以上所列举的六类经济业务事项以外的、按照国家统一的会计制度规定应办理会计手续和进行会计核算的其他经济业务事项。

三、会计基本假设

会计基本假设是会计确认、计量和报告的前提，是对会计核算所处时间、空间范围等所做出的合理假设。

不同单位的经济活动各不相同，会计工作需要根据经济业务的不同情况，选择合适的会计方法进行处理，这就需要先设定一些前提条件，并在这些假设的条件下进行会计核算，如果离开这些假设，就无法选择正确的核算方法，很难及时地将特定单位的财务状况、经营成果和现金流量情况准确地予以反映。一般认为，会计核算的基本假设有会计主体、持续经营、会计分期和货币计量。

（一）会计主体

会计主体是指会计所核算和监督的特定单位或组织，是会计确认、计量和报告的空间范围。在开展会计核算之前，必须首先明确为谁做账，以避免将会计主体与其他经济主体相混淆。会计主体的假设明确界定了从事会计工作和提供会计信息的空间范围。

【例1－8】（思考）对会计主体的理解需要注意区分哪些问题？

【解析】（1）会计主体与法律主体的区分。一般来说，法律主体往往是一个会计主体，但会计主体不一定是法律主体。例如一个企业、一个机关、一个学校、一个医院、一个社会团体等，这些个体单位都是独立法人，应将这些单位分别作为一个会计主体。基于内部管理的需要，企业内部的分公司、营业部、生产车间等也可以单独进行核算，可将其分别视为一个会计主体，但不是法律主体。

（2）会计主体的经济业务与往来企业的经济业务的区分。会计人员只能核算和监督所在主体的经济业务，不能超越范围核算和监督其他主体的经济业务。例如甲公司向乙公司销售一批商品，对甲来说形成一笔销售收入，而对乙来说则是一笔购买支出。同一笔业务，由于所处的主体不同，会计处理的结果就会不同。

（3）会计主体的经济活动与会计主体所有者及职工个人的经济活动的区分。例如甲公司应该核算本公司股东投入甲公司的股本，而不能把甲公司股东个人的支出作为甲公司的支出核算。

【例1－9】（多选）以下可以作为会计主体的是（　　）。

A. 法人企业　　B. 企业集团　　C. 社会保险基金　　D. 一个社会团体

【解析】正确答案为A、B、C、D项。会计主体界定的是会计核算的范围，会计主体必须能够独立核算，本题4个选项都符合会计主体的定义。

（二）持续经营

持续经营是指在可以预见的将来，会计主体将会按当前的规模和状态持续经营下去，不会停业，也不会大规模削减业务。在持续经营前提下，会计主体将根据正常的会计经营方针和既定的经营目标持续经营下去，不会进行清算，所持有的资产将正常营运，所负有的债务将正常偿还。

【例1－10】（思考）在持续经营前提下，谈谈你对固定资产计提折旧的理解。

【解析】有了持续经营假设，对资产按历史成本计价、折旧费用的分期计提才能正常进行。通常，企业的固定资产可以在一个较长的时间内发挥作用，如果企业能持续经营下去，就可以假定企业的固定资产会在持续进行的生产经营过程中长期发挥作用，并服务于生产经营过程，固定资产就可以按历史成本进行记录，将历史成本分摊到各个会计期间的成本中。如果企业不能持续经营下去，固定资产就不应采用历史成本进行记录并按期计提折旧。

【例1-11】（判断）持续经营假设是假设企业可以长生不老，即使进入破产清算，也不应该改变会计核算方法。（ ）

【解析】错误。持续经营只是一个假定，任何企业在经营中都存在破产、清算等不能持续经营的风险，企业一旦进入清算，就应当改变会计核算的原则和方法，按清算会计处理，并在企业财务会计报告中做相应披露。

（三）会计分期

会计分期是指将一个会计主体持续经营的生产活动划分为一个个连续的、长短相同的期间，以便分期结算账目和编制财务报告。

为了及时考核持续经营单位在不同时期经营活动中的财务状况和经营成果，及时改善经营管理，有必要将持续经营的生产活动人为地划分为若干个连续、相等的期间，据以结算盈亏，按期编制财务报告，反映企业财务状况、经营成果和现金流量情况。

会计分期界定了会计信息的时间段落，由于会计分期，才产生了本期与非本期的差别，不同类型的会计主体才有了会计确认和计量的基准，形成了权责发生制和收付实现制两种不同的会计基础，进而出现了折旧、摊销等会计处理方法。

根据《企业会计制度》的规定，“会计核算应当划分会计期间，分期结算账目和编制财务会计报告。会计期间分为年度、半年度、季度和月度。年度、半年度、季度和月度均按公历起讫日期确定。半年度、季度和月度均称为会计中期”。

【例1-12】（单选）（ ）作为会计核算的基本前提，是指将一个会计主体持续的生产经营活动划分为若干个相等的会计期间。

A. 持续经营 B. 会计年度 C. 会计分期 D. 会计主体

【解析】正确答案为C项。会计分期是指将一个会计主体持续的生产经营活动划分为若干相等的会计期间，以便分期结算账目和编制财务会计报告。

（四）货币计量

货币计量是指会计主体在会计确认、计量和报告时采用货币作为统一的计量单位，反映会计主体的生产经营活动。

会计主体的经济活动内容复杂多样，各种劳动占用和劳动耗费的性质、形态不同，实物计量（重量、长度、容积、台、件等）和时间计量（天、小时、分钟等）只能从侧面反映企业的生产经营成果，不同计量单位之间无法汇总，无法统一计量和记录，必须借助货币。

对于货币计量假设还需要注意以下两点。

（1）我国《企业会计制度》规定，“企业的会计核算以人民币为记账本位币。业务收支以人民币以外的货币为主的企业，可以选定其中一种货币作为记账本位币，但是编报的财务会计报告应当折算为人民币。在境外设立的中国企业向国内报送的财务会计报告，应当折算为人民币”。

（2）货币计量包含着币值稳定的假设，即设定货币本身的价值是稳定的，当货币本身的价值波动不大或前后波动可以抵销时，会计核算中可以不考虑币值波动，仍按照稳定的币值进行会计处理。

【例1-13】（多选）下列说法正确的有（　　）。

A. 在境外设立的中国企业向国内报送的财务报告，应当折算为人民币

B. 业务收支以外币为主的单位可以选择某种外币作为记账本位币

C. 会计核算过程采用货币为主要计量单位

D. 我国企业的会计核算只能以人民币作为记账本位币

【解析】 正确答案为A、B、C项。在我国也可以选择某种外币作为记账本位币，选项D是错误的。

会计核算的四项基本假设是相互依存、相互补充的关系。会计主体确立了会计核算的空间范围，持续经营与会计分期确立了会计核算的时间长度，而货币计量则为会计核算提供了必要手段。没有会计主体，就没有持续经营；没有持续经营，就不会有会计分期；没有货币计量，就不会有现代会计。

【例1-14】（单选）在会计的基本假设中，界定会计核算和会计信息空间范围的是（　　）。

A. 会计主体　　B. 货币计量　　C. 会计分期　　D. 持续经营

【解析】 正确答案为A项。会计主体是指会计工作所服务的特定单位或组织，它的主要作用在于界定不同会计主体会计核算的范围，界定会计核算和监督的空间范围。

【练1-8】（多选）下列关于会计基本假设的说法正确的是（　　）。

A. 法人可作为会计主体，但会计主体不一定是法人

B. 货币计量包括币值不变这一假定

C. 会计核算应当以企业持续、正常的生产经营活动为前提

D. 所谓会计分期，是指将企业的经营活动人为划分成若干个时间间隔

任务三 会计基础与会计信息

会计信息质量要求是对企业财务报告所提供的会计信息质量的基本要求，是使财务报告提供的会计信息对使用者决策有用应具备的基本特征，它主要包括可靠性、相关性、可理解性、可比性、实质重于形式、重要性、谨慎性和及时性八项具体要求。

一、会计基础

（一）会计基础的概念

会计基础是企业会计确认、计量和报告过程的基础，是确认一定会计期间的收入和费用从而确定损益的标准。

会计分期假设产生了本期与非本期的区别，从而出现了权责发生制与收付实现制的区别。企业在一定会计期间，为进行生产经营活动而发生的费用，可能在本期已经付出货币资金，也可能在本期尚未付出货币资金；所形成的收入，可能在本期已经收到货币资金，也可能在本期尚未收到货币资金。同时，本期发生的费用可能与本期收入的取得有关，也可能与本期收入的取得无关。诸如此类的经济业务应如何处理，必须以会计基础为依据。

（二）会计基础的种类

会计基础主要有两种：权责发生制基础和收付实现制基础。

1. 权责发生制

权责发生制，也称应计制。权责发生制基础要求：凡是当期已经实现的收入和已经发生或应当负担的费用，无论款项是否收付，都应当作为当期的收入和费用，计入利润表；凡是不属于当期的收入和费用，即使款项已在当期收付，也不应当作为当期的收入和费用。企业会计的确认、计量和报告应当以权责发生制为基础。也就是说，在权责发生制下，收入与费用衡量的要点是“是否属于本期”，而不是以“是否收到现金或支付现金”为确认点。

我国《企业会计准则——基本准则》规定，“企业应当以权责发生制为基础进行会计确认、计量和报告”。

【例 1－15】（思考）华业公司 10 月支付临时租入设备的第四季度（共计 3 个月）租金 9000 元，华业公司将支付的此项费用全部作为 10 月当月费用。在权责发生制下，华业公司的这种处理方法是否正确？

【解析】华业公司目前的处理方法属于收付实现制。在权责发生制下，华业公司 10 月支付租金 9000 元，由于此项费用的发生使华业公司 10 月、11 月、12 月均会受益，所以不能将其全部作为当月费用，按照“谁受益谁承担”的原则，10 月当月只计费用 3000 元，从当月收入中取得补偿；11 月再计费用 3000 元，从 11 月收入中取得补偿；12 月再计费用 3000 元，从 12 月收入中取得补偿。

2. 收付实现制

收付实现制，也称现金收付实现制或现金制。收付实现制是与权责发生制相对应的一种会计基础，它以收到或支付现金作为确认收入和费用的依据。在这种会计基础下，凡在本期实际收到的现金（包括银行存款）收入，不论其是否应归属于本期，均应作为本期的收入处理；凡在本期实际以现金（包括银行存款）付出的费用，不论其是否在本期收入中取得补偿，均应作为本期的费用处理。也就是说，在收付实现制下，收入与费用衡量的要点是“是否收到现金或支付现金”，而不是以“是否属于本期”为确认点。

目前，我国的行政单位会计采用收付实现制，事业单位会计除经营业务可以采用权责发生制外，其他大部分业务采用收付实现制。

【例 1－16】（思考）甲单位 9 月售出一批商品给乙企业，合同规定乙企业应于当年 12 月支付货款。乙企业信用良好，财务状况没有问题，甲单位虽然在 9 月没有收到现金，但商品已经售出，便在 9 月将其全部确认为收入。在收付实现制下，甲单位的这种处理方法是否正确？

【解析】甲单位目前的处理方法属于权责发生制。在收付实现制下，9 月售出该批商品给乙企业，合同规定乙企业应于当年 12 月支付货款，则甲单位在 9 月没有收到现金，虽然已经具备了收取货款的权利，9 月也不应确认该收入，而是应在 12 月实际收到款项时确认收入。

在实际工作中，企业会计确认、计量和报告并非绝对只能采用权责发生制，如果某项经济业务的发生额很小，在对企业经营成果基本没有影响的情况下，根据重要性原则，为简化核算，可以采用收付实现制。例如某企业 1 月支付全年的电子银行账户费用，共计 200 元。由于该项业务费用金额小，对企业盈亏没有实质性影响，可采用收付实现制，节约了核算成本，简化了会计处理。

【例1－17】（判断）收付实现制规定凡属本期的收入，不管其款项是否收到，都应作为本期的收入；凡属本期应负担的费用，不管其款项是否付出，都应作为本期的费用。（ ）

【解析】错误。该项处理方法属于权责发生制。

【练1－9】（多选）本期收到上月销售产品的货款并存入银行，下列说法正确的有（ ）。

A. 收付实现制下，应当作为本期的收入

B. 收付实现制下，不能作为本期的收入

C. 权责发生制下，应当作为本期的收入

D. 权责发生制下，不能作为本期的收入

二、会计信息

（一）会计信息的使用者

企业编制财务报表的目的，是为进行经营决策的财务报表使用者提供会计信息。由于财务报表使用者千差万别，不同的报表使用者对财务报表所提供信息的要求各有侧重。

1. 企业经营管理者

企业经营管理者通过财务会计报告提供的会计信息，了解企业财务状况的好坏、经营业绩的高低以及现金的流动情况，以便合理进行生产经营决策、改善经营管理。

2. 投资者

企业的投资者可以是国家、法人、职工个人及其他经济单位等。投资者通过财务会计报告提供的盈利能力、资本结构等方面的信息，在投资前了解企业投资收益和投资风险。

3. 债权人

企业的债权人主要包括银行和其他金融机构。债权人通过财务会计报告提供的有关偿债能力的信息，判断资金是否能按期如数收回。

4. 政府相关机构

政府相关机构包括财政、工商、税务等行政管理部门。这些部门通过财务会计报告提供的资金金额及其运用、分配方面的情况，依据有关的法律、制度，监督和检查各单位的资金使用情况、成本计算情况、利润形成及分配情况、税金计算和税款解缴情况等。

5. 企业职工

企业职工通过财务会计报告提供的企业盈利能力、资本结构、职工福利的相关资料，了解就业机会及其稳定性、劳动报酬高低和职工福利好坏等。

6. 社会公众

社会公众包括企业潜在的投资者或债权人，通过财务会计报告提供的企业目前状况及其未来发展等有关方面的资料，判断企业的现行发展情况和未来发展趋势。

【练1-10】（多选）企业财务会计报告的使用者通常包括（　　）。

A. 投资者　　B. 债权人　　C. 企业经营管理者　　D. 政府相关机构

（二）会计信息质量要求

1. 可靠性

可靠性要求企业应当以实际发生的交易或者事项为依据进行确认、计量和报告，如实反映符合确认和计量要求的各项会计要素及其他相关信息，保证会计信息真实可靠、内容完整。

可靠性包括真实性、可验证性和中立性。真实性是可靠性的核心质量标志，而可验证性与中立性是可靠性的辅助质量标志。

（1）真实性。真实性强调会计信息应与实际相符，应具有客观性，以实际发生的交易或者事项为依据进行确认、计量，并如实地反映在财务报表中。会计信息只有首先保证真实，才值得信息使用者信赖，才具有可靠性。

（2）可验证性。可验证性是指不同的人员通过检查相同的证据、数据和记录，能够得出相同或相近的结论。即使会计信息从信息提供者的角度来看具有主观真实性，但如果从使用者的角度来看不具备客观的可验证性，也不能认为其具有可靠性。

【例1-18】（思考）甲公司从丁公司购进一批货物，取得增值税发票，但发票丢失，于是甲公司将此情况写了说明并计入当期可抵扣的进项税额。甲公司的这种处理方法是否正确?

【解析】不正确。《中华人民共和国增值税暂行条例》中规定，“纳税人购进货物或者应税劳务，取得的增值税扣税凭证不符合法律、行政法规或者国务院税务主管部门有关规定的，其进项税额不得从销项税额中抵扣”。这个规定就说明，即使企业提供的会计信息具有主观真实性，但对于税务机关而言不具有可验证性，所以也就不具有可靠性。

（3）中立性。会计信息要可靠，就必须是中立的，也就是不带偏向的。如果会计信息通过选取和列报资料去影响判断和决策，以求达到预定的效果或结果，那它就不是中立的。

2. 相关性

相关性要求企业提供的会计信息应当与财务报告使用者的经济决策需要相关，以便财务报告使用者对企业过去、现在、未来的情况做出评价或预测。相关性有两个基本质量标志，即预测价值和反馈价值。

（1）预测价值是指会计信息能够帮助信息使用者评价企业的过去和现在，并预测企业未来的财务状况、经营成果和现金流量等发展趋势，从而影响信息使用者基于这种评价和预测所做出的决策。

（2）反馈价值是指会计信息应当有助于信息使用者评价企业过去的决策，证实或者修正过去的有关预测，从而促使信息使用者维持或改变以前的决策。

可靠性和相关性这两个特征是相互联系、缺一不可的。具有相关性的信息不一定具有可靠性，但具有相关性是会计信息具备可靠性的前提。

3. 可理解性

可理解性要求企业提供的会计信息应当清晰明了，便于财务报告使用者理解和使用。

企业提供会计信息的目的在于使用，而信息的使用者涉及政府部门、企业、银行、不同行业的个人投资者等，为使这些信息使用者理解会计信息的内容，会计信息就应当通俗易懂、清晰明了。

4. 可比性

可比性要求企业提供的会计信息应当相互可比，主要包括以下两层含义。

（1）纵向可比。会计信息质量的可比性要求同一企业不同时期发生的相同或者相似的交易或者事项，应当采用一致的会计政策，不得随意变更。但是如果按照规定或者在会计政策变更后可以提供更可靠、更相关的会计信息的，也可以变更会计政策，并将有关会计政策变更的情况在附注中予以说明。

（2）横向可比。为了便于财务报告使用者评价不同企业的财务状况、经营成果和现金流量及其变动情况，会计信息质量的可比性要求不同企业同一会计期间发生的相同或者相似的交易或者事项，应当采用规定的会计政策，以确保会计信息口径一致、相互可比。

5. 实质重于形式

实质重于形式要求企业应当按照交易或事项的经济实质进行会计确认、计量和报告，而不应仅以交易或事项的法律形式为依据。

企业发生的交易或事项在多数情况下经济实质和法律形式是一致的，但在有些情况下会出现不一致。如果企业仅仅以交易或者事项的法律形式为依据进行会计确认、计量和报告，就容易导致会计信息失真，无法如实地反映客观经济事实。只有遵循实质重于形式原则，才能使会计信息更符合实际，更具有真实性，也更可靠。比较典型的运用就是对融资租入固定资产的会计处理。

【例1－19】（思考）甲公司从丙公司融资租入一套设备，并签订了融资租赁合同，甲公司将当期支付的款项作为费用入账。甲公司的这种处理方法是否正确？

【**解析**】不正确。以融资租赁方式租入的资产，从法律形式来讲，企业并不拥有其所有权，所有权仍属于出租人。但融资租赁租入的资产租赁期相当长，接近于该资产的使用寿命；租赁期结束时承租企业具有优先购买该资产的选择权；在租赁期内其经济利益归承租人所有等。因此，从经济实质来看，企业能够控制融资租入资产所创造的未来经济利益，在会计确认、计量和报告中就应当将以融资租赁方式租入的资产视为企业自有资产，列入企业的资产负债表。

6. 重要性

重要性要求企业提供的会计信息应当反映与企业财务状况、经营成果和现金流量有关的所有重要交易或者事项。

重要性要求企业在会计核算中要对交易或事项的重要程度进行区分，并采用不同的核算方式。如果会计信息的省略或者错报会影响使用者据此做出的经济决策，该信息就具有重要性，应分项反映，详细披露；而对于次要的交易或事项，在不影响会计信息真实性和不误导使用者做出错误判断的前提下可适当简化核算，合并反映。

企业应当根据所处环境和实际情况，从项目的性质和金额两方面来判断其重要性。

7. 谨慎性

谨慎性要求企业对交易或者事项进行会计确认、计量和报告时应当保持应有的谨慎，不应高估资产或者收益，低估负债或者费用。谨慎性要求当企业在面临不确定因素的情况下做出职业判断时，应保持应有的谨慎，充分估计到各种风险和损失，既不高估资产或收益，也不低估负债或费用，不得设置秘密准备。

【**例1－20**】（思考）举例说明谨慎性原则在资产方面的应用。

【**解析**】谨慎性原则在资产方面的应用很多。首先，自行开发的无形资产的研究阶段的支出直接计入当期费用，而无形资产的摊销期限应选择合同期限、法律期限、经营期限、10年中最短者；其次，由于固定资产的使用存在较大的无形损耗，所以采取加速折旧法；最后，企业应当定期或至少每年年度终了全面检查各项资产，合理预计可能发生的损失并计提减值准备，其中包括固定资产减值准备、无形资产减值准备、在建工程减值准备、坏账准备、存货跌价准备等。

8. 及时性

及时性要求企业对于已经发生的交易或者事项应当及时进行确认、计量和报告，不得提前或者延后。在会计确认、计量和报告过程中贯彻及时性：一是要求及时收集会计信息；二是要求及时处理会计信息；三是要求及时传递会计信息。

【练1-11】（单选）要求企业按照交易或事项的经济实质进行会计核算的一般原则是（ ）。

A. 客观性原则　　B. 权责发生制原则

C. 谨慎性原则　　D. 实质重于形式原则

【练1-12】（单选）要求企业对固定资产在期末提取减值准备的一般原则是（ ）。

A. 客观性原则　　B. 重要性原则

C. 谨慎性原则　　D. 实质重于形式原则

企业应严格按照会计信息质量要求向财务会计报告使用者提供与企业财务状况、经营成果和现金流量等有关的会计信息，反映企业管理层受托责任履行情况，帮助财务会计报告使用者做出经济决策，这是每个企业的会计目标。

任务四　会计核算

会计方法是履行会计职能、完成会计任务、实现会计目标的方式，是会计管理的手段。会计方法包括会计核算方法、会计分析方法和会计检查方法。三者中，会计核算方法是最基本的会计方法，会计分析方法、会计检查方法都是在会计核算方法的基础上，利用会计核算资料进行的。

（一）会计核算方法

会计核算方法是对经济业务进行全面、系统、连续、综合的记录和计算，为经营管理提供必要的信息所应用的方法，一般包括设置账户、复式记账、填制和审核凭证、登记账簿、成本计算、财产清查以及编制财务会计报告七种方法。这七种专门方法构成了会计核算方法体系，它们相互联系、紧密结合，确保会计工作的有序进行。

1. 设置账户

设置账户是对会计对象的具体内容即会计要素进行归类、核算和监督的一种专门方法。会计对象的具体内容复杂多样，需要根据会计要素的特点以及管理的要求，按一定的标准进行分类，并分别设置一个账户，登记其增加、减少和结存情况，系统、条理地反映经济业务，为各方提供所需的会计信息。

2. 复式记账

复式记账是对每一项经济业务，以相等的金额，同时在两个或两个以上相互联系的账户中进行登记的一种专门方法。复式记账是一种比较完善、科学的记账方法。采用这种方法可以了解每项经济业务的来龙去脉及其相互联系。

【例1-21】（思考）华业公司从其开户银行提取现金500元，如何体现复式记账？

【解析】华业公司从其开户银行提取现金500元，一方面引起现金增加500元，另一方面引起银行存款减少500元。采用复式记账法，该笔500元要同时在银行存款和库存现金两个账户中进行登记。通过这样的核算，能够看到银行存款减少的500元是因为提取了现金，而现金增加的500元是从银行提取的，反映了其来龙去脉。

3. 填制和审核凭证

凭证是会计凭证的简称。会计凭证是记录经济业务、明确经济责任的书面证明，是登记账簿的依据。会计凭证分为原始凭证和记账凭证。每发生一项经济业务，都应取得或填制原始凭证，审核无误后，运用复式记账原理，将经济业务按应记入的账户编制会计分录并填制在记账凭证上，作为登记账簿的依据。通过凭证的填制和审核，可以提供既真实可靠又合理合法的原始依据。它是保证核算质量的必要手段，也是实行会计监督的重要方面。填制和审核会计凭证是会计核算的起点。

4. 登记账簿

登记账簿简称记账，是根据审核无误的会计凭证，利用账户和复式记账的方法，把经济业务连续、系统、完整地登记到账簿中，并定期进行结账和对账的一种方法。设置和登记账簿，是编制财务会计报告的基础，是连接会计凭证与财务会计报告的中间环节。

5. 成本计算

成本计算是对生产经营过程中发生的各项费用，按照不同的成本计算对象进行归类，从而计算不同成本计算对象的总成本和单位成本的一种专门方法。通过成本计算，可进行相关数据分析，挖掘潜力，降低成本，提高经济效益。

6. 财产清查

财产清查是通过对货币资金、实物资产和往来款项的盘点或核对，确定其实存数，查明账存数与实存数是否相符的一种专门方法。为了保证财产安全，企业必须定期或不定期地进行财产清查。

7. 编制财务会计报告

编制财务会计报告是以书面报告的形式，定期、总括地反映企业财务状况、经营成果和现金流量的一种专门方法。财务会计报告为国家的宏观调控、上级有关部门及本单位和投资者提供所需的会计信息。

在企业，首先业务经办人填制或取得原始凭证，其次会计人员运用复式记账法编制记账凭证，并据以登记账簿（在工业企业还需要进行产品成本计算），按规定进行财产清查，核对无误后进行结账，最后按要求定期编制财务会计报告，这样，一个会计期间的核算工作就此结束，如图 1-2 所示。上述会计核算的七种方法前后衔接，相互联系，构成了一个完整的方法体系。

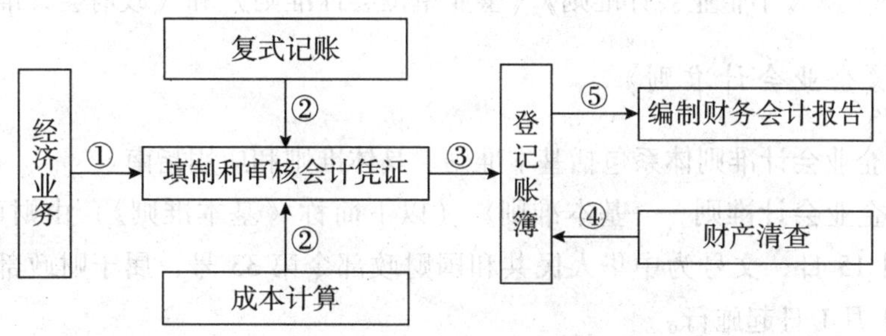

图 1-2　会计核算方法

（二）会计循环

会计循环是指按照一定的步骤反复运行的会计程序。从会计核算的具体内容看，会计循环由设置会计科目和账户、复式记账、成本计算、填制和审核会计凭证、登记会计账簿、财产清查、编制财务会计报告等组成；从会计工作流程看，会计循环由确认、计量和报告等环节组成。

【例 1-22】（单选）对会计对象的具体内容进行归类核算和监督的一种专门的方法是（　　）。

A. 设置账户　　B. 成本计算　　C. 登记账簿　　D. 编制会计报表

【解析】 正确答案为 A 项。设置账户是会计核算方法中的一种，是对会计对象的具体内容进行归类核算和监督的一种方法。

【练 1-13】（多选）会计方法包括（　　）方法。

A. 会计核算方法　　B. 会计监督方法　　C. 会计分析方法　　D. 会计检查方法

任务五　会计准则与会计工作组织

一、会计准则

（一）会计准则的构成

会计准则是反映经济活动、确认产权关系、规范收益分配的会计技术标准，是生成和提供会计信息的重要依据，也是政府调控经济活动、规范经济秩序和开展国际经济交往等的重要手段。会计准则具有严密和完整的体系。我国已颁布的会计准则有《企业会计准则》《小企业会计准则》《事业单位会计准则》和《政府会计准则》。

（二）《企业会计准则》

我国的企业会计准则体系包括基本准则、具体准则和应用指南。

（1）《企业会计准则——基本准则》（以下简称《基本准则》）由财政部发布于2006年2月15日，文号为中华人民共和国财政部令第33号，属于财政部部门规章，自2007年1月1日起施行。

（2）《企业会计准则——具体准则》（以下简称《具体准则》）由财政部发布于2006年2月15日，文号为财会〔2006〕3号，属于财政部规范性文件，自2007年1月1日起在上市公司范围内施行，鼓励其他企业执行。执行《具体准则》的企业不再执行原准则、《企业会计制度》和《金融企业会计制度》。具体准则共计38项。

（3）《企业会计准则——应用指南》（以下简称《应用指南》）由财政部发布于2006年10月30日，文号为财会〔2006〕18号，属于财政部规范性文件，自2007年1月1日起在上市公司范围内施行，鼓励其他企业执行。执行《应用指南》的企业不再执行原准则、《企业会计制度》《金融企业会计制度》、各项专业核算办法和问题解答。应用指南共计32项，并附有《会计科目和主要账务处理》。

针对企业会计准则体系（2006）实施过程中遇到的问题，财政部会计准则委员会成立了“企业会计准则实施问题专家工作组”，于2007年2月1日、2007年4月30日、2008年1月21日，先后发布了三项《企业会计准则实施问题专家工作组意见》，以便及时指导上市公司、会计师事务所等有关方面正确地理解和执行新会计准则。

上述基本准则、具体准则、应用指南三个方面，自上而下形成企业会计准则的三个层次，构成我国的企业会计准则体系（2006），并具有法律法规层面上的效力，在全国范围内（港、澳、台除外）强制执行。

（三）《小企业会计准则》

《小企业会计准则》于2011年10月18日由财政部以财会〔2011〕17号文印发，该准则分总则、资产、负债、所有者权益、收入、费用、利润及利润分配、外币业务、财务报表、附则，共10章90条，自2013年1月1日起在小企业范围内施行。财政部2004年发布的《小企业会计制度》（财会〔2004〕2号）同时废止。

（四）《事业单位会计准则》

《事业单位会计准则》于2012年12月5日财政部部务会议修订通过，2012年12

月 6 日由财政部公布，文号为中华人民共和国财政部令第 72 号。该准则分总则、会计信息质量要求、资产、负债、净资产、收入、支出或者费用、财务会计报告、附则，共 9 章 49 条，自 2013 年 1 月 1 日起施行。1997 年 5 月 28 日财政部印发的《事业单位会计准则（试行）》（财预字〔1997〕286 号）同时废止。

（五）《政府会计准则》

2015 年 10 月 23 日，财政部公布《政府会计准则——基本准则》（以下简称《准则》），文号为中华人民共和国财政部令第 78 号。《准则》分总则、政府会计信息质量要求、政府预算会计要素、政府账务会计要素、政府决算报告和账务报告、附则，共 6 章 62 条，自 2017 年 1 月 1 日起施行。

二、会计工作组织

在组建会计工作组织时，必须按照国家统一规定，结合本单位的具体情况进行，会计工作与各种经营和管理工作密切配合，分工协作、相互促进，共同完成任务。因此，正确组织会计工作是完成会计任务、发挥会计作用的重要前提。会计组织要在保证工作质量的前提下，尽量节省会计工作时间和费用。

（一）会计工作组织内容

会计工作组织的内容主要包括以下七个方面。

（1）会计机构的设置。

（2）会计人员的配备。

（3）会计人员的职责权限。

（4）会计工作的规范。

（5）会计法规制度的制定。

（6）会计档案的保管。

（7）会计工作的电算化。

（二）会计工作组织原则

会计工作组织原则主要包括以下三个方面。

（1）必须按照国家对会计工作的统一要求来组织会计工作。

会计工作组织受到各种法规、制度的制约，比如《中华人民共和国会计法》《总会计师条例》《会计基础工作规范》《会计专业职务试行条例》《会计档案管理办法》《会计电算化管理办法》等。

（2）根据各企业生产经营管理特点来组织会计工作。

各企业应根据自身的特点，确定本企业的会计制度，对会计机构的设置和会计人员的配备做出切合实际的安排。

（3）在保证会计工作质量的前提下，讲求工作效率，节省工作时间和费用。

（三）会计工作组织意义

会计工作组织是指会计机构的设置、会计人员的配备、会计法规的制定与执行和会计档案的保管。科学地组织会计工作对于履行会计职能、实现会计的目标、发挥会计在经营管理中的作用具有十分重要的意义，具体表现在以下三个方面。

（1）有利于提高会计工作的质量和效率。

（2）有利于协调与其他经济管理工作的关系。

（3）有利于加强经济责任制。

（四）会计工作组织形式

由于企业会计工作的组织形式不同，企业财务会计机构的具体工作范围也有所不同。企业会计工作有独立核算和非独立核算、集中核算和非集中核算、专业核算和群众核算几种组织形式。

1. 独立核算和非独立核算

独立核算是指对本单位的业务经营过程及结果，进行全面、系统的会计核算。实行独立核算的单位称为独立核算单位，它的特点是具有一定的资金，在银行单独开户，独立经营、计算盈亏，具有完整的账簿系统，定期编制报表。独立核算单位应单独设置会计机构，配备必要的会计人员，如果会计业务不多，也可只设专职会计人员。

非独立核算又称报账制。实行非独立核算的单位称为报账单位。它是由上级拨给一定的备用金和物资，平时进行原始凭证的填制和整理以及备用金账和实物账的登记，定期将收入、支出向上级报销，由上级汇总，它本身不独立计算盈亏，也不编制报表。如商业企业所属的分销店就属于非独立核算单位。非独立核算单位一般不设置专门的会计机构，但需配备专职会计人员，负责处理日常的会计事务。

2. 集中核算和非集中核算

实行独立核算的单位，其记账工作的组织形式可以分为集中核算和非集中核算两种。

集中核算就是将企业的主要会计工作都集中在企业会计机构内进行。企业内部的各部门、各单位一般不进行单独核算，只是对所发生的经济业务进行原始记录，办理原始凭证的取得、填制、审核和汇总工作，并定期将这些资料报送企业会计部门进行总分类核算和明细分类核算。实行集中核算，可以减少核算层次，精简会计人员，但是不便于及时利用核算资料进行日常的考核和分析。

非集中核算又称分散核算，就是企业的内部单位要对本身所发生的经济业务进行比较全面的会计核算。如在工业企业里，车间设置成本明细账，登记本车间发生的生产成本并计算出所完成产品的车间成本，厂部会计部门只是根据车间报送的资料进行产品成本的总分类核算。又如在商业企业里，库存商品的明细核算和某些费用的核算等，分散在各业务部门进行，至于会计报表的编制以及不宜分散核算的工作，如物资供销、现金收支、银行存款收支、对外往来结算等，仍由企业会计部门集中办理。实行非集中核算，使企业内部各部门、各单位能够及时了解本部门、本单位的经济活动情况，有利于及时分析、解决问题，但这种组织形式会增加核算手续和核算层次。

3. 专业核算和群众核算

我国有些企业除实行专业核算外，还开展群众核算。专业核算是由专职会计人员进行核算。群众核算是由职工群众参加进行的经济核算，如工业企业的班组核算和商业企业的柜组核算等。其具体做法是，确定核算单位，制定核算指标，推选群众核算员，定期计算各项经济指标的实绩和得失以及开展劳动竞赛等。群众核算可以使群众及时了解班组或柜组完成的业绩，激发广大职工群众的生产积极性和主动性。

知识小结

本项目主要介绍会计的基本概念和基础知识，其内容贯穿于会计工作的始终。本项目是学习本门课程的基础，以理论知识为主。

主要内容包括以下五个方面。

一是会计概述。主要讲解会计的发展历程、概念、基本特征和基本职能。其中会计的基本职能有两个，即会计核算职能和会计监督职能。

二是会计对象与会计基本假设。会计基本假设有四个：会计主体、持续经营、会计分期和货币计量。四个会计基本假设是有一定顺序的，具有内在的联系，在学习时应把握四者之间的关系。

三是会计基础与会计信息。会计基础有两个：权责发生制和收付实现制。会计信息使用者包括：企业经营管理者、投资者、债权人、政府相关机构、企业职工和社会公众。会计信息质量要求包括：可靠性、相关性、可理解性、可比性、实质重于形式、重要性、谨慎性和及时性。

四是会计核算。会计核算方法一般包括设置账户、复式记账、填制和审核凭证、登记账簿、成本计算、财产清查以及编制财务会计报告。

五是会计准则与会计工作组织。我国已颁布的会计准则有《企业会计准则》《小企业会计准则》《事业单位会计准则》和《政府会计准则》。

技能强化

一、单项选择题

1.（　　）是企业在会计确认、计量和报告的过程中所采用的基础，是确认一定会计期间的收入和费用，从而确定损益的标准。

A. 会计分期　　B. 会计方法　　C. 会计基础　　D. 会计主体

2.（　　）作为会计核算的基本前提，就是将一个会计主体持续的生产经营活动划分为若干个相等的会计期间。

A. 持续经营　　B. 会计年度　　C. 会计分期　　D. 会计主体

3. 企业计提固定资产折旧所依据的会计核算前提是（　　）。

A. 会计主体　　B. 持续经营　　C. 会计分期　　D. 货币计量

4. 根据《中华人民共和国会计法》，关于会计核算中记账本位币的说法正确的是（　　）。

A. 不论什么企业，都必须以人民币为记账本位币

B. 企业可以随意选用会计核算中的记账本位币

C. 业务收支以人民币以外的货币为主的单位，可以其中一种货币作为记账本位币

D. 记账本位币可以随意变动

5. 会计人员在进行会计核算的同时，对特定主体经济活动的合法性和合理性进行审查称为（　　）。

A. 会计方法　　B. 会计核算　　C. 会计监督　　D. 会计检查

6. 下列保证会计核算系统性的必要措施或专门方法是（　　）。

A. 设立会计科目与账户　　B. 填制和审核会计凭证

C. 财产清查　　D. 登记账簿

7. 古代会计阶段一般是指（　　）出现以前的漫长时期。

A. 剩余产品　　B. 货币　　C. 单式记账法　　D. 复式记账法

8. 将融资租赁的设备作为企业自有的固定资产核算的依据是（　　）。

A. 可靠性原则　　B. 相关性原则

C. 实质重于形式原则　　D. 重要性原则

9. 复式记账法，是对每一笔经济业务事项都要在（ ）相互联系的账户中进行登记，系统地反映资金运动变化结果的一种记账方法。

A. 1 个 B. 2 个 C. 3 个 D. 2 个或 2 个以上

10. 企业对应收账款计提坏账准备，体现的会计信息质量要求是（ ）。

A. 重要性 B. 可理解性 C. 可靠性 D. 谨慎性

11. 《小企业会计准则》于（ ）由财政部以财会〔2011〕17 号文印发。

A. 2006 年 2 月 15 日 B. 2007 年 1 月 1 日

C. 2011 年 10 月 18 日 D. 2012 年 12 月 5 日

12. 《企业会计准则》中的具体准则共计（ ）项。

A. 33 B. 38 C. 49 D. 90

二、多项选择题

1. 会计基础可分为（ ）。

A. 权责发生制 B. 收付实现制 C. 可比原则 D. 配比原则

2. 下列属于会计核算三项工作的是（ ）。

A. 记账 B. 算账 C. 报账 D. 查账

3. 下列说法正确的是（ ）。

A. 会计人员只能核算和监督所在主体的经济业务，不能核算和监督其他主体的经济业务

B. 会计主体可以是企业中的一个特定部分，也可以是几个企业组成的企业集团

C. 会计主体一定是法律主体

D. 会计主体假设界定了从事会计工作和提供会计信息的空间范围

4. 下列各项中，不属于会计基础的是（ ）。

A. 持续经营 B. 权责发生制 C. 会计分期 D. 会计主体

5. 会计基本假设中确定会计核算时间长度的有（ ）。

A. 会计主体 B. 持续经营 C. 会计分期 D. 货币计量

6. 以下可以是会计主体的是（ ）。

A. 法人企业 B. 一个学校 C. 一家医院 D. 一个社会团体

7. 一定会计期间费用的确认会计基础主要包括（ ）。

A. 权责发生制 B. 重要性原则 C. 谨慎性原则 D. 收付实现制

8. 会计监督的特点包括（ ）。

A. 主要通过价值指标进行 B. 对企业的经济活动的全过程进行监督

C. 包括合法性与合理性两方面 D. 具有完整性、连续性和系统性

9. 在会计核算中，及时性原则是指（　　）。

A. 及时收集会计信息　　B. 及时处理会计信息

C. 及时传递会计信息　　D. 及时调整会计政策

10. 合理性审查包括（　　）。

A. 是否符合经济运行的客观规律和单位的内部管理要求

B. 是否执行了单位的财务收支计划

C. 是否有利于经营目标的实现

D. 是否有利于预算目标的实现

11. 我国已颁布的会计准则有（　　）。

A. 《企业会计准则》　　B. 《小企业会计准则》

C. 《事业单位会计准则》　　D. 《行政单位会计准则》

12. （　　）三个方面，自上而下形成企业会计准则的三个层次，构成我国的企业会计准则体系（2006），并具有法律法规层面上的效力，在全国范围内（港、澳、台除外）强制执行。

A. 基本准则　　B. 具体准则　　C. 应用指南　　D. 解释公告

三、判断题

1. 可比性原则要求同一会计主体在不同时期采用相同的会计程序和会计处理方法。（　　）

2. 会计主体是进行会计核算的基本前提。一个企业可以是一个独立的会计主体，还可以是一个会计主体的一部分，还可以在一个企业内部设立若干个会计主体。（　　）

3. 会计要素就是构成会计报表的基本单位。（　　）

4. 法律主体必定是会计主体，会计主体也必定是法律主体。（　　）

5. 根据《企业会计准则》，我国境内企业必须以人民币作为记账本位币进行会计核算。（　　）

6. 谨慎性原则要求企业不仅要核算可能发生的收入，也要核算可能发生的费用和损失，以对未来的风险进行充分核算。（　　）

7. 按照我国会计制度的规定，所有单位都必须以权责发生制为基础进行会计核算。（　　）

8. 按照权责发生制原则的要求，凡是本期实际收到款项的收入和付出款项的费用，不论是否归属于本期，都应当作为本期的收入和费用处理。（　　）

9. 会计主体前提为会计核算确定了空间范围，会计分期前提为会计核算确定了时间范围。确定了时间范围。（　　）

10. 根据《企业会计制度》的规定，“会计期间分为年度、半年度、季度和月度”“半年度、季度和月度都属于会计中期。” （ ）

四、简答题

1. 会计的概念及基本职能是什么？
2. 如何理解会计基本假设？
3. 会计核算的方法有哪些？
4. 会计信息质量包括哪些具体要求？
5. 我国已颁布的会计准则有哪些？

项目二　会计要素与会计等式

任务一　会计要素

一、会计要素的确认

会计对象是会计核算和监督的内容，是对资金运动第一层次的划分；会计要素是对会计对象的基本分类，是会计核算对象的具体化，是对资金运动第二层次的划分；会计科目是对会计要素的基本分类，是对资金运动第三层次的划分。会计工作就是围绕会计要素的确认、计量和报告展开的。

依据《企业会计准则——基本准则》，企业应当按照交易或者事项的经济特征确定会计要素。会计要素包括资产、负债、所有者权益、收入、费用和利润（见表 2 – 1）。

表 2 – 1　　会计要素

<table>
<tr><td rowspan="7">会计要素</td><td>所反映企业的情况</td><td>要素内容</td><td>构成的报表</td><td>资金运动的表现形态</td></tr>
<tr><td rowspan="3">财务状况三要素</td><td>资产</td><td rowspan="3">资产负债表</td><td rowspan="3">资金运动的静态表现</td></tr>
<tr><td>负债</td></tr>
<tr><td>所有者权益</td></tr>
<tr><td rowspan="3">经营成果三要素</td><td>收入</td><td rowspan="3">利润表</td><td rowspan="3">资金运动的动态表现</td></tr>
<tr><td>费用</td></tr>
<tr><td>利润</td></tr>
</table>

【例 2 – 1】（单选）会计要素是对（　　）的基本分类。

A. 会计主体　　B. 会计对象　　C. 会计方法　　D. 会计科目

【解析】 正确答案为 B 项。根据会计要素的定义可知，会计要素是对会计对象进行的基本分类，是会计核算对象的具体化。这些基本分类在会计上都有特定的含义和特征，为会计分类核算提供了基础，也为会计报表提供了基本框架，会计要素也可称为会计报表要素。

（一）资产

1. 资产的定义

资产是指企业过去的交易或事项形成的、由企业拥有或控制的、预期会给企业带来经济利益的资源。将一项资源确认为资产，需要符合资产的定义，并同时满足以下两个条件：①与该资源有关的经济利益很可能流入企业；②该资源的成本或者价值能够可靠地计量。

2. 资产的特点

（1）资产是企业过去的交易或事项形成的。过去的交易或事项是指企业在过去的一个时期里发生的交易或事项。预期在未来发生的交易或事项可能产生的结果不能作为资产。例如，从银行提取现金，以备发放工资。“从银行提取现金”是已经发生的经济业务，需要进行相应的账务处理，但“以备发放工资”是尚未发生的，企业不需要进行账务处理，等“发放工资”已经发生了，再予以处理。

（2）资产必须由企业拥有或者控制。例如租给其他企业的固定资产，虽不在本企业，但本企业能够控制，仍作为本企业的资产；而临时租用其他企业的机器，虽在本企业，但不能算作本企业的资产；融资租入的固定资产则视同自有固定资产处理。

（3）资产是预期会给企业带来经济利益的资源。资产能够直接或间接地给企业带来经济利益。例如企业的库存商品，销售后能为企业带来经济利益，是企业的资产；如果企业的产品是月饼，已过期，不能在市场上销售，不能给企业带来经济利益，就不能作为企业的资产。

3. 资产的分类

企业的资产按变现或耗用时间的长短，可分为流动资产和非流动资产。通常在1年或者超过1年的一个营业周期内变现或耗用的资产，称为流动资产。非流动资产是指流动资产以外的资产，主要包括长期股权投资、固定资产以及无形资产等。

【例2-2】（单选）下列属于企业资产的是（　　）。

A. 应付账款　　　B. 融资租入的设备

C. 预收账款　　　D. 即将购入的原材料

【解析】 正确答案为B项。A、C项属于负债，D项不符合资产的定义。

（二）负债

1. 负债的定义

负债是指企业过去的交易或事项形成的，预期会导致经济利益流出企业的现时义务。将一项现时义务确认为负债，需要符合负债的定义，还需要同时满足以下两个条件：①与该义务有关的经济利益很可能流出企业；②未来流出的经济利益的金额能够可靠地计量。

2. 负债的特点

（1）负债是由企业过去的交易或事项形成的。

（2）负债是企业承担的现时义务。现时义务是指企业在现行条件下已承担的义务。未来发生的交易或事项形成的义务不属于现时义务，不应当确认为负债。例如，9月，企业拟于12月25日购入设备一台，设备价款8万元，9月不能将应付的8万元作为企业的负债。

（3）负债预期会导致经济利益流出企业。只有过去的交易或者事项才会形成负债，未来发生的交易或事项不形成负债。

3. 负债的分类

负债按流动性可分为流动负债和长期负债。通常在1年（含1年）或者超过1年的一个营业周期内偿还的债务，称为流动负债，如短期借款、应付账款、应付票据、预收账款、应付职工薪酬、应交税费、应付利息、应付股利、其他应付款等；偿还期在1年或者超过1年的一个营业周期以上的债务，称为长期负债，如长期借款、长期应付款、应付债券等。

【练2－1】（单选）负债的形成一定是由于（　　）。

A. 过去的交易、事项形成的现时义务

B. 现在的交易、事项形成的未来义务

C. 过去的交易、事项形成的未来义务

D. 现在的交易、事项形成的现时义务

（三）所有者权益

1. 所有者权益的定义

所有者权益是指企业资产扣除负债后由所有者享有的剩余权益。公司的所有者权益又称为股东权益。

2. 所有者权益的特点

（1）所有者权益是所有者对企业净资产的要求权，是企业资产减去负债后应由所有者享有的部分。

（2）所有者权益表明企业的权属问题，即归谁所有。在企业清算时，资产首先要用来清偿债务，如果有剩余才会按比例分配给投资者。

（3）所有者权益的确认和计量，主要取决于资产、负债、收入、费用等其他会计要素的确认和计量。

3. 所有者权益的分类

所有者权益的来源包括所有者投入的资本、直接计入所有者权益的利得和损失、留存收益等，通常划分为实收资本（或者股本）、资本公积、盈余公积和未分配利润等项目。

利得是指由企业非日常活动形成的、会导致所有者权益增加的、与所有者投入资本无关的经济利益的流入。损失是指由企业非日常活动形成的、会导致所有者权益减少的、与向所有者分配利润无关的经济利益的流出。留存收益是企业历年实现的净利润留存于企业的部分，包括盈余公积和未分配利润。

【练 2 -2】（多选）所有者权益通常划分为（　　）等项目。

A. 未分配利润　　B. 资本公积　　C. 盈余公积　　D. 实收资本

（四）收入

1. 收入的定义

收入是指企业在日常活动中形成的、会导致所有者权益增加的、与所有者投入的资本无关的经济利益的总流入。收入的确认条件：①企业已将商品所有权上的主要风险和报酬全部转移给购买方；②企业既没有保留通常与所有权相联系的继续管理权，也没有对已售出商品实施控制；③收入的金额能够可靠地计量；④相关的经济利益很可能流入企业；⑤相关已发生或将发生成本能够可靠的计量。

2. 收入的特点

（1）收入是企业日常活动中形成的。日常活动是指企业为完成其经营目标所从事的经常性活动以及与之相关的活动。例如，服装厂的服装销售属于企业的日常活动。在此，要注意区分收入与利得，收入是日常活动中形成的经济利益的流入，而利得是企业非日常活动所形成的经济利益的流入。

（2）收入是与所有者投入资本无关的经济利益的总流入。收入会导致经济利益的流入，从而导致资产的增加。但如果经济利益的流入是由所有者投入资本的增加所导致的，就不应当确认为收入，而应将其计入所有者权益。

（3）收入会导致所有者权益的增加。与收入相关的经济利益的流入会导致所有者权益的增加，不能导致所有者权益增加的经济利益的流入则不属于收入。

3. 收入的分类

收入按性质的不同，可分为销售商品收入、提供劳务收入、让渡资产使用权收入等。

【练2－3】（多选）收入按其性质的不同，可分为（　　）。

A. 政府补助收入　　B. 提供劳务收入

C. 让渡资产使用权收入　　D. 销售商品收入

（五）费用

1. 费用的定义

费用是指企业在日常活动中发生的、会导致所有者权益减少的、与向所有者分配利润无关的经济利益的总流出。费用的确认至少应当符合以下条件：①与费用相关的经济利益应当很可能流出企业；②经济利益流出企业的结果会导致资产的减少或者负债的增加；③经济利益的流出额能够可靠计量。

2. 费用的特点

（1）费用是企业日常活动中形成的。费用必须是企业日常活动中形成的，这是为了将其与损失相区分。企业非日常活动所形成的经济利益的流出不能确认为费用，而应当计入损失。

（2）费用是与向所有者分配利润无关的经济利益的总流出。费用的发生会导致经济利益流出企业，从而导致企业资产的减少或负债的增加。企业向所有者分配利润也会导致经济利益流出，但该流出属于所有者权益的抵减项目，不属于费用。

（3）费用会导致所有者权益的减少。与费用相关的经济利益的流出会导致所有者权益的减少，不能导致所有者权益减少的经济利益的流出则不属于费用。

3. 费用的分类

费用按照与收入的配比关系不同，可分为营业成本和期间费用。营业成本包括主营业务成本与其他业务成本；期间费用包括管理费用、销售费用和财务费用。

【例2－3】（思考）A企业处置固定资产发生净损失3万元，A企业将这3万元作为企业的费用进行账务处理，是否正确？

【解析】不正确。A企业处置固定资产发生净损失3万元，这3万元的净损失与企业日常经营活动无关，只能作为损失，不能作为企业的费用进行账务处理。

（六）利润

1. 利润的定义

利润是企业在一定会计期间的经营成果。如果企业实现了利润，表明企业的所有者权益将增加；反之，表明企业的所有者权益将减少。

2. 利润的构成

利润包括收入减去费用后的净额、直接计入当期利润的利得和损失等。因此，利润的确认与计量主要依赖于收入和费用以及利得和损失的确认与计量。

3. 利润的分类

利润按照构成，可分为营业利润、利润总额、净利润。

【例2-4】（判断）利润包括收入减去费用后的净额、直接计入当期利润的利得和损失等。（ ）

【解析】正确。利润是企业在一定会计期间的经营成果。它是企业在一定会计期间内生产经营活动的最终结果，包括收入与费用配比相抵后的差额、直接计入当期利润的利得和损失等。

二、会计要素的计量

会计计量是为了将符合确认条件的会计要素登记入账并列报于财务报表而确定其金额的过程。企业应当按照规定的会计计量属性进行计量，确定相关金额。从会计角度来看，计量属性反映的是会计要素金额的确定基础，主要包括历史成本、重置成本、可变现净值、现值和公允价值。

（一）历史成本

历史成本，又称为实际成本，就是取得或制造某项财产物资时所实际支付的现金或其他等价物。历史成本计量，要求对企业资产、负债和所有者权益等项目的计量，应当基于经济业务的实际交易成本，而不考虑随后市场价格变动的影响。

【例2-5】（多选）在历史成本计量下，下列表述正确的有（ ）。

A. 资产按照其购置时支付的现金或者现金等价物的金额计量

B. 资产按照其购置时所付出对价的公允价值计量

C. 负债按照日常活动中为偿还负债预期需要支付的金额或者现金等价物的金额计量

D. 负债按照现在偿付该项负债所需支付的现金或者现金等价物的金额计量

【解析】正确答案为A、B、C项。在历史成本的计量下，资产按照其购置时支付的现金或者现金等价物的金额，或者按照购置资产时所付出对价的公允价值计量。负债按照其因承担现时义务而实际收到的款项或者资产的金额，或者承担现时义务的合同金额，或者按照日常活动中为偿还负债预期需要支付的金额或者现金等价物的金额计量。

（二）重置成本

重置成本，又称现行成本，是指按照当前市场条件，重新取得同样一项资产所需支付的现金或者现金等价物金额。在重置成本计量下，资产按照现在购买相同或者相似资产所需支付的现金或者现金等价物的金额计量。负债按照现在偿付该项负债所需支付的现金或者现金等价物的金额计量。

重置成本是对已有资产按照现在时点计量的成本。在企业实务中，重置成本多应用于盘盈固定资产的计量等。

【练2-4】（多选）下列关于重置成本计量的表述中，正确的有（　　）。

A. 重置成本是现在时点的成本

B. 在重置成本计量下，资产按照其对外销售所能收到现金或现金等价物的金额计量

C. 在重置成本计量下，资产按照现在购买相同资产所需要支付的现金或现金等价物的金额计量

D. 在重置成本计量下，负债按照现在偿付该项负债所需支付的现金或者现金等价物的金额计量

（三）可变现净值

可变现净值是在企业生产经营过程中，以预计售价减去进一步加工成本和预计销售费用以及相关税费后的净值。在可变现净值计量下，资产按照其正常对外销售所能收到现金或者现金等价物的金额扣减该资产至完工时估计将要发生的成本、估计的销售费用以及相关税费后的金额计量。

可变现净值是在不考虑资金时间价值的情况下，计量资产在正常生产经营过程中可带来的预期净现金流入或流出。可变现净值通常应用于存货等资产减值情况下的后续计量。不同资产的可变现净值的确定方法有所不同。

【例2-6】（单选）会计期末某企业A商品的账面价值为98万元，该商品的市场销售价为88万元（不含增值税），估计销售A商品需要发生销售费用等相关税费10万元（不含增值税）。则A商品按可变现净值计价为（　　）。

A. 98万元　　B. 88万元　　C. 10万元　　D. 78万元

【解析】正确答案为D项。A商品按可变现值计价为88-10=78（万元）。

【练2-5】（判断）可变现净值是在考虑资金时间价值的情况下，计算资产在正常

生产经营过程中可带来的预期净现金流入或流出。（　）

（四）现值

现值是指对未来现金流量以恰当的折现率进行折现后的价值，是考虑了货币时间价值的一种计量属性。在现值计量下，资产按照预计从其持续使用和最终处置中所产生的未来净现金流入量的折现金额计量。负债按照预计期限内需要偿还的未来净现金流出量的折现金额计量。现值通常用于非流动资产可收回金额和以摊余成本计量的金融资产价值的确定等。

【例 2-7】（思考）Q 企业购买了一项固定资产，总金额为 400 万元，有两种付款方式：一种是当即支付 400 万元；另一种是分期付款，在未来 4 年每年年末支出 100 万元。假定折现率为 10%，Q 企业选择哪种付款方式更合理呢？

【解析】应选择分期付款方式。如果每年年末支出 100 万元，虽然支出的总金额也是 400 万元，但按现值计算资产总价值为 316.99 万元，316.99 = 400 ÷ 4 × 3.1699（3.1699 为折现率为 10%，3 年的年金现值系数），如果当即支付，则现值是 400 万元，相比较，前者的现值低，故选择前者。

【练 2-6】（单选）下列各项中，通常采用重置成本计量的有（　）。

A. 盘盈的机器设备　　B. 盘亏的机器设备

C. 分期付款购买的机器设备　　D. 外购的机器设备

（五）公允价值

公允价值是指在公平交易中，熟悉情况的交易双方自愿进行资产交换或者债务清偿的金额。在公允价值计量下，资产和负债按照在公平交易中，熟悉情况的交易双方自愿进行资产交换或者债务清偿的金额计量。公允价值是独立于企业主体之外，站在市场的角度以交易双方达成的市场价格作为公允价值，是对资产和负债以当前市场情况为依据进行价值计量的结果，主要应用于交易性金融资产、可供出售金融资产的计量。

【例 2-8】（思考）D 公司购买了 G 上市公司的流通股 1000 万股，D 公司将其作为交易性金融资产处理。2017 年 12 月 31 日，该股票在证券交易市场的成交价格为每股 6 元。则该交易性金融资产按公允价值的入账价值为多少？

【解析】该交易性金融资产按公允价值入账的价值为 6000 万元（6000 = 6 × 1000）。

【练2-7】（多选）下列各项中，通常采用公允价值计量的是（　　）。

A. 可供出售金融资产的计量　　B. 交易性金融资产的计量

C. 盘盈固定资产的计量　　D. 存货减值情况下的后续计量

企业对会计要素进行计量时，一般采用历史成本；采用重置成本、可变现净值、现值、公允价值计量的，应当保证所确定的会计要素金额能够取得并可靠地计量。

任务二　会计等式

会计等式，又称会计恒等式、会计方程式或会计平衡公式，它是表明各会计要素之间基本关系的等式。从实质上看，会计等式揭示了会计主体的产权关系、基本财务状况和经营成果。

【练2-8】（多选）会计等式揭示了会计主体的（　　）。

A. 产权关系　　B. 基本财务状况　　C. 经营成果　　D. 经营管理水平

一、资金平衡

资金平衡关系是指资金的使用（资金占用）与资金的取得（资金来源）是同一资金的两个方面，两者金额始终相等，完整地反映了资金的来龙去脉。

任何企业从事生产经营活动时，必先拥有一定数量的经济资源作为从事经济活动的基础。这些资源可能表现为房屋建筑物、机器设备、材料、货币资金等不同资金占用形态（会计上称为资产），但这些资源所有者的投入不是无偿的，而是存在相应的要求权（会计上称为权益）。有多少资产，就有多少权益，二者相互依存，没有无权益的资产，也没有无资产的权益。而且在客观上资产与权益也必然存在着相等的关系。从数额上来看，有一定数额的资产必然有一定数额的权益；相反，有一定数额的权益也必定有一定数额的资产。资产与权益在任何一个时点都必然保持恒等的关系，这种恒等关系用公式表示为

$$资产=权益$$

【例2-9】（判断）在实际工作中，企业每天发生的经济业务要复杂得多，但无论其引发会计要素如何变动，都不会破坏资产与权益的恒等关系。（　　）

【**解析**】正确。因为从数额上来看，有一定数额的资产必然有一定数额的权益；相反，有一定数额的权益也必定有一定数额的资产。资产与权益在任何一个时点都必然保持恒等的关系。

二、会计恒等式

（一）资产＝负债＋所有者权益

任何企业进行生产经营活动，都需要拥有一定数量的经济资源，这些经济资源在会计上称为资产。企业资产究其来源，有两个渠道：一是投资者的投入资本及其在生产经营中所产生的效益；二是债权人的借入资金。这两个来源分别归属于投资者和债权人。属于投资者投入的部分形成所有者权益，属于债权人借入的部分形成债权人权益（企业的负债）。由于权益由债权人权益和所有者权益两部分构成，因此“资产＝权益”恒等关系可进一步表示为

资产＝负债＋所有者权益

该等式称为会计基本恒等式。因为资产、负债及所有者权益是构成资产负债表的三个基本要素，所以该恒等式能直接反映出企业某一时点的财务状况和资金运动三个静态要素之间的内在联系。

（二）收入－费用＝利润

企业经营的主要目的是实现收入，获取利润。企业在取得收入的同时，也必然要发生相应的费用。通常将收入与费用比较后，才能确定企业一定时期的盈利水平。即企业一定时期所获得的收入减去所发生的各项费用后的余额，表现为利润。用公式表示为

收入－费用＝利润

该等式中的三要素是构成利润表的三个基本要素，实际上反映的是企业资金的绝对运动形式及资金运动三个动态要素之间的内在联系和企业在某一时期的经营成果，说明了企业利润的实现过程。

【**例2－10**】（判断）在实际经营中，收入减去费用，需要对相关利得和损失调整之后才等于利润。（ ）

【**解析**】正确。在实际经营中，由于收入属于日常活动中产生的经济利益的流入，不包括非日常活动形成的利得，费用属于日常活动中导致的经济利益的流出，也不包括非日常活动所形成的损失，因此，收入减去费用，需要对相关利得和损失调整之后

才等于利润。

（三）会计等式的扩展形式

企业在运营过程中，收入的发生带来资产的流入，费用的发生导致资产的流出；利润是企业资产流入与流出比较的结果，会带来所有者权益的增加。因此，企业资产、负债、所有者权益、收入、费用、利润之间的数量关系有着内在的有机联系。可以将上述两个会计的基本等式综合起来表述为

资产＝负债＋所有者权益＋（收入－费用）

或

资产＋费用＝负债＋所有者权益＋收入

上面的关系式也是动态会计等式，表示企业在营运过程中增值的情况。在会计期末结算时，计算出利润，并进行利润分配，转入所有者权益中，上面这个会计等式又恢复为

资产＝负债＋所有者权益

三、经济业务对会计恒等式的影响

企业在生产经营的过程中会发生多种多样的经济业务，从而引起各会计要素的增减变化，但无论怎样变化，都不会破坏资产与权益的恒等关系。资产与权益的恒等关系，是复式记账法的理论基础，也是编制资产负债表的依据。

（一）对“资产＝权益”等式的影响

经济业务的发生引起“资产＝权益”等式两边会计要素变动的方式，可以总结归纳为以下四种类型。

（1）资产与权益同时等额增加。

（2）资产与权益同时等额减少。

（3）权益方等额有增有减，资产不变。

（4）资产方等额有增有减，权益不变。

（二）对“资产＝负债＋所有者权益”的影响

如果把权益分为负债和所有者权益两个会计要素，不难看出经济业务对会计等式“资产＝负债＋所有者权益”的影响会扩展为九种类型变化（见表2－2）。

（1）资产和负债要素同时等额增加。

（2）资产和负债要素同时等额减少。

表 2-2 会计要素九种类型变动

经济业务	资产	负债	所有者权益
第一种类型	增加	增加	
第二种类型	减少	减少	
第三种类型	增加		增加
第四种类型	减少		减少
第五种类型	增加、减少		
第六种类型		增加、减少	
第七种类型			增加、减少
第八种类型		增加	减少
第九种类型		减少	增加

(3) 资产和所有者权益要素同时等额增加。

(4) 资产和所有者权益要素同时等额减少。

(5) 资产要素内部项目等额有增有减，负债和所有者权益要素不变。

(6) 负债要素内部项目等额有增有减，资产和所有者权益要素不变。

(7) 所有者权益要素内部项目等额有增有减，资产和负债要素不变。

(8) 负债要素增加，所有者权益要素等额减少，资产要素不变。

(9) 负债要素减少，所有者权益要素等额增加，资产要素不变。

综上所述，每一项经济业务的发生，都必然会引起会计等式的一边或双边有关项目相互联系的等量变化。如果涉及会计等式的一边有关项目的数额变化，有关项目的数额发生相反方向等额变动；而当涉及会计平衡公式的两边有关项目的数额变化，必然会发生相同方向的等额变动，但始终不会打破会计等式的平衡。

【例2-11】假设甲企业5月初资产、负债及所有者权益的简要情况如表2-3所示。

表 2-3 甲企业资产负债表（简化格式） 单位：元

资产	金额	负债及所有者权益	金额
库存现金	2000	短期借款	250000
银行存款	200000	应付票据	32000
应收账款	80000	应付账款	50000
原材料	100000	实收资本	500000
库存商品	150000		
固定资产	300000		
总计	832000	总计	832000

表2－3中，资产和负债及所有者权益各为832000元，双方相等。随着经济业务的发生，有关项目会相应发生变化，但无论如何变化，双方的总额总是相等的，资产权益变化分析如表2－4所示。该企业5月当月发生以下4笔业务。

（1）甲企业从供货单位购入原材料8500元，货款暂欠。这笔经济业务使资产方的原材料增加8500元，同时使负债方的应付账款增加8500元，即资产和权益双方同时等额增加，结果双方总额相等，仍保持平衡。

（2）甲企业用银行存款购买专利权一项，价值50000元。这笔经济业务使资产方的银行存款减少了50000元，资产方的无形资产增加了50000元。资产方一个项目减少而另一个项目增加，且增减金额相等，因此，资产金额不变。

（3）甲企业以银行存款归还短期借款20000元。这笔经济业务使资产方的银行存款减少20000元，同时使负债方的短期借款减少20000元，资产和权益双方同时等额减少，结果双方总额相等，仍保持平衡。

（4）甲企业申请，银行同意将甲企业短期借款40000元展期为两年期的长期借款。这笔经济业务使权益方的短期借款减少了40000元，而长期借款增加了40000元，实际上是企业举借一笔新债用来偿还一部分旧债。负债方一个项目增加，另一个项目减少，增减金额相等，权益总额不变。

表2－4　资产权益变化分析　单位：元

资产	月初余额	本期增加	本期减少	月末余额	负债及所有者权益	月初余额	本期增加	本期减少	月末余额
库存现金	2000			2000	短期借款	250000		60000	190000
银行存款	200000		70000	130000	应付票据	32000			32000
应收账款	80000			80000	应付账款	50000	8500		58500
原材料	100000	8500		108500	长期借款	0	40000		40000
库存商品	150000			150000	实收资本	500000			500000
无形资产	0	50000		50000					
固定资产	300000			300000					
资产合计	832000	58500	70000	820500	权益合计	832000	48500	60000	820500

知识小结

本项目主要针对会计要素与会计等式进行详细讲解，是学习日常会计处理方法的一个重点，同时也是一个难点，学习时要在理解的基础上加以记忆。

本项目的主要内容包括以下两个方面。

一是会计要素。主要讲解会计要素的定义及分类，会计要素的确认与计量。其中资产、负债、所有者权益是反映财务状况的会计要素，收入、费用、利润是反映经营成果的会计要素。会计要素的计量属性主要包括历史成本、重置成本、可变现净值、现值和公允价值。

二是会计等式。“资产 = 负债 + 所有者权益”是复式记账法的理论基础，也是编制资产负债表的依据；“收入 - 费用 = 利润”是编制利润表的依据。

技能强化

一、单项选择题

1. 下列各项中，不属于企业拥有或控制的经济资源的是（　　）。

A. 预付 A 公司材料款　　B. 租赁给他人使用的闲置不用的办公楼

C. 融资租入大型设备　　D. 临时租用的一辆汽车

2. 下列关于所有者权益的表述中正确的是（　　）。

A. 所有者权益是指企业投资者投入的资本，即实收资本

B. 所有者权益通常划分为实收资本、资本公积和未分配利润

C. 所有者权益是指企业资产扣除负债后由所有者享有的剩余权益

D. 所有者权益的形成来源包括所有者投入的资本和留存收益

3. 反映企业一定会计期间经营成果的会计要素是（　　）。

A. 收入　　B. 权益　　C. 利得　　D. 收益

4. 下列关于费用的说法中错误的是（　　）。

A. 费用是指企业在日常活动中发生的、会导致所有者权益减少的、与向所有者分配利润无关的经济利益的总流出

B. 费用表现为资产的减少或负债的增加

C. 费用必须在实际支付现金时才可以确认

D. 符合费用定义和费用确认条件的项目，应当列入利润表

5. 非流动资产可收回金额和以摊余成本计量的金融资产价值的确定所使用的计量属性是（　　）。

A. 公允价值　　B. 可变现净值　　C. 现值　　D. 重置成本

二、多项选择题

1. 下列项目中，属于流动负债项目的有（　　）。

A. 预付账款　　B. 预收账款　　C. 应付账款　　D. 应收账款

2. 下列表述中，正确的有（　　）。

A. 税金及附加属于资产要素　　B. 销售费用属于费用要素

C. 管理费用属于费用要素　　D. 本年利润属于利润要素

3. 下列表述中，正确的有（　　）。

A. 收入最终会导致所有者权益的增加

B. 费用最终会导致所有者权益的减少

C. 企业报废非流动资产发生的净损失不能确认为企业的费用

D. 企业向投资者分配利润发生的现金流出不能确认为企业的费用

4. 下列各项经济业务中，会导致资产与负债同时增加的有（　　）。

A. 用银行存款6000元偿还前欠货款

B. 向银行借入的长期借款200000元存入银行

C. 购买材料7000元，货款暂欠（假定不考虑增值税）

D. 接受某单位投入的机器设备一台，价值50000元

5. 下列关于会计等式的表述中，正确的有（　　）。

A. “资产 = 权益”等式是复式记账的理论基础

B. “资产 = 负债 + 所有者权益”这一会计等式体现了企业在某一时点的财务状况

C. “收入 − 费用 = 利润”这一会计等式是企业资金运动的动态表现

D. “资产 = 负债 + 所有者权益”这一会计等式是编制所有财务报表的依据

三、判断题

1. 在可变现净值计量下，资产按照预计从其持续使用和最终处置中所产生的未来净现金流入量的折现金额计量。（　　）

2. 企业接受的捐赠应计入当期的收入。（　　）

3. 企业收到某企业支付的欠款，该项经济业务会引起会计等式左右两边会计要素发生同时增加的变化。（　　）

4. 其他综合收益是企业根据会计准则的规定未在当期损益中确认的各项利得和损失。（　　）

5. 我国《企业会计准则》将会计要素划分为资产、负债、所有者权益、成本和利润五大类。（　　）

四、简答题

1. 什么是会计对象？

2. 会计要素的计量属性有哪些？

项目三　会计科目与会计账户

任务一　会计科目

一、会计科目的概念

会计对象是会计主体的资金运动，会计要素是对会计对象的基本分类，包括六项会计要素，属于第二层次的分类，但就会计核算的需求而言，仍过于粗略，难以满足各方对会计信息的需要。因此，必须对会计要素进行进一步的分类，也就是对资金运动第三层次的划分。会计科目（简称科目）是为了满足会计确认、计量、报告的要求，根据企业内部会计管理和外部信息需要，对会计要素具体内容进行分类的项目。资金运动可划分为三个主要层次：会计对象是会计核算和监督的内容；会计要素是对会计对象的基本分类；会计科目是对会计要素具体内容分类核算的项目，是进行会计核算和提供会计信息的基础。

【例3-1】（单选）为满足经济管理及有关各方对会计信息的质量要求，必须对会计要素进行（　　）。

A. 反映　　B. 细化　　C. 分类　　D. 划分

【解析】 正确答案为B项。

二、会计科目的分类

（一）按其归属的会计要素分类

企业会计科目按其所归属的会计要素，通常可以分为资产类、负债类、共同类、所有者权益类、成本类和损益类六大类。

1. 资产类科目

资产类科目按流动性分为反映流动资产的科目和反映非流动资产的科目。反映流动资产的科目有库存现金、银行存款、原材料、应收票据、应收账款、库存商品等；反映非流动资产的科目有固定资产、无形资产、长期股权投资、长期应收款、长期待摊费用等。

【例3-2】（多选）下列会计科目属于资产类的有（　　）。

A. 材料成本差异　　B. 应付账款　　C. 存货跌价准备　　D. 预付账款

【解析】 正确答案为A、C、D项。

2. 负债类科目

负债类科目按偿还期限分为反映流动负债的科目和反映长期负债的科目。反映流动负债的科目有应付票据、预收账款、短期借款、应付账款、应付职工薪酬等；反映长期负债的科目有长期借款、应付债券、长期应付款、递延所得税负债等。

【练3-1】（多选）下列会计科目属于负债类的有（　　）。

A. 应付账款　　B. 预付账款　　C. 应收账款　　D. 预收账款

3. 共同类科目

共同类科目是指既有资产性质又有负债性质的科目，主要有清算资金往来、货币兑换、衍生工具、套期工具、被套期项目。

4. 所有者权益类科目

所有者权益类科目按形成和性质分为反映资本的科目和反映留存收益的科目。反映资本的科目有实收资本（或股本）、资本公积等；反映留存收益的科目有盈余公积、本年利润、利润分配等。

【例3-3】（多选）“本年利润”科目所属的会计要素与会计科目分别是（　　）。

A. 利润要素　　B. 所有者权益要素

C. 损益类科目　　D. 所有者权益类科目

【解析】 正确答案为A、D项。所有者权益类科目归属于利润会计要素，由于企业实现利润会增加所有者权益，所以将其作为所有者权益类科目。

5. 成本类科目

成本类科目按不同内容和性质可以分为反映制造成本的科目和反映劳务成本的科目。反映制造成本的科目有生产成本、制造费用科目；反映劳务成本的科目有劳务成本等。成本类科目归属于资产要素，成本是企业生产产品、提供劳务所消耗的价值的体现。为了单独计算产品成本、劳务成本，因此设置了成本类科目。

【练3-2】（多选）下列会计科目属于成本类的有（　　）。

A. 周转材料　　B. 劳务成本　　C. 生产成本　　D. 制造费用

6. 损益类科目

损益类科目按损益的不同内容可以分为反映收入的科目和反映费用的科目。反映收入的科目有主营业务收入、其他业务收入、营业外收入等；反映费用的科目有主营业务成本、其他业务成本、营业外支出、管理费用、财务费用、销售费用、所得税费用等。损益类科目反映收入的科目和反映费用的科目分别归属于收入要素和费用要素。

【练3-3】（单选）下列会计科目中，属于损益类的是（　　）。

A. 递延收益　　B. 销售费用　　C. 长期待摊费用　　D. 制造费用

（二）按提供信息的详细程度及其统驭关系分类

会计科目按提供信息的详细程度及其统驭关系，可以分为总分类科目和明细分类科目。

1. 总分类科目

总分类科目，又称总账科目或一级科目，是对会计要素具体内容进行总括分类、提供总括信息的会计科目，是进行总分类核算的依据，反映各种经济业务的概括情况。如应收账款、库存商品、原材料等。

2. 明细分类科目

明细分类科目，又称明细科目，是对总分类科目做进一步分类、提供更详细和具体会计信息的科目。如果总分类科目所提供的会计信息不能满足相关方的需求，可以对总分类科目进一步分类，形成二级科目，三级科目是对二级科目进一步分类的科目。二级科目及其以下所分的科目，统称明细科目。明细科目反映各种经济业务的详细情况，提供的是详细信息。例如应付账款科目按债权人名称或姓名设置明细科目，反映应付账款的具体对象。

总分类科目和明细分类科目的关系是总账科目对其所属的明细科目具有统驭和控制的作用，而明细科目是对其所属的总账科目的补充和说明。总账科目及其所属明细科目，共同反映经济业务既总括又详细的情况。

以原材料及库存商品为例说明总分类科目与各级明细分类科目之间的关系，如表3-1所示。

表 3－1　　　　总分类科目与各级明细分类科目之间的关系

<table>
<tr><th rowspan="2">总分类科目（一级科目）</th><th colspan="2">明细分类科目</th></tr>
<tr><th>二级明细科目</th><th>三级明细科目</th></tr>
<tr><td rowspan="5">原材料</td><td rowspan="3">原材料及主要材料</td><td>6 号材料</td></tr>
<tr><td>7 号材料</td></tr>
<tr><td>8 号材料</td></tr>
<tr><td rowspan="2">辅助材料</td><td>润滑油</td></tr>
<tr><td>涂料</td></tr>
<tr><td rowspan="3">库存商品</td><td>甲产品</td><td rowspan="3"></td></tr>
<tr><td>乙产品</td></tr>
<tr><td>丙产品</td></tr>
</table>

【练 3－4】（单选）会计科目按（　　）的不同，可以分为总分类科目和明细分类科目。

A. 会计要素　　　　B. 用途和结构

C. 核算的经济内容　　　　D. 提供核算指标的详细程度

【练 3－5】（单选）下列属于明细分类科目的是（　　）。

A. 销售费用　　B. 其他应收款　　C. 盈余公积　　D. 差旅费

三、总分类科目与明细分类科目的平行登记

总分类科目与明细分类科目所提供的核算资料互相补充，互相结合，这样才能既总括又详细地反映同一核算内容。因此，总分类科目与明细分类科目必须采用平行登记的方法。

总分类科目与明细分类科目的平行登记是指所发生的每项经济业务都要以会计凭证为依据，一方面记入有关总分类科目，另一方面记入有关总分类科目所属明细分类科目。

总分类科目与明细分类科目平行登记要求做到以下四点。

（1）依据相同。依据相同是指所依据的会计凭证相同。即对发生的经济业务，都要以相同的会计凭证为依据，既登记有关总分类科目，又登记其所属明细分类科目。

（2）方向相同。方向相同是指借贷方向相同。即将经济业务记入总分类科目和明细分类科目，记账方向必须相同。总分类科目记入借方，明细分类科目也记入借方；总分类科目记入贷方，明细分类科目也记入贷方。

（3）期间相同。期间相同是指所属会计期间相同。即对发生的每笔经济业务在记入总分类科目和明细分类科目的过程中，可以有先有后，但必须全部登记在同一会计期间。

（4）金额相等。金额相等是指计入总分类科目的金额与计入其所属明细分类科目金额的合计相等。这里包含两层含义：一是总分类科目本期发生额与其所属明细分类科目本期发生额的合计相等；二是总分类科目期末余额与其所属明细分类科目期末余额的合计相等。

根据总分类科目与其所属明细分类科目平行登记的要求，可以定期核对双方记录，来检查科目的记录是否正确、完整。

【练3-6】（多选）总分类会计科目与明细分类会计科目平行登记的要点包括（　　）。

A. 记入两个或两个以上账户　　B. 记入总账同时记入所属的明细账

C. 记账方向相同　　D. 登记金额相等

四、会计科目的设置

（一）会计科目的设置原则

会计科目作为反映会计要素的构成及变化情况，为投资者、债权人、企业经营管理者等提供会计信息的重要手段，在其设置过程中应努力做到科学、合理、适用。因此，会计科目在设置过程中应遵循下列原则。

（1）合法性原则。所设置的会计科目应当符合国家统一的会计制度的规定。在我国，总分类科目原则上由财政部统一制定，以确保会计信息的可比性。对于国家统一会计制度规定的会计科目，企业可以根据自身的生产经营特点，在不影响会计核算要求以及对外提供统一的财务会计报表的前提下，自行增设、减少或合并某些会计科目。

（2）相关性原则。所设置的会计科目应当为提供相关方所需要的会计信息服务，满足对外报告与对内管理的要求。此原则旨在提高会计信息的相关性，以满足相关各方面的信息需求。

（3）实用性原则。所设置的会计科目应当符合单位自身特点，满足单位实际需要。例如，对于生产企业，因其制造产品，需要设置生产成本、制造费用等科目；而对于商品流通企业而言，没有产品生产环节，一般不需要设置生产成本、制造费用等科目，但需要结合商品的“进、销、存”等环节设置库存商品、商品进销差价等科目。

【练3－7】（多选）会计科目的设置原则包括（　　）。

A. 实用性　　B. 相关性　　C. 合法性　　D. 一致性

（二）会计科目的编码

各种财务软件在应用中需要对会计科目进行编码，一是能够起到区分会计科目的作用，二是便于会计人员的识别与计算机的输入。

一级会计科目的编码一般采用四位纯数字表示，其中：第一位数字（千位）表示会计科目的类别，1 表示资产类，2 表示负债类，3 表示共同类，4 表示所有者权益类，5 表示成本类，6 为损益类；第二位数字（百位）可以划分大类下所属的小类；剩余两码为流水号。通常，为便于会计科目的增减，编码要考虑到未来的扩展性，在编码间，留有一定的间隔。

二级会计科目一般采用六位编码，其中前四位为一级科目的代码，后两位为流水号。例如，银行存款（编码为1002）下根据银行的不同，设置多个二级科目，诸如中国工商银行、中国建设银行、中国农业银行等，则可分别编码为 100201 中国工商银行、100202 中国建设银行、100203 中国农业银行。一般情况下，二级科目都是根据企业的需要来设置的。但无论一级科目、二级科目如何设置，都必须保证编码的唯一性。

（三）常用会计科目

企业常用的会计科目如表 3－2 所示。

表 3－2　　企业常用的会计科目

序号	编号	会计科目类型	会计科目名称	序号	编号	会计科目类型	会计科目名称
1	1001	资产类	库存现金	13	1402	资产类	在途物资
2	1002	资产类	银行存款	14	1403	资产类	原材料
3	1012	资产类	其他货币资金	15	1404	资产类	材料成本差异
4	1101	资产类	交易性金融资产	16	1405	资产类	库存商品
5	1121	资产类	应收票据	17	1406	资产类	发出商品
6	1122	资产类	应收账款	18	1408	资产类	委托加工物资
7	1123	资产类	预付账款	19	1411	资产类	周转材料
8	1131	资产类	应收股利	20	1471	资产类	存货跌价准备
9	1132	资产类	应收利息	21	1501	资产类	持有至到期投资
10	1221	资产类	其他应收款	22	1502	资产类	持有至到期投资减值准备
11	1231	资产类	坏账准备	23	1503	资产类	可供出售金融资产
12	1401	资产类	材料采购	24	1511	资产类	长期股权投资

续 表

序号	编号	会计科目类型	会计科目名称	序号	编号	会计科目类型	会计科目名称
25	1512	资产类	长期股权投资减值准备	53	3002	共同类	货币兑换
26	1521	资产类	投资性房地产	54	3101	共同类	衍生工具
27	1523	资产类	投资性房地产减值准备	55	3201	共同类	套期工具
28	1531	资产类	长期应收款	56	3202	共同类	被套期项目
29	1601	资产类	固定资产	57	4001	所有者权益类	实收资本
30	1602	资产类	累计折旧	58	4002	所有者权益类	资本公积
31	1603	资产类	固定资产减值准备	59	4101	所有者权益类	盈余公积
32	1604	资产类	在建工程	60	4103	所有者权益类	本年利润
33	1605	资产类	工程物资	61	4104	所有者权益类	利润分配
34	1606	资产类	固定资产清理	62	5001	成本类	生产成本
35	1701	资产类	无形资产	63	5101	成本类	制造费用
36	1702	资产类	累计摊销	64	5201	成本类	劳务成本
37	1703	资产类	无形资产减值准备	65	5301	成本类	研发支出
38	1801	资产类	长期待摊费用	66	6001	损益类	主营业务收入
39	1901	资产类	待处理财产损溢	67	6051	损益类	其他业务收入
40	2001	负债类	短期借款	68	6101	损益类	公允价值变动损益
41	2201	负债类	应付票据	69	6111	损益类	投资收益
42	2202	负债类	应付账款	70	6301	损益类	营业外收入
43	2203	负债类	预收账款	71	6401	损益类	主营业务成本
44	2211	负债类	应付职工薪酬	72	6402	损益类	其他业务成本
45	2221	负债类	应交税费	73	6403	损益类	税金及附加
46	2231	负债类	应付利息	74	6601	损益类	销售费用
47	2232	负债类	应付股利	75	6602	损益类	管理费用
48	2241	负债类	其他应付款	76	6603	损益类	财务费用
49	2501	负债类	长期借款	77	6701	损益类	资产减值损失
50	2502	负债类	应付债券	78	6711	损益类	营业外支出
51	2701	负债类	长期应付款	79	6801	损益类	所得税费用
52	3001	共同类	清算资金往来	80	6901	损益类	以前年度损益调整

任务二 会计账户

一、会计账户的概念

会计账户是根据会计科目开设的，具有一定格式和结构，用于分类、系统、连续地记录资产、负债、所有者权益、收入、费用、利润等会计要素增减变动情况及其结果的一种工具。

每个企业，必须根据需要设置账户，会计科目是账户的名称，账户是会计科目的具体应用，两者之间的根本区别就在于账户具有一定格式和结构，而会计科目仅是账户的名称。在实际工作中，会计科目和账户不加以严格区分，是互相通用的。

【例3-4】（思考）会计科目与会计账户的相同与不同之处有哪些？

【解析】相同之处有以下两点。

（1）会计科目是会计账户的名称，会计账户是会计科目的内容，二者所反映的会计对象的具体内容是相同的。

（2）在实际工作中，会计科目和账户不加严格区分，是互相通用的。

但是二者存在着以下两点明显的区别。

（1）会计账户除名称外，还具有一定的格式和结构，是记录经济业务的载体；会计科目仅是账户的名称，本身没有结构，不能记录经济业务的增减变动情况。

（2）会计科目是抽象概括的一个项目名称，不属于会计核算方法；会计账户可反映会计要素增减变动情况及其结果，因此账户的设置属于会计核算方法。

二、会计账户的基本结构

会计账户的结构是指账页的格式。账页的格式，尽管有各种各样，但一般来说应包括以下内容：①账户的名称；②日期和凭证号数；③摘要；④增加减少的金额；⑤余额。账户的名称（会计科目）决定了账户所要核算的经济业务内容。

账户左方（记账符号为“借”）、右方（记账符号为“贷”）两个方向，一方登记增加，另一方登记减少。增减相抵后的差额即为余额。资产、成本、费用类账户登账时借方登记增加额，贷方登记减少额；负债、所有者权益、收入类账户登账时借方登记减少额，贷方登记增加额。账户的余额一般与记录增加额在同一方向。

每个账户中都包含四个要素金额，分别为期初余额、本期增加发生额、本期减少发生额和期末余额。登记本期增加的金额称为本期增加发生额；登记本期减少的金额称为本期减少发生额；增减相抵后的差额称为余额。余额按照所表示的时间分为期初余额和期末余额，如果将本期的期末余额转入下一期，就是下一期的期初余额。基本关系为：本期期末余额 = 期初余额 + 本期增加发生额 - 本期减少发生额

【例 3 -5】东方公司的应收账款账户有关数据如下：8 月初的余额为 6000 元，本月增加了 7000 元，减少了 2000 元。该企业 8 月末的余额是多少？

【解析】8 月末的余额为 6000 + 7000 - 2000 = 11000 元。

账户结构通常采用“三栏式”（见表 3 -3）。

表 3 -3　　　　“三栏式”账户结构

会计科目：库存商品　　　　　　　　　　　　第　页

2020 年		凭证		摘要	对方科目	借方										贷方										借或贷	余额									
月	日	类	号			千	百	十	万	千	百	十	元	角	分	千	百	十	万	千	百	十	元	角	分		千	百	十	万	千	百	十	元	角	分

在实际工作中，上述账页通常简化为“T”形账户，如图 3 -1 所示。

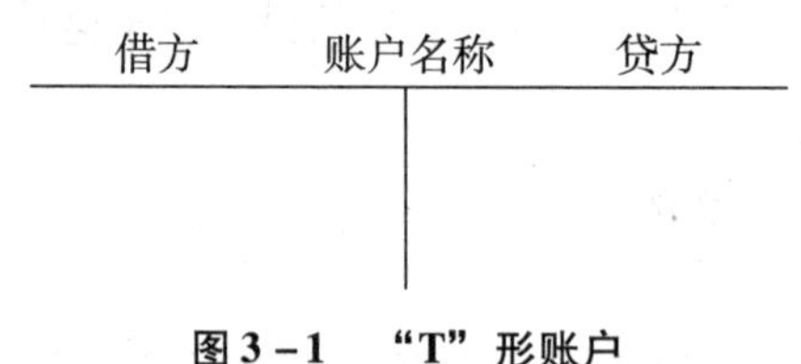

图 3 -1　“T”形账户

三、会计账户的设置

设置账户是会计核算的一种专门方法。账户的开设应与会计科目的设置相适应，会计科目分为总分类科目与明细分类科目，账户也应相应地分为总分类账户和明细分类账户。总分类账户所属的各明细分类账户余额总计与总分类账户余额相等。

【**例3-6**】（单选）东方公司8月末库存商品总分类账户借方余额为58000元，该账户设有三个明细账户，分别为甲产品、乙产品、丙产品，其中甲产品借方余额为20000元，乙产品借方余额为25000元，丙产品的余额为（　　）。

A. 贷方余额58000元　　B. 借方余额13000元

C. 贷方余额13000元　　D. 借方余额58000元

【**解析**】正确答案为B项。甲产品、乙产品、丙产品三个明细分类账户余额合计要与库存商品总账余额相等，则丙产品的余额为58000-20000-25000=13000元。

【**练3-8**】应收账款账户期初借方余额为35400元，本期借方发生额为26300元，本期贷方发生额为17900元，该账户期末余额为（　　）。

A. 借方43800元　　B. 借方27000元

C. 贷方43800元　　D. 贷方27000元

知识小结

本项目主要针对会计科目与会计账户进行详细讲解，这些都是会计核算的理论基础，学习时要在理解的基础上加以必要的记忆。

本项目的主要内容包括以下两个方面。

一是会计科目。其内容包括会计科目的概念、分类、设置原则以及常用的会计科目。

二是会计账户。其内容包括会计账户的概念、基本结构以及会计账户与会计科目的关系。

技能强化

一、单项选择题

1. 下列各项中，既属于费用要素又属于损益类科目的是（　　）。

A. 劳务成本　　B. 制造费用　　C. 生产成本　　D. 销售费用

2. 对于同一个账户而言，金额要素之间的关系为（　　）。

A. 期末余额 = 期初余额 + 本期增加发生额 − 本期减少发生额

B. 期末余额 = 本期增加发生额 − 本期减少发生额

C. 期末余额 = 期初余额

D. 期末余额 = 期初余额 + 本期减少发生额 + 本期增加发生额

3. 下列各项中，不属于总分类科目的是（　　）。

A. 销售费用　　B. 应收账款　　C. 辅助材料　　D. 工程物资

4. 资产减值损失科目按其所归属的会计要素，属于（　　）类科目。

A. 资产　　B. 成本　　C. 负债　　D. 损益

5. 下列各项中，不属于所有者权益类科目的是（　　）。

A. 盈余公积　　B. 应付股利　　C. 本年利润　　D. 利润分配

6. 会计科目按提供信息的详细程度及其统驭关系，分为（　　）。

A. 一级科目和二级科目　　B. 一级科目和明细科目

C. 总账科目和二级科目　　D. 二级科目和三级科目

7. 总分类会计科目一般按（　　）进行设置。

A. 企业管理的需要　　B. 统一会计制度的规定

C. 会计核算的需要　　D. 经济业务种类的不同

二、多项选择题

1. 下列各项中，反映留存收益的会计科目有（　　）。

A. 实收资本　　B. 资本公积　　C. 盈余公积　　D. 利润分配

2. 下列会计科目中，属于损益类科目的有（　　）。

A. 待处理财产损溢　B. 投资收益

C. 税金及附加　D. 所得税费用

3. 下列属于负债类科目的有（　　）。

A. 应付票据　B. 应交税费

C. 材料成本差异　D. 其他应付款

4. 下列各项中属于根据核算的经济内容对账户进行分类的有（　　）。

A. 资产类账户　B. 费用类账户

C. 共同类账户　D. 收入类账户

5. 下列各项中，（　　）属于账户通常包括的内容。

A. 账户名称　B. 日期

C. 凭证字号　D. 金额

6. 关于账户与会计科目的联系和区别，下列表述中正确的有（　　）。

A. 反映的经济内容一致

B. 会计科目与账户两者口径一致，性质相同

C. 会计科目不存在结构，账户则具有一定的格式和结构

D. 会计科目可以记录经济业务的增减变化及其结果

7. 下列有关会计科目的阐述中，正确的有（　　）。

A. 会计科目按提供信息的详细程度及其统驭关系，可以分为总分类科目和明细分类科目

B. 总分类科目是对会计要素的具体内容进行总括分类，提供总括信息的会计科目

C. 明细分类科目是对总分类科目做进一步分类，提供更详细、具体会计信息的科目

D. 企业在任何情况下都不能对总分类科目进一步分级设置二级科目或三级科目

三、判断题

1. 资金运动的第三层次是会计科目。（　　）

2. 反映企业资本的科目有实收资本、资本公积等。（　　）

3. 营业外支出账户属于成本类账户。（　　）

4. 坏账准备、累计折旧账户均属于资产类账户。（　　）

5. 企业在不违背国家统一会计制度规定的前提下，可以根据需要增设某些会计科目。（　　）

6. 在总分类账户中可以使用劳动量来计量。（　　）

7. 资产和收入类的账户借方登记增加额，贷方登记减少额。（　　）

8. 其他综合收益属于损益类科目。（　　）

四、简答题

1. 会计科目设置的原则有哪些？
2. 总分类科目和明细分类科目的关系如何？
3. 会计对象、会计要素、会计科目和会计账户四者之间的关系是什么？

项目四 会计记账法

任务一 记账法的种类

记账方法，简称记账法，是指对发生的经济交易与事项根据一定的原理，运用一定的记账符号和记账规则在账户中予以登记的方法。记账方法按登记经济交易与事项的方式，可分为单式记账法和复式记账法两种。

（一）单式记账法

单式记账法是会计发展的最初形式。所谓单式记账法就是对发生的每笔经济业务都只在一个账户中进行记录的方法。

【例4－1】（思考）举例说明单式记账法。

【解析】例如企业用银行存款购买原材料，只在银行存款账户中记录银行存款的支付业务，至于原材料的收入业务，则不在相关的账户中记录。又如以现金支付办公用品费，只记录现金支出而不记录费用发生。因此，单式记账法一般只需设置现金、银行存款、应收账款、应付账款等账户，而没有设置对应账户。

【例4－2】（思考）说明单式记账法的缺点。

【解析】单式记账法是一种简单的、不完整的记账方法，它只重点考虑现金、银行存款、债权和债务等方面发生的经济业务，因而不能全面、系统地反映经济业务的来龙去脉，也不便于检查账户记录的正确性与完整性。这种记账方法目前实务上基本不采用。

（二）复式记账法

复式记账法是以会计等式资产与权益的平衡关系作为记账基础，对每一笔经济交易或事项，都要以相等的金额同时在两个或两个以上相互关联的账户中进行登记的记账方法。复式记账法可分为借贷记账法、增减记账法和收付记账法等。借贷记账法是目前国际上通用的记账方法，我国《企业会计准则——基本准则》规定企业应当采用借贷记账法记账。

【例4－3】（思考）举例说明复式记账法。

【解析】例如企业用银行存款购买原材料，不仅要在银行存款账户中记录银行存款的付出，而且要在在途物资或原材料账户中记录原材料的增加，并且两个账户中记录的金额相等。在这里，银行存款账户和在途物资（或原材料）账户之间就形成了一种对应关系。

【例4－4】（思考）说明复式记账法的优点。

【解析】复式记账法是一种比较完整、系统的记账方法。它的理论依据是“资产＝负债＋所有者权益”这一会计恒等式所反映的资金平衡原理。企业正是依据这一原理，把每一笔经济业务所引起的资产、负债和所有者权益的有关项目增减变动情况都记录在账户中，全面反映资金运动过程。由此可见，复式记账法是对全部经济交易与事项均进行完整且相互联系记录的一种记账方法。目前，世界上普遍采用的复式记账法是借贷记账法。

可见，与单式记账法相比，复式记账法具有如下特点。

（1）业务记录的双重性。对每一项经济业务，都必须在两个或两个以上相互联系的账户中进行记录。每项业务所涉及的至少是两个账户，不仅清晰地反映着账户之间的对应关系，同时反映出经济业务的来龙去脉，还能够全面、系统地反映经济活动的过程和结果。

（2）账簿记录的平衡性。对每一项经济业务，都是以相等的金额在相互联系的账户中进行登记，很容易检查账户记录是否正确。

任务二　借贷记账法与会计分录

从复式记账法的发展历史看，曾经有增减记账法、收付记账法和借贷记账法三种，其中，借贷记账法是国际上通用的一种记账方法，是一种比较成熟、完善的记账方法。

一、借贷记账法

借贷记账法是以“资产＝负债＋所有者权益”为理论依据，以“借”和“贷”为记账符号，以“有借必有贷，借贷必相等”为记账规则的一种复式记账法。也就是将发生的经济交易与事项所引起会计要素的增减变动以相等的金额，同时在相互关联的两个或两个以上的账户中进行相互联系、相互制约的记录。

（一）借贷记账法的记账符号

借贷记账法以“借”“贷”为记账符号。“借”“贷”作为表示方向的符号已失去了原有的意义，至于借方与贷方是表示增加还是减少，则是由账户所反映的经济内容即账户的性质决定的。

资金在运动过程中的变动状态无非增加和减少两类，因此，账户分为两个基本部分——左方和右方，即借方与贷方，以此来分别反映经济业务事项所引起的账户数额的增加或减少。不同性质的账户，借贷方所登记的增减正好相反。通常，以“借”表示资产、成本和费用的增加，负债、所有者权益、收入和利润的减少；以“贷”表示负债、所有者权益、收入和利润的增加，资产、成本和费用的减少（见表4－1）。

表4－1　不同账户的记账方向

借方　　借贷方向	贷方
资产的增加	资产的减少
负债、所有者权益的减少	负债、所有者权益的增加
费用、成本的增加	费用、成本的减少
收入、利润的减少	收入、利润的增加
本期借方发生额：	本期贷方发生额：

【例4－5】（单选）采用借贷记账法，哪方记增加，哪方记减少，是根据（　　）决定的。

A. 每个账户的基本性质　　B. 贷方记增加，借方记减少的规则

C. 企业习惯的记法　　D. 借方记增加，贷方记减少的规则

【解析】正确答案为A项。采用借贷记账法，所有科目的借方和贷方按相反方向记录，即一方登记增加额，另一方就登记减少额。至于“借”表示增加还是“贷”表示增加，则是由会计科目所反映的经济内容即会计科目的性质决定的。

（二）借贷记账法的记账规则

借贷记账法以“有借必有贷，借贷必相等”为记账规则。根据借贷记账法的基本原理，对发生的任何一笔经济交易或事项，都必须以相等的金额，同时在两个或两个以上相互联系的账户中进行登记。登记时，一方面记入一个或几个账户的借方，另一方面记入一个或几个有关账户的贷方，记入借方账户的数额合计与记入贷方账户的数额合计必然相等，这就是借贷记账法的记账规则：“有借必有贷，借贷必相等”。

【例4－6】（思考）2019年10月1日，环宇公司以银行存款20000元支付到期货款。根据借贷记账法该如何记账？

【解析】这笔业务的发生，因归还到期货款，使该公司的负债——应付账款减少了20000元；同时，归还欠款使用了银行存款，所以使公司的资产——银行存款减少了20000元。因“借”表示负债的减少，“贷”表示资产的减少，所以在应付账款账户的借方（减少）记录20000元，同时在银行存款账户的贷方（减少）记录20000元。此笔业务既有借方，又有贷方，而且金额相等，都是20000元。

（三）借贷记账法的账户结构

账户按其性质来说，既有反映资产的账户，又有反映负债、所有者权益的账户，还有反映成本、损益类的账户。我们从会计等式中知道，资产与权益是同一事物的两个不同方面，两者总额始终保持相等的平衡关系。

【例4－7】（思考）按会计恒等式左右两边的项目分析一下“借”“贷”的含义。

【解析】可以这样来理解：会计等式的扩展形式为“资产＝负债＋所有者权益＋收入－费用”，此等式可变换为“资产＋费用＝负债＋所有者权益＋收入”。这是会计要素之间的恒等关系，与会计科目分类相结合还可进一步转换为“资产类＋损类＋成本类＝负债类＋所有者权益类＋益类”，在等式同一端的记账方向相同，在等式两端的记账方向相反。因此，资产类、损类、成本类账户的记账方向相同，增加用“借”，减少用“贷”；负债类、所有者权益类、益类账户的记账方向相同，增加用“贷”，减少用“借”。

1. 资产类账户的结构

资产类账户的结构为增加额记入账户的借方，减少额记入账户的贷方，账户的余额，通常是借方余额，表示资产的结余数额，如表4－2所示。

表4－2　　资产类账户结构

借方　　资产类账户名称　　贷方

借方	贷方
期初余额：	
本期增加额：	本期减少额：
本期借方发生额： 期末余额：	本期贷方发生额：

资产类账户的期末余额通过下列公式计算。

资产类账户期末借方余额 = 期初借方余额 + 本期借方发生额 - 本期贷方发生额

2. 成本类账户的结构

成本类账户的结构是增加额记入账户的借方，减少额或转销额记入账户的贷方，期末一般没有余额，如有余额则为借方余额，如表 4 -3 所示。

表 4 -3　成本类账户结构

借方　　成本类账户名称	贷方
期初余额：	
本期增加额：	本期减少额或转销额：
本期借方发生额： 期末余额：	本期贷方发生额：

成本类账户期末如有余额，计算方法同资产类账户。

3. 损益类账户的结构

损益类账户是计算利润（或亏损）涉及的所有账户。损益类账户有两类：损类账户和益类账户。

损类账户的结构是与益类账户的结构相反的。损类账户的增加额记入账户的借方，减少额或转销额记入账户的贷方，期末因要将其余额转入本年利润账户，所以期末没有余额，如表 4 -4 所示。

表 4 -4　损类账户结构

借方　　损类账户名称	贷方
本期增加额：	本期减少额或转销额：
本期借方发生额：	本期贷方发生额：

益类账户的结构为：增加额记入账户的贷方，减少额或转销额记入账户的借方，期末因要将其余额转入有关本年利润账户，所以期末没有余额，如表4－5所示。

表4－5　　　　益类账户结构

借方　　　　益类账户名称	贷方
本期减少额或转销额：	本期增加额：
本期借方发生额：	本期贷方发生额：

4. 负债及所有者权益类账户的结构

负债及所有者权益类账户的结构为增加额记入账户的贷方，减少额记入账户的借方，账户若有余额，一般为贷方余额，表示权益的结余数，如表4－6所示。

表4－6　　　　负债及所有者权益类账户结构

借方　　　　负债及所有者权益类账户名称	贷方
	期初余额：
本期减少额：	本期增加额：
本期借方发生额：	本期贷方发生额： 期末余额：

负债及所有者权益类账户的期末余额通过下列公式计算。

负债及所有者权益类账户期末贷方余额＝期初贷方余额＋本期贷方发生额－本期借方发生额

二、会计分录

会计分录是指对某项经济交易或事项标明其应使用的会计科目、应借应贷金额的记录，简称分录。从概念中可确定会计分录必须具备三个要素：账户名称、记账方向和记账金额。三者缺一不可。在实际工作中，对于所发生的经济业务，会计分录是通过填制记账凭证来完成的。

【练4－1】（单选）会计分录必须具备（　　）。

A. 摘要、凭证号、金额　　B. 会计科目名称、记账符号、金额

C. 借方、贷方、金额　　D. 总分类账、明细分类账、金额

（一）会计分录的编制

为了保证账簿记录的正确性，在经济业务登记入账前，应明确以下四点。

（1）明确会计科目。分析经济业务，明确所涉及的会计科目。

（2）明确增加减少。分析所涉及会计科目的性质，明确会计科目的金额是增加，还是减少。

（3）明确借贷方向。确定所涉及的会计科目记借方，还是记贷方。

（4）明确借贷金额。确定会计科目应借应贷的金额，借贷方金额是否相等。

会计分录编制的正确格式为先借后贷；借方在上，贷方在下，一般“贷”字应对齐借方会计科目的第一个字，金额也要错开写；在一借多贷、多借一贷和多借多贷的情况下，借方或贷方的文字要对齐，数字也要对齐。

【例4－8】如**【例2－11】**4个简例的会计科目分录分别如下。

（1）甲企业从供货单位购入原材料8500元，货款暂欠。

借：原材料　　8500

　贷：应付账款　　8500

（2）甲企业用银行存款购买专利权一项，价值50000元。

借：无形资产　　50000

　贷：银行存款　　50000

（3）甲企业以银行存款归还短期借款20000元。

借：短期借款　　20000

　贷：银行存款　　20000

（4）甲企业申请，银行同意将甲企业短期借款40000元展期为两年期的长期借款。

借：短期借款　　　　　　　　40000

　贷：长期借款　　　　　　　　40000

（二）账户的对应关系

使用借贷记账法记账，所有交易与事项在进行会计记录时，必然同时记入两个或两个以上的相关账户中，这样，会计科目之间就形成了一定的相互关联、相互依存的对应关系，也称为应借、应贷关系。存在着对应关系的账户称为对应账户。

【例4-9】（思考）举例说明账户的对应关系及其优点。

【解析】例如，某企业用银行存款购买固定资产，在借贷记账法下，借记固定资产，贷记银行存款，这两个科目之间就形成了应借、应贷关系，即账户的对应关系。再如，购买10000元原材料，已用银行存款支付6000元，另4000元货款暂欠。此笔业务借记原材料，贷记银行存款、应付账款，这样，在原材料与银行存款、应付账款之间就形成了应借、应贷的对应关系，但是这种对应关系只存在于借方账户与贷方账户之间，而同为贷方账户的银行存款与应付账款之间则不存在对应关系。通过账户间的这种对应关系，可以了解每笔经济交易或事项的内容，掌握经济交易或事项的来龙去脉，检查交易或事项的处理是否合理、合法。

根据账户对应关系的不同，会计分录可以划分为简单会计分录与复合会计分录。简单会计分录是指只涉及一个会计科目借方和另一个会计科目贷方的会计分录，即一借一贷的会计分录。复合会计分录是指至少三个对应账户所组成的会计分录，即一借多贷、多借一贷、多借多贷的对应关系。复合会计分录是由简单会计分录组成的，因此，复合会计分录可分解为简单会计分录。一般只有一笔经济交易或事项客观上存在复杂关系时，才需要编制多借多贷的复合会计分录；不允许将不同类型的交易或事项合并编制多借多贷的会计分录。

【例4-10】2019年5月17日，甲企业购入原材料一批，价款16000元，以银行存款支付6000元，其余款项尚未支付，材料已经入库（不考虑增值税）。编制会计分录。

【解析】这笔业务的发生涉及原材料增加16000元和银行存款减少6000元以及应付账款增加10000元。原材料、银行存款属于资产类账户，增加用“借”，应付账款是负债类账户，增加用“贷”。会计分录编制如下。

借：原材料　　　　　　　　16000

贷：银行存款　　　　　　　　　6000

　　应付账款　　　　　　　　　10000

此分录一借多贷涉及两个以上的会计账户，称为复合会计分录。它所反映的对应关系是一个账户对应几个账户，可分解为简单会计分录，具体如下。

借：原材料　　　　　　　　6000

　贷：银行存款　　　　　　　　6000

借：原材料　　　　　　　　10000

　贷：应付账款　　　　　　　　10000

【练4-2】（判断）一个复合会计分录可以分解为几个简单会计分录。　　（　　）

【练4-3】（多选）复合会计分录包括（　　）。

A. 由两个简单会计分录组成的分录

B. 由两个或两个以上会计分录组成的分录

C. 由两个对应账户组成的会计分录

D. 涉及两个以上账户的会计分录

任务三　借贷记账法的试算平衡

在借贷记账法下根据会计等式可知，对每一笔交易或事项均以相等的金额记入两个或两个以上账户的借方和贷方，这样对每一笔交易或事项而言，记入借方的金额合计与记入贷方的金额合计必然相等。推而广之，一定时期内所有交易或事项全部记入有关账户后，所有账户的借方发生额和贷方发生额也必然相等。这就形成了账户之间的一系列平衡关系。这种平衡关系主要包括以下三个方面。

（1）全部会计科目的借方期初余额合计数＝全部会计科目的贷方期初余额合计数。

（2）全部会计科目的本期借方发生额合计数＝全部会计科目的本期贷方发生额合计数。

（3）全部会计科目的借方期末余额合计数＝全部会计科目的贷方期末余额合计数。

上述三个方面的平衡关系可以用来检查会计科目记录的正确性。如果三个方面都保持平衡，说明记账工作基本正确。通常把这种检查账户记录的工作方法称作试算平衡。因此，试算平衡是以会计恒等式和借贷记账规则为理论基础，根据资产与权益之间的平衡关系，按照记账规则的要求，通过对所有账户的综合计算，来检查各类账户的记录是否正确的一种方法。

（一）发生额试算平衡法

发生额试算平衡法是根据借贷记账法“有借必有贷，借贷必相等”的记账规则来判断一定时期内会计记录是否正确的一种方法，即根据本期所有会计科目借方发生额合计数与贷方发生额合计数的恒等关系，来检验本期发生额记录是否正确，用公式表示为

全部会计科目的本期借方发生额合计数＝全部会计科目的本期贷方发生额合计数

【例4－11】（判断）发生额试算平衡是根据资产与权益的恒等关系。（　）

【解析】错误。发生额试算平衡是根据借贷记账法“有借必有贷，借贷必相等”的记账规则检验本期发生额记录是否正确的方法。

（二）余额试算平衡法

余额试算平衡法的理论依据是本期所有会计科目的借方余额合计数与贷方余额合计数恒等，并据此来检验本期科目记录是否正确。根据余额所属会计期间的不同，余额试算平衡又分为期初余额平衡和期末余额平衡两类。公式分别为

全部会计科目的借方期初余额合计数＝全部会计科目的贷方期初余额合计数

全部会计科目的借方期末余额合计数＝全部会计科目的贷方期末余额合计数

在企业的实际业务处理中，余额试算平衡是通过编制试算平衡表来完成的。

【例4－12】根据【例2－11】和【例4－10】，甲企业共发生5笔经济业务，2019年5月1日，有关账户的余额如表4－7所示。

表4－7　　甲企业2019年5月期初余额表　　单位：元

资产	金额	负债及所有者权益	金额
库存现金	2000	短期借款	250000
银行存款	200000	应付票据	32000
应收账款	80000	应付账款	50000
原材料	100000	实收资本	500000
库存商品	150000		
固定资产	300000		
总计	832000	总计	832000

【解析】第一步，把期初余额过入有关账户；第二步，把本期发生的经济业务编制成会计分录，并登记在相应的账户中；第三步，计算出本期发生额合计和期末余额；第四步，根据有关的账户编制试算平衡表。

将该公司期初余额和本期发生的经济业务记入下列账户（见表4－8至表4－13）。

表4－8 **无形资产登账**

借方	无形资产　　　　　　贷方
期初余额：	
本期增加额：②50000	本期减少额：
本期借方发生额：50000 期末余额：50000	本期贷方发生额：

表4－9 **银行存款登账**

借方	银行存款　　　　　　贷方
期初余额：200000	
本期增加额：	本期减少额：50000② 20000③ 6000⑤
本期借方发生额： 期末余额：124000	本期贷方发生额：76000

表4－10 **原材料登账**

借方	原材料　　　　　　贷方
期初余额：100000	
本期增加额：①8500 ②16000	本期减少额：
本期借方发生额：24500 期末余额：124500	本期贷方发生额：

表 4－11 **长期借款登账**

借方	长期借款 贷方
	期初余额：
本期减少额：	本期增加额：40000④
本期借方发生额：	本期贷方发生额：40000 期末余额：40000

表 4－12 **短期借款登账**

借方	短期借款 贷方
	期初余额：250000
本期减少额：③20000 ④40000	本期增加额：
本期借方发生额：60000	本期贷方发生额： 期末余额：190000

表 4－13 **应付账款登账**

借方	应付账款 贷方
	期初余额：50000
本期减少额：	本期增加额：8500① 10000⑤
本期借方发生额：	本期贷方发生额：18500 期末余额：68500

根据以上账户的内容，编制总分类账户本期发生额试算平衡表（见表4－14）。

表4－14　　　　总分类账户本期发生额试算平衡表

2019年5月31日　　　　账户余额表　　　　单位：元

账户名称	借方余额	账户名称	贷方余额
无形资产	50000	银行存款	76000
原材料	24500	应付账款	18500
短期借款	60000	长期借款	40000
合计	134500	合计	134500

根据以上账户的内容，编制总的试算平衡表（见表4－15）。

表4－15　　　　试算平衡表

2019年5月31日　　　　单位：元

账户名称	期初余额		本期发生额		期末余额	
	借方	贷方	借方	贷方	借方	贷方
库存现金	2000				2000	
银行存款	200000			76000	124000	
原材料	100000		24500		124500	
应收账款	80000				80000	
库存商品	150000				150000	
固定资产	300000				300000	
无形资产			50000		50000	
短期借款		250000	60000			190000
应付票据		32000				32000
应付账款		50000		18500		68500
长期借款				40000		40000
实收资本		500000				500000
合计	832000	832000	134500	134500	830500	830500

试算平衡只是通过对一段时间内企业会计科目记录的借贷金额是否相等来检查账户记录正确与否的一种方法。经过验证，如果借贷不平衡，说明账户的记录和计算肯定有错误，必须及时检查、及时纠错。但如果试算平衡，说明记账工作基本正确，并不能排除账户登记的其他错误，因为试算平衡表也有其局限性，比如一笔经济业务事项重复记录、借贷方同时漏记、会计分录的借贷被颠倒、用错会计科目名称等情况是

无法发现的。尽管试算平衡表有其局限性，但目前而言，试算平衡表在检查会计记录的正确性方面，仍是其他方法无法取代的。

【练 4-4】（多选）会计科目记录可能存在不能用试算平衡表来发现错误的情况有（　　）。

A. 一笔经济业务的记录全部被漏记或重记

B. 一笔经济业务的借贷方，在编制会计分录时，金额上发生同样的错误

C. 在编制会计分录时，一笔经济业务应借应贷的账户相互颠倒

D. 会计分录的借贷双方或一方，在过入总分类账时误记了账户

任务四　借贷记账法的实务举例

本任务以简单经济业务举例。

（一）收到投资的记账方法

【例 4-13】企业收到投资者投入现金 60000 元存入银行。

此项经济业务一方面使资产类账户银行存款增加 60000 元，记入该账户的借方，另一方面使所有者权益类账户实收资本增加了 60000 元，记入该账户的贷方，借贷金额相等。编制会计分录如下。

借：银行存款　　　　60000

　贷：实收资本　　　　60000

（二）偿还应付款的记账方法

【例 4-14】企业用银行存款偿还应付账款 80000 元。

此项经济业务一方面使资产类账户银行存款减少 80000 元，记入该账户的贷方，另一方面使负债类账户应付账款减少 80000 元，记入该账户的借方，借贷金额相等。编制会计分录如下。

借：应付账款　　　　80000

　贷：银行存款　　　　80000

（三）购买固定资产的记账方法

【例 4-15】企业使用银行存款 50000 元购买固定资产（假设不考虑增值税）。

此项经济业务使资产类账户银行存款减少 50000 元，记入该账户的贷方，另一方

面使资产类账户固定资产增加50000元，记入该账户的借方，借贷金额相等，资产总额不变。编制会计分录如下。

借：固定资产　　50000
　贷：银行存款　　50000

（四）发放职工薪酬的记账方法

【例4－16】 A企业根据工资结算汇总表结算当月应付职工工资总额420000元，分为两步：向银行提取现金；发放工资，支付现金。编制会计分录如下。

（1）向银行提取现金。

借：库存现金　　420000
　贷：银行存款　　420000

（2）发放工资，支付现金。

借：应付职工薪酬——工资　　420000
　贷：库存现金　　420000

（五）所得税费用的记账方法

【例4－17】 某企业当年的利润总额为2000000元，实际支出的业务招待费为120000元，按照税法规定允许税前扣除的业务招待费为70000元。假定本企业全年无其他纳税调整因素，递延所得税额为0元，适用的所得税税率为25%。

（1）确认所得税费用。

纳税调整增加额＝实际支出的业务招待费－允许税前扣除的业务招待费
＝120000－70000＝50000（元）

应纳税所得额＝利润总额＋纳税调整增加额＝2000000＋50000＝2050000（元）

应交所得税＝2050000×25%＝512500（元）

所得税费用＝512500＋0＝512500（元）

编制会计分录如下。

借：所得税费用　　512500
　贷：应交税费——应交所得税　　512500

（2）实际上缴所得税。

借：应交税费——应交所得税　　512500
　贷：银行存款　　512500

（3）年末，将所得税费用账户余额转入本年利润账户。

借：本年利润　　512500
　贷：所得税费用　　512500

（六）计提法定盈余公积的记账方法

【例4－18】 企业按当年实现净利润的10%计提法定盈余公积，金额为200000元。

此项经济业务一方面使所有者权益类账户盈余公积增加200000元，记入该账户的贷方，另一方面使所有者权益类账户利润分配减少200000元，记入该账户的借方，借贷金额相等，所有者权益总额不变，编制会计分录如下。

借：利润分配——提取法定盈余公积　　　　200000

　贷：盈余公积——法定盈余公积　　　　　200000

知识小结

本项目是会计核算的基础，应重点掌握借贷记账法下不同性质账户的结构、借贷记账法的试算平衡。

本项目的主要内容包括以下两个方面。

一是复式记账法。复式记账法是单式记账法的对称，是会计核算方法的重要组成部分。复式记账法根据记账符号的不同，分为借贷记账法、收付记账法和增减记账法三种，根据《企业会计准则——基本准则》的规定，企业应当采用借贷记账法记账。

二是借贷记账法。本部分包括借贷记账法的记账符号、记账规则、账户结构和借贷记账法下账户的对应关系、会计分录的编制以及试算平衡。

技能强化

一、单项选择题

1. 借贷记账法的记账规则是（ ）。

A. 资产 = 负债 + 所有者权益　　B. 以“借”“贷”为记账符号

C. 借方记增加，贷方记减少　　D. 有借必有贷，借贷必相等

2. 下列选项中，与累计折旧具有相同账户结构的是（ ）。

A. 固定资产　B. 无形资产　C. 累计摊销　D. 商誉

3. 某企业原材料账户月初借方余额为 38 万元，本月验收入库的原材料共计 24 万元，发出材料共计 32 万元，下列有关该企业原材料月末余额的选项中，正确的是（ ）。

A. 余额在借方，金额为 46 万元　　B. 余额在贷方，金额为 46 万元

C. 余额在借方，金额为 30 万元　　D. 余额在贷方，金额为 30 万元

4. 下列关于试算平衡法的表述中，不正确的是（ ）。

A. 包括发生额试算平衡法和余额试算平衡法

B. 试算不平衡，表明账户记录肯定有错误

C. 试算平衡，说明账户记录一定正确

D. 发生额试算平衡法的理论依据是“有借必有贷，借贷必相等”

5. 某企业购入 5000 元原材料，用银行存款 2000 元支付部分货款，剩余款项暂欠。该项经济业务中与原材料存在对应关系的是（ ）。

A. 应付账款　B. 其他应付款　C. 预付账款　D. 生产成本

6. 下列账户中，期末结转后无余额的是（ ）。

A. 实收资本　B. 应付账款　C. 固定资产　D. 管理费用

二、多项选择题

1. 以下关于借贷记账法的表述正确的有（ ）。

A. “借”“贷”只作为记账符号使用，用以表明记账方向

B. 借贷记账法源于美国

C. 借贷记账法是以“借”“贷”为记账符号，分别作为账户的左方和右方

D. 将发生的经济交易与事项所引起会计要素的增减变动以相等的金额，同时在相互关联的两个或者两个以上的会计科目中进行相互联系、相互制约的记录

2. 下列各项中，在借贷记账法下，账户借方登记的项目有（　　）。

A. 资产的减少额　　B. 负债的减少额

C. 费用的减少额　　D. 所有者权益的减少额

3. 在发生某些账务处理错误的情况下，试算平衡表依然是平衡的。下列选项中，属于这种情况的是（　　）。

A. 少记某科目发生额　　B. 整笔经济业务漏记

C. 整笔经济业务重记　　D. 某一科目的金额记错

4. 下列属于试算平衡公式的有（　　）。

A. 期末余额 = 期初余额 + 本期增加发生额 − 本期减少发生额

B. 全部会计科目的借方期初余额合计数 = 全部会计科目的贷方期初余额合计数

C. 全部会计科目的本期借方发生额合计数 = 全部会计科目的本期贷方发生额合计数

D. 全部会计科目的借方期末余额合计数 = 全部会计科目的贷方期末余额合计数

三、判断题

1. 目前我国主要采用的是复式记账法，但个别企业、组织也可以采用单式记账法进行会计核算。（　　）

2. 银行存款期初余额为 10 万元，本期收到货款 5 万元，支付办公费用 1 万元，则期末余额为 15 万元。（　　）

3. 在会计处理中，只能编制一借一贷、一借多贷、一贷多借的会计分录，而不能编制多借多贷的会计分录，以避免对应关系混乱。（　　）

4. 成本类账户期末一般无余额。（　　）

四、计算分析题

甲公司 2019 年 5 月 1 日银行存款账户与应付账款账户余额如表 4 − 16 所示。

表 4 − 16　　甲公司 2019 年 5 月 1 日银行存款账户与应付账款账户余额　　单位：元

账户名称	期初借方余额	账户名称	期初贷方余额
银行存款	68000	应付账款	30000

甲公司5月发生下列经济业务。

(1) 将现金30000元存入银行。

(2) 用银行存款偿还应付账款23000元。

(3) 用银行存款支付40000元购买原材料，尚欠1000元。

(4) 销售商品款存入银行5000元。

要求计算以下金额。

(1) 银行存款账户本月借方发生额合计为（　　）元。

(2) 银行存款账户本月贷方发生额合计为（　　）元。

(3) 银行存款账户本月末余额为（　　）元。

(4) 应付账款账户本月借方发生额合计为（　　）元。

(5) 应付账款账户本月末余额为（　　）元。

五、简答题

1. 为什么“资产 = 负债 + 所有者权益”？
2. 简述不同账户“借”“贷”的含义。
3. 简述借贷记账法与复式记账法的关系。
4. 如何理解账户对应关系？
5. 简述试算平衡表编制的要点。

项目五　工业企业的生产经营过程核算

不同企业的经济业务各有特点，其生产经营业务流程也不尽相同，本项目主要介绍工业企业的筹资过程、供应过程、生产加工过程、销售业务、利润形成过程和利润分配业务等经济业务的核算。

任务一　筹资过程的核算

本项目内容是以工业企业经济业务的核算为例进行讲解的。工业企业的生产经营活动以产品生产为主体，经历供应、生产、销售三个过程，而企业要进行独立的生产经营活动，首先必须有一定的资金基础，才能购买材料物资，再投入生产，产出产品，进行销售，实现利润后进行分配。因此，工业企业的主要经济业务环节包括资金的筹集环节、供应过程的材料采购环节、生产加工过程的产品生产环节、商品销售环节、财务成果的计算和分配环节。

一、工业企业资金运动概述

工业企业是从事工业产品生产和销售的营利性经济组织。为了从事生产经营活动，企业必须拥有一定数量的资金，用于建造厂房、购买机器设备、购买原材料、支付职工工资、支付经营管理过程中各种必要的开支等，生产出的产品经过销售后，收回的货款还要补偿生产经营过程中垫付的资金、偿还有关债务、上缴税金等。只要企业的生产经营活动不停止，生产经营过程不中断，资金的存在形态就不断地发生变化，企业资金就始终处于运动之中。工业企业的资金运动包括资金的投入、资金的循环与周转和资金的退出三个过程。

【例 5－1】（思考）会计上所说的资金是指货币资金吗?

【解析】不是。会计上所说的资金不仅是指现金和银行存款，还包括机器设备等所有的实物资产。

（一）资金的投入

资金的投入是企业资金运动的起点，包括投资者投入的资金和债权人投入的资金两部分，前者属于企业所有者权益，后者属于企业债权人权益。投入企业的资金一部分构成流动资产（如货币资金、原材料等），另一部分构成非流动资产（如厂房、机器设备等）。

【例5-2】（思考）企业的资金用在哪里？

【解析】企业用货币资金（现金或银行存款）购买原材料、机器设备等实物资产，支付工资，支付其他各种开支。

（二）资金的循环与周转

企业将资金运用于生产经营过程，就形成了资金的循环与周转。它又分为供应过程、生产过程、销售过程三个阶段。

（1）供应过程。它是生产的准备过程。在这个阶段，为了保证生产的正常进行，企业需要用货币资金购买并储备原材料、辅助材料等劳动对象，要支付材料款、运输费、装卸费、保险费等材料采购成本，与供应单位发生货款的结算关系。同时，随着采购活动的进行，企业的资金从货币资金形态转化为储备资金形态。

（2）生产过程。它是产品的制造过程，同时也是资产的耗费过程。在这个阶段，劳动者借助劳动手段将劳动对象加工成特定的产品，企业要发生原材料等劳动对象的消耗、劳动力的消耗和固定资产等劳动资料的消耗等。

【例5-3】（思考）在生产过程中，资金的占有形态是如何转化的？

【解析】随着劳动对象的消耗，资金从储备资金形态转化为生产资金形态；随着劳动力的消耗，企业向劳动者支付工资、奖金等劳动报酬，资金从货币资金形态转化为生产资金形态；随着固定资产等劳动资料的消耗，固定资产等劳动资料和其他劳动手段的价值通过折旧或摊销的形式部分地转化为生产资金形态；当产品完工后，资金又从生产资金形态转化为成品资金形态。

（3）销售过程。它是产品价值的实现过程。在这个阶段，企业将生产的产品销售出去，取得销售收入，要发生货款结算等业务活动，资金从成品资金形态转化为结算资金形态再到货币资金形态。

由此可见，随着生产经营活动的进行，企业的资金从货币资金形态开始，依次在“供应—生产—销售”这三个过程中由“货币资金形态—储备资金形态—生产资金形态—成品资金形态—结算资金形态”，最后又回到货币资金形态，这种运动过程称为资金的循环。资金周而复始的不断循环，称为资金周转。

（三）资金的退出

企业在生产经营过程中实现的利润，按规定向国家税务部门缴纳各种税款，还要按照有关合同或协议偿还购买原材料、机器设备等所欠款项、银行借款等，另外，还要按照企业章程或董事会决议向投资者分配股利或利润。这样，企业收回的货币资金中，用于缴纳税金、偿还债务和向投资者分配股利或利润的这部分资金就退出了企业的资金循环与周转，剩余的资金则留在企业，继续用于企业的再生产过程。

上述资金运动的三部分内容，构成了开放式的运动形式，是相互支撑、相互制约的统一体。没有资金的投入，就不会有资金的循环与周转；没有资金的循环与周转，就不会有资金的退出，就不会有新一轮资金的循环与周转。

二、筹集资金核算的主要内容

企业进行生产经营活动必须拥有一定数量的资金，以便购买材料物资和生产经营活动所需设备，还应备有足够量的日常所需流动资金。企业资金的来源渠道主要有两条：一是从投资者处筹集的资金，即投资者投入的资本，称为实收资本（或股本），形成了企业的所有者权益；二是从债权人处筹集的资金，对筹资企业来说，属于企业的负债，如向银行借入的各种借款、企业发行债券所收到的债券款。

企业资金的筹集业务主要有接受投入资本业务和借入资金业务，因此，资金筹集核算的主要内容包括两个部分，即投资人投入资本的核算与借入资金的核算。

三、投入资本的核算

投入资本是指投资人实际投入企业中的财产物资的数额，投资人投入的资本即构成企业的实收资本。投资者投入的资本应当保全，除法律、法规另有规定外，不得抽回。

注册资本是企业在工商行政管理部门注册登记的投资人缴纳的出资额，又称资本金。国家批准企业从事生产经营活动的首要条件是拥有一定数量的资本金。企业资本金按照投资主体可分为国家资本金、法人资本金、个人资本金和外商资本金；按照投入资本的实物形态的不同，分为货币投资、实物投资、无形资产投资等。企业在运营过程中，增减注册资本需要报经有关部门批准，并在工商行政管理部门注册登记。

（一）货币资金

货币资金是指企业生产经营过程中处于货币形态的资产，包括库存现金、银行存款和其他货币资金。

1. 库存现金

库存现金属于资产类账户，是指通常存放于企业财会部门、由出纳人员经管的货币。借方反映库存现金的收入，贷方反映库存现金的支出，余额在借方，表示库存现金的余额。明细分类核算是通过设置现金日记账进行的。

2. 银行存款

银行存款属于资产类账户，是指企业存放在银行或其他金融机构的货币资金。借方反映银行存款的收入，贷方反映银行存款的支出，余额在借方，表示银行存款的余额。明细分类核算是通过设置银行存款日记账进行的。

按照我国有关规定，凡是独立核算的单位都必须在当地银行开设基本存款账户。企业在银行开设账户以后，除按核定的限额保留库存现金外，超过限额的现金必须存入银行；除在规定的范围内可以用现金直接支付的款项外，在经营过程中发生的一切货币收支业务，都必须通过银行存款账户进行核算。

支票结算方式是我国同城结算中应用比较广泛的一种结算方式。支票的提示付款期限为自出票日起 10 日，到期日遇法定节假日顺延。中国人民银行另有规定的除外。

3. 其他货币资金

其他货币资金属于资产类账户。其他货币资金是指企业除现金、银行存款以外的其他各种货币资金。其他货币资金就其性质而言，属于货币资金，但因存放地点和用途不同于现金和银行存款，所以在会计上分别核算。其主要内容如下。

（1）外埠存款，是指企业为了到外地进行临时或零星采购，而汇往采购地银行开立采购专户的款项。

（2）银行汇票存款，是指企业为取得银行汇票，按照规定存入银行的款项。

（3）银行本票存款，是指企业为取得银行本票，按照规定存入银行的款项。

（4）信用卡存款，是指企业为取得信用卡而存入银行信用卡专户的款项。

（5）信用证保证金存款，是指采用信用证结算方式的企业为开具信用证而存入银行信用证保证金专户的款项。

（6）存出投资款，是指企业已存入证券公司但尚未进行短期投资的现金。

【例 5－4】 2019 年 6 月 9 日，甲公司为购买股票存入当地证券公司 660000 元。

借：其他货币资金——存出投资款　　　　660000

　贷：银行存款　　　　　　　　　　　　　660000

（二）实收资本

实收资本属于所有者权益类账户，是核算企业的投资者投入资本的增减变动情况及结果的账户。贷方登记企业实际收到的投资人投入的资本，借方登记投入资本的减少额；期末余额在贷方，表示期末投入资本的实有数额。股份有限公司称为股本。实收资本（股本）可按投资者进行明细分类核算。

企业收到的所有者投资都应按实际投资数额入账。以货币资金投资的，应按实际收到的款项作为投资者的投资入账；以实物形式投资的，按双方认可的估价数额作为实际投资额入账。

【例5-5】某企业收到国家投入的60000元，款项存入银行。

借：银行存款　　　　　　　　　60000

　贷：实收资本　　　　　　　　　60000

（三）资本公积

资本公积属于所有者权益类账户，是核算和监督资本公积增减变动情况及结余的账户。贷方登记资本公积形成的增加数额，借方登记资本公积用于转增资本的减少数额；期末余额在贷方，表示企业资本公积的实有数额。

应当分别设置资本溢价（或股本溢价）、其他资本公积等进行明细核算。

资本公积的核算主要指企业筹集资本金活动中，投资者实际缴付的出资额超出其资本金的差额（包括股份有限公司发行股票的溢价收入）等。资本公积金按照法定的程序可转增注册资本。

【例5-6】某企业发生如下经济业务。

（1）某企业按照法定程序将100000元的资本公积转入注册资本。

借：资本公积　　　　　　　　　100000

　贷：实收资本　　　　　　　　　100000

（2）某企业原由A、B、C三位投资者组成，各投资了500000元，分别占注册资本的三分之一。经营两年后，现有D投资者要求加入，经协商企业的注册资本也由原来的1500000元增加到2000000元，D以货币形式出资800000元，与其他三位投资者各占注册资本的25%。

借：银行存款　　　　　　　　　800000

　贷：实收资本　　　　　　　　　500000

　　　资本公积——资本溢价　　　300000

四、借入资金的核算

企业在生产经营过程中有时会出现资金不足的现象，为弥补周转资金的不足，企业还会向银行或其他金融机构借入归还期限长短不同的借款。因此，借入资金的核算也主要包括短期借款、长期借款及应付债券的核算。不论以何种形式借入的款项都必须按照规定的用途使用，按照规定的期限还本付息。

（一）财务费用

财务费用属于损益类账户，用来核算企业为筹集生产经营所需资金等而发生的费用，包括利息支出（减利息收入）、汇兑损失（减汇兑收益）以及相关的手续费等内容。该账户的借方登记企业发生的各种财务费用，贷方登记企业发生的应冲减财务费用的利息收入等；期末，该账户的余额应全部转入本年利润账户，结转后该账户应无余额。

该账户应按照费用项目进行明细分类核算。

（二）应付利息

应付利息属于负债类账户，用来核算企业按照规定从成本、费用中预提但尚未实际支付的借款利息。该账户的贷方登记预提计入本期资产成本或损益的借款利息，借方登记实际支付的数额；期末余额一般在贷方，表示已经预提但尚未实际支付的借款利息余额。

（三）短期借款

短期借款是用来核算从银行或其他金融机构等借入的期限在1年以下（含1年）的各种借款的账户，属于企业的流动负债。

短期借款属于负债类账户，用于核算和监督短期借款的取得及归还情况。本账户贷方登记取得贷款的本金数额，借方登记归还借款的本金数额，期末余额在贷方，表示期末尚未偿还的短期借款。该账户可按贷款人、借款种类和币种进行明细核算。

企业的短期借款利息一般采用月末预提的方式进行核算，利息费用属于筹资费用，应记入财务费用的借方，贷方则记入应付利息。

【例5-7】某企业1月1日从银行借入款项100000元，期限为6个月，年利率为12%，利息每季结算一次，所借款项已存入银行。

（1）1月1日取得短期借款时会计分录如下。

借：银行存款　　　　　　　　　　100000

　贷：短期借款　　　　　　　　　　100000

（2）1月31日预提短期借款利息时会计分录如下。

借：财务费用　　　　　　　　　　1000

　贷：应付利息　　　　　　　　　　1000

（3）2月28日计提短期借款利息同上。

（4）3月31日偿还第一季度短期借款利息时会计分录如下。

借：应付利息　　　　　　　　　　2000

　　财务费用　　　　　　　　　　1000

　贷：银行存款　　　　　　　　　　3000

（5）6月30日偿还短期借款本金及第二季度的利息时会计分录如下。

借：短期借款　　　　　　　　　　100000

　　应付利息　　　　　　　　　　2000

　　财务费用　　　　　　　　　　1000

　贷：银行存款　　　　　　　　　　103000

【练5-1】甲公司于2019年1月1日向银行借入一笔生产经营用短期借款，共计500000元，期限为9个月，年利率为6%。根据与银行签署的协议，该借款的本金到期后一次归还，利息分月预提，按季支付。

（1）编制甲公司借入短期借款的会计分录。

（2）计算甲公司按月计提利息的金额。

（3）编制甲公司1月末计提利息的会计分录。

（4）编制甲公司3月末支付第一季度银行借款利息的会计分录。

（5）编制甲公司9月末偿还借款本金及第三季度银行借款利息的会计分录。

（四）长期借款

长期借款是用来核算从银行或其他金融机构借入的期限在1年以上（不含1年）的各种借款的账户。

长期借款属于负债类账户，用于核算和监督企业长期借款的借入、借款利息的结算和借款本金利息的归还情况。贷方登记长期借款本息的增加额，借方登记长期借款本息的减少额，期末余额在贷方，表示期末尚未归还的长期借款。该账户可按贷款单位和贷款种类分别设本金、应计利息、利息调整进行明细核算。

属于生产经营期间发生的长期借款利息费用记入财务费用的借方，按期计提的应付未付利息分别按分期付息到期还本和一次还本付息两种不同的情况，记入应付利息或是长期借款——应计利息的贷方。

【例5-8】某企业2019年1月1日从银行借入款项90000元，期限为2年，年利率为8%，到期一次还本付息，该企业按年计提利息，所借款项已存入银行。

(1) 2019年1月1日取得长期借款时会计分录如下。

借：银行存款　　90000

　贷：长期借款——本金　　90000

(2) 2019年12月31日计提长期借款利息时会计分录如下。

借：财务费用　　7200

　贷：长期借款——应计利息　　7200

(3) 2020年12月31日计提长期借款利息会计分录同 (2)。

(4) 2020年12月31日偿还长期借款本金及2年的利息时会计分录如下。

借：长期借款——本金　　90000

　　长期借款——应计利息　　14400

　贷：银行存款　　104400

任务二　供应过程的核算

一、供应过程核算的主要内容

供应过程包括材料采购、验收入库直至投入生产的全过程。供应过程的主要任务是通过材料采购，形成生产储备，以保证企业生产经营正常进行。

在材料采购过程中发生的运输费、保险费、装卸费、运输途中发生的合理损耗以及入库前的挑选整理等费用统称为采购费用。

材料采购成本就是由材料的买价和采购费用共同构成的。因此，在材料采购过程中，除核算材料的买价外，还必须核算相关的采购费用以及因材料采购而发生的不能抵扣的增值税的进项税额。

材料经采购并验收入库后，进入储备阶段，然后根据生产需要领用。由此可以看出，供应过程会计核算的主要内容包括材料采购的核算、增值税进项税额的核算、材料采购成本的计算以及结算业务。

二、供应过程主要经济业务的核算

材料的日常收发结存可以采用实际成本核算，也可以采用计划成本核算。

（一）实际成本核算的账务处理

实际成本法下，一般通过在途物资和原材料等科目进行核算。企业外购材料时，按是否验收入库分为材料尚未验收入库与材料已验收入库两种情况，由此设置的账户不同，账务处理也有所不同。

1. 在途物资

在途物资账户属于资产类账户，用于核算企业采用实际成本进行日常核算、货款已付或已开出商业承兑汇票但尚未验收入库的各种物资（在途物资）的采购成本。本账户借方登记购入材料的买价、运杂费、运输途中的合理损耗、入库前的挑选整理费用和应由购入材料负担的其他费用，贷方登记结转入库材料的实际采购成本；期末余额在借方，表示企业在途材料的采购成本。该账户可按供应单位和物资品种进行明细核算。

材料尚未到达或尚未验收入库的采购业务，应通过该账户核算，待材料到达、验收入库后，再借记原材料，贷记在途物资。

【例5－9】东方公司为增值税一般纳税人企业，现发生如下经济业务。

（1）东方公司从B企业购入2号材料1000千克，单价20元，货款为20000元；增值税率为13%，货款和税款已用银行存款支付，并以现金支付运输费500元（不考虑增值税）。材料尚未验收入库。

借：在途物资——2号材料　　20500
　　应交税费——应交增值税（进项税额）　　2600
　贷：银行存款　　23100

（2）如果上述材料到达并验收入库，账务处理如下。

借：原材料——2号材料　　20500
　贷：在途物资——2号材料　　20500

（3）如果企业购入的不是2号材料，而是包装物或低值易耗品，验收入库时账务处理如下。

借：周转材料——包装物　　20500
　贷：在途物资——包装物　　20500
借：周转材料——低值易耗品　　20500
　贷：在途物资——低值易耗品　　20500

2. 原材料

原材料账户属于资产类账户，用于核算和监督企业库存材料的收入、发出及结存。该账户借方登记入库材料的实际成本，贷方登记出库材料的实际成本；期末余额在借方，表示库存材料的实有数额。该账户可按材料的保管地点（仓库）、材料类别、品种、规格进行明细核算。已验收入库的材料才可使用该账户。

【例 5－10】 增值税一般纳税人企业东方公司从 A 企业购入 1 号材料、3 号材料一批。增值税专用发票上注明 1 号材料数量 10 吨，单价 1000 元，货款为 10000 元，增值税额为 1300 元；3 号材料数量 10 吨，单价 2000 元，货款为 20000 元，增值税额为 2600 元。东方公司开出转账支票一张，将 33900 元的货款与增值税全部付清，材料已验收入库。

借：原材料——1 号材料　　10000

　　　　　——3 号材料　　20000

　　应交税费——应交增值税（进项税额）　　3900

　贷：银行存款　　33900

3. 应付账款

应付账款账户属于负债类账户，用于核算企业因购买材料、商品、接受劳务等经营活动应支付的款项。本账户贷方登记企业因购买材料、商品、接受劳务等应付而未付的款项，借方登记已偿还的应付款项；余额在贷方，表示尚未偿还的款项。该账户可按债权人进行明细核算。

核算要点：①对于材料已到并验收入库，但发票账单等结算凭证未到，货款尚未支付的采购业务，在期末时，应按材料的暂估价借记原材料账户，贷记应付账款——暂估应付款账户；②企业转销确实无法支付的应付账款（例如因债权人撤销等原因而产生的无法支付的应付账款），应按其账面余额转入营业外收入。

【例 5－11】 增值税一般纳税人企业东方公司从 C 企业购入 4 号材料 200 千克，单价 300 元，货款为 60000 元；增值税率为 13%，货物到达并已验收入库，月末发票账单尚未收到。

借：原材料——4 号材料　　60000

　贷：应付账款——暂估应付款　　60000

【解析】 这种情况，发票账单未到，月末要进行账务处理，应按暂估价先入账，待下月初做相反分录冲回，等收到发票账单后，再根据实际金额进行账务处理。

下月初做相反分录。

借：应付账款——暂估应付款　　60000

　贷：原材料——4 号材料　　60000

等收到发票账单后的账务处理。

借：原材料——4 号材料　　60000

　　应交税费——应交增值税（进项税额）　　7800

　贷：应付账款——C 企业　　67800

按约支付款项的账务处理如下。

借：应付账款——C 企业　　67800

　贷：银行存款　　67800

【例 5－12】 2019 年 12 月 31 日，东方公司核实了一笔应付 D 公司的账款 4000 元为无法支付的应付款项，应予以转销。

借：应付账款——D 公司　　4000

　贷：营业外收入　　4000

4. 应付票据

应付票据账户属于负债类账户，用于核算企业因购买材料、商品、接受劳务等开出、承兑的商业汇票，包括银行承兑汇票和商业承兑汇票。本账户贷方登记开出、承兑的商业汇票，借方登记到期付款或转出的商业汇票；余额在贷方，表示尚未到期的商业汇票。

该账户可按债权人进行明细核算。企业应设置应付票据备查簿，详细登记商业汇票的种类、号数、出票日期、到期日、票面金额、交易合同号、收款人姓名或单位名称、付款日期和金额等资料。应付票据到期结清时，在备查簿内应予注销。

核算要点：①支付的银行承兑的手续费，应记入财务费用；②银行承兑汇票到期，无力支付票款，应按票面金额转入短期借款的贷方；③商业承兑汇票到期，无力支付票款，应按票面金额转入应付账款的贷方。

【例 5－13】 增值税一般纳税人企业东方公司发生如下经济业务。

（1）东方公司从 E 企业购入 5 号材料 100 吨，每吨 100 元，增值税率为 13%，材料已验收入库。开出商业承兑汇票一张，期限为 6 个月。

借：原材料——5 号材料　　10000

　　应交税费——应交增值税（进项税额）　　1300

贷：应付票据——E 企业　　11300

（2）如果 6 个月期满时，东方公司无力支付 E 企业票款，账务处理如下。

借：应付票据——E 企业　　11300

贷：应付账款——E 企业　　11300

（3）如果东方公司开出的不是商业承兑汇票，而是银行承兑汇票，6 个月期满，东方公司无力支付票款，账务处理如下。

借：应付票据——E 企业　　11300

贷：短期借款　　11300

5. 预付账款

预付账款账户属于资产类账户，用于核算企业按照合同规定预付的款项。本账户借方登记企业因购货而预付或补付给供应单位的货款，贷方登记所购货物或接受劳务的金额及退回多付的款项；期末余额在借方，表示企业预付的款项，期末余额在贷方，表示企业尚未补付的款项。该账户可按供应单位进行明细核算。

核算要点：预付款项不多的企业，也可不设置预付账款账户，而是将预付的款项记入应付账款的借方；但在编制资产负债时，应将其分列于预付账款与应付账款。

【例 5－14】2019 年 9 月 17 日，增值税一般纳税人企业东方公司以银行存款预付给 F 企业购 6 号材料款 20000 元。9 月 27 日收到 F 企业发来的 6 号材料 3000 千克，每千克 10 元，增值税率为 13%，材料已验收入库。10 月 1 日以银行存款支付所欠 F 企业购料款 13900 元。

（1）2019 年 9 月 17 日，划转款项时会计分录如下。

借：预付账款——F 企业　　20000

贷：银行存款　　20000

（2）2019 年 9 月 27 日，材料验收入库时会计分录如下。

借：原材料——6 号材料　　30000

应交税费——应交增值税（进项税额）　　3900

贷：预付账款——F 企业　　33900

【解析】2019 年 9 月 17 日，东方公司预付账款——F 企业账户的借方有 20000 元，但实际以预付货款方式购入的材料及税金价值合计为 33900 元，因此，预付账款应贷记 33900 元，而不是 20000 元。

（3）2019 年 10 月 1 日，支付 F 企业购料款时会计分录如下。

借：预付账款——F 企业　　13900

贷：银行存款　　　　　　　　　　　　　　　　　　13900

【例5－15】B企业于2019年12月20日向华新报业预付下年度的报刊费用6000元。

借：预付账款——华新报业　　　　　　　　　　　　6000

　贷：银行存款　　　　　　　　　　　　　　　　　6000

该业务在2020年度时，按受益期逐月予以分摊，每月账务处理如下。

借：管理费用　　　　　　　　　　　　　　　　　　500

　贷：预付账款——华新报业　　　　　　　　　　　500

（二）计划成本核算的账务处理

计划成本法下，一般通过原材料、材料采购、材料成本差异等科目进行核算。企业外购材料时，按材料尚未验收入库与材料已验收入库两种情况，分别通过原材料账户和材料采购账户进行核算。

1. 原材料

该账户与按实际成本计价的核算内容相同，但借方、贷方和余额均反映材料的计划成本。

2. 材料采购

材料采购账户属于资产类账户，用于核算企业采用计划成本法进行材料日常核算的材料采购成本。企业采用计划成本进行核算时，该账户借方登记采购材料的实际成本及材料入库时结转的节约差异，贷方登记入库材料的计划成本及入库时结转的超支差异。期末借方余额反映企业在途材料的采购成本。该账户应按照供应单位和物资品种进行明细核算。

【例5－16】增值税一般纳税人企业东方公司向金鑫公司购入A材料300千克，售价90000元，购入B材料600千克，售价60000元。增值税进项税额19500元。款项尚未支付。

借：材料采购——A材料　　　　　　　　　　　　　90000

　　　　　　——B材料　　　　　　　　　　　　　60000

　　应交税费——应交增值税（进项税额）　　　　　19500

　贷：应付账款——金鑫公司　　　　　　　　　　　169500

3. 材料成本差异

材料成本差异账户属于资产类账户，用于核算企业各种材料的实际成本与计划成本的差异额。该账户的借方登记入库材料形成的超支差异（实际成本大于计划成本的差异额）以及转出的发出材料应负担的节约差异，贷方登记入库材料形成的节约差异（实际成本小于计划成本的差异额）以及转出的发出材料应负担的超支差异。期末借方余额反映企业库存材料等实际成本大于计划成本的差异；期末贷方余额反映企业库存材料等实际成本小于计划成本的差异。

该账户可按原材料、周转材料等类别或品种进行明细核算。

【例5－17】 承前【例5－16】，所购A材料与B材料到达并验收入库，A材料计划单价为310元，B材料计划单价为120元。

借：原材料——A材料　　93000

　　　　　——B材料　　72000

　贷：材料采购——A材料　　90000

　　　　　　——B材料　　60000

　　材料成本差异　　15000

三、供应过程材料采购成本的计算

材料是工业企业生产不可缺少的物质要素，购买和储存所需的材料物资是每个企业正常的生产经营活动。企业在购买材料过程中需要按合同和结算制度支付货款及因购货而发生的运输费、装卸费和入库前的整理挑选费用等采购费用。采购成本是指企业在采购材料过程中所发生的费用，包括买价和采购费用。

（一）材料采购成本的内容

（1）买价。买价即购货发票上所开列的货款金额（增值税一般纳税人企业不包括增值税的进项税额）。

（2）运杂费。运杂费具体包括运输费、装卸费、保险费等。

（3）运输途中的合理损耗。

（4）入库前的整理挑选费。

（5）所购材料负担的其他费用。

（二）材料采购成本的计算方法

1. 购进一种或一种以上材料不需要分配采购费用的核算

企业采购材料时，购进一种或一种以上材料不需要分配采购费用的核算，具体包括以下四种情况。

（1）购进一种材料只有买价的核算。

（2）购进一种以上材料只有买价的核算。

（3）购进一种材料既有买价又有采购费用的核算。

（4）购进一种以上材料既有买价又分别有采购费用的核算。

其中（1）和（2）两种情况中，所购材料只发生买价，没发生采购费用，材料的采购成本即为买价；（3）和（4）两种情况中，所购材料发生的采购费用，因其受益对象明确，被称为单耗采购费用，对于发生的单耗采购费用，与买价合并直接确认为该种材料的采购成本。

【例5－18】 增值税一般纳税人企业东方公司从G企业购入甲材料1000千克，单价3元，进项税额390元，甲材料运杂费400元（暂不考虑税款），签发已承兑的银行承兑汇票一张，价值3790元；以银行存款支付甲材料入库前的整理挑选费600元。

借：在途物资——甲材料　　3400
　　应交税费——应交增值税（进项税额）　　390
　贷：应付票据　　3790

借：在途物资——甲材料　　600
　贷：银行存款　　600

当上述所购材料入库时，按实际成本转入原材料账户。

借：原材料——甲材料　　4000
　贷：在途物资——甲材料　　4000

2. 购进一种以上材料需要分配采购费用的核算

企业在采购材料时，如果购进一种以上材料既有买价又有共同采购费用，为此所发生的采购费用，因其受益对象为同时所购的多种材料，被称为共耗采购费用。对于发生的共耗采购费用，需要选择合理的分配标准（如材料物资的重量、买价等）在各受益对象之间进行分配核算。首先计算采购费用分配率，然后根据分配率计算各种材料应承担的采购费用。明确每种材料的采购费用后，与其买价合并确认该种材料的采购成本。

共耗采购费用的分配计算方法如下。

$$\text{采购费用分配率}=\frac{\text{采购费用总额}}{\text{各种材料的分配标准之和}}$$

$$\text{某种材料应分摊的采购费用}=\text{采购费用分配率}\times\text{该种材料的分配标准}$$

【例 5－19】国祥有限责任公司从西安光达公司购入一批材料，其中甲材料 10000 千克，单价 3 元，乙材料 2000 千克，单价 10 元，进项税额 6500（50000×13%）元（见图 5－1）；运杂费合计 3600 元（暂不考虑运杂费税款）；货款尚欠，但运杂费用已用银行存款支付（见图 5－1 和图 5－2）。

陕西增值税专用发票

6100191130　　№ 03133927　　6100191130 03133927

机器编号：539904790489　　开票日期：2019年04月07日

购买方	名称：国祥有限责任公司 纳税人识别号：431102782418981 地址、电话：乌鲁木齐市文化路25号 0991-2625441 开户银行及账号：工商银行文化路支行 190101100922599088	密码区	10068/3-6*30<*-*-4*554-0*0>9 126-//626*>8141-524-0+*+882 1*<//192</415*40<5+14904*/0 2/9-739*/62+36+8230102/0-55

货物或应税劳务、服务名称	规格型号	单位	数量	单价	金额	税率	税额
甲材料		千克	10 000	3.00	30 000.00	13%	3 900.00
乙材料		千克	2 000	10.00	20 000.00	13%	2 600.00
合计					¥ 50 000.00		¥ 6 500.00
价税合计（大写）	⊗ 伍万陆仟伍佰元整				（小写）¥ 56 500.00		

销售方	名称：西安光达公司 纳税人识别号：112366005083346 地址、电话：聊城市金城路120号 0635-8068668 开户银行及账号：工商银行金城路支行 111001080648212123	备注	

收款人：杨晓丽　复核：郑思妍　开票人：李亚晴　销售方：

第三联：发票联 购买方记账凭证

图 5－1　甲、乙材料采购发票

中国工商银行 现金支票存根（新）	本支票付款期十天	中国工商银行现金支票（新）　NO:07146140
支票号码：07146140		出票日期（大写）贰零壹玖 年 零肆 月 零柒 日　付款行名称：工商银行文化路支行
科目		收款人：西安光达公司　出票人账号：98764532
对方科目		人民币（大写）：叁仟陆佰元整　千 百 十 万 千 百 十 元 角 分：¥ 3 6 0 0 0 0
出票日期:2019 年 4 月 7 日		用途 甲、乙材料运杂费　科目（借）
收款人：西安光达公司		对方科目（贷）
金额:3600 元		上列款项请从我账户内支付　付讫日期 2019 年 4 月 7 日
用途:甲、乙材料运杂费		出纳：　复核：　记账：
单位主管会计		出票人签章 张晓红印　国祥有限责任公司财务专用章
		贴对号单处

图 5－2　甲、乙材料运杂费支票

【解析】甲、乙两种材料的买价可以直接记入甲、乙材料的采购成本，但支付的运杂费3600元（暂不考虑税款）需要采用一定的标准在两种材料之间进行分配。本例按材料质量进行分配，甲材料10000千克，乙材料2000千克，则

$$采购费用分配率=\frac{3600}{10000+2000}=0.3$$

甲材料应分摊的运杂费 = 10000 × 0.3 = 3000（元）；

乙材料应分摊的运杂费 = 2000 × 0.3 = 600（元）；

甲材料的采购成本 = 10000 × 3 + 3000 = 33000（元）；

乙材料的采购成本 = 2000 × 10 + 600 = 20600（元）；

甲材料的单位采购成本 = 33000 ÷ 10000 = 3.30（元/千克）；

乙材料的单位采购成本 = 20600 ÷ 2000 = 10.30（元/千克）。

甲乙两种材料的采购成本计算单如表5－1所示。

表5－1 **材料采购成本计算单** 单位：元

材料名称	单位	数量	单价	买价	运杂费（分配率：0.3）	总成本	单位成本
甲材料	千克	10000	3	30000	3000	33000	3.30
乙材料	千克	2000	10	20000	600	20600	10.30
合计	—	12000	—	50000	3600	53600	—

（1）图5－1的账务处理如下。

借：在途物资——甲材料　　30000

　　　　　　——乙材料　　20000

　　应交税费——应交增值税（进项税额）　　6500

　贷：应付账款——西安光达公司　　56500

（2）图5－2的账务处理如下。

借：在途物资——甲材料　　3000

　　　　　　——乙材料　　600

　贷：银行存款　　3600

（3）材料运到并验收入库，收料单如图5－3所示。

当上述所购材料入库时，按实际成本转入原材料账户。会计分录如下。

借：原材料——甲材料　　33000

　　　　　——乙材料　　20600

　贷：在途物资——甲材料　　33000

——乙材料　　　　　　　　　　　　20600

收 料 单

材料科目：原材料
材料类别：
加工单位：　　　　　　　　2019 年 4 月 7 日　　　　　　　　编号：001

材料名称	编号	规格	单位	数量		实际成本（元）			
				应收	实收	材料成本	加工费	运费	合计
甲材料	a01		千克	100 000	100 000	30 000.00		3 000.00	33 000.00
乙材料	a02		千克	2 000	2 000	20 000.00		600.00	20 600.00
备注：	木箱加工完毕，验收入库								

第二联　会计部门记账联

财务主管：张晓红　　验收员：汪华　　仓库负责人：张璐可　　制表：王秀

图 5－3　收料单

【练 5－2】甲公司 2019 年 10 月发生如下业务，不考虑增值税，要求编制相应会计分录。

（1）10 月 5 日，甲公司以银行存款 30000 元预付兴达工厂材料款。

（2）10 月 15 日，甲公司向兴达工厂购入甲材料 2000 吨，每吨 18 元，乙材料 40 吨，每吨 500 元，材料已运达甲公司。

（3）10 月 15 日，甲公司以银行存款 8160 元支付上述甲、乙材料运费（运费按材料质量比例分配），并办妥验收入库手续。

任务三　生产加工过程的核算

一、生产过程核算的主要内容

工业企业的生产过程是劳动者通过劳动资料对劳动对象进行加工的过程。在此生产过程中，必然要发生物化劳动与活劳动的耗费，企业把发生的各种耗费也称为生产费用，具体包括劳动对象的耗费，如原材料、辅助材料的消耗等；劳动资料的耗费，如厂房、机器设备等固定资产的折旧费；活劳动的耗费，如支付的职工工资以及计提的职工福利费；其他耗费，如支付的生产部门办公费、水电费等。

会计应将生产费用按照一定的方法进行归集，选择合理的分配标准在受益对象之间进行分配，即将生产费用对象化，计算出各种完工产品的成本。

二、生产过程主要经济业务的核算

（一）材料耗费的核算

1. 生产成本

生产成本属于成本类账户。生产成本是用来核算产品生产过程中所发生的各项费用，确定产品实际生产成本，并反映产品资金占用情况的账户。其借方登记应记入产品生产成本的各项费用，包括直接记入产品生产成本的直接材料和直接人工费，以及分配记入产品生产成本的制造费用，贷方登记完工入库产品的生产成本；期末余额在借方，表示尚未完工的各种在产品的实际成本。

企业可按基本生产成本和辅助生产成本进行明细核算。企业生产多种产品时，基本生产成本下可按产品品种进行三级明细核算。

生产成本账户的结构如表 5 -2 所示。

表 5 -2　　生产成本账户的结构

借方　　生产成本	贷方
直接材料费用 直接人工费用 其他直接支出 期末转入的制造费用	结转完工入库产成品的生产成本
余额：尚未完工入库的在产品成本	

2. 制造费用

制造费用属于成本类账户，是用来归集和分配企业生产车间（部门）为生产产品和提供劳务而发生的各项间接费用的账户。其借方登记企业为生产产品和提供劳务而发生的各项间接费用，包括生产车间的管理人员职工薪酬、机器设备和车间厂房等固定资产折旧费与修理费、季节性停工损失、办公费、水电费、机物料消耗、劳动保护费等，贷方登记期末应转入生产成本账户的由各种产品负担的制造费用；该账户月末一般没有余额。

企业可按不同生产车间、部门和费用项目进行明细核算。

3. 管理费用

管理费用属于损益类账户，用来核算企业为组织和管理生产经营而发生的各项费用，如行政管理部门职工工资及福利费、物料消耗、管理用固定资产的折旧费和修理费、办公费、水电费、差旅费、业务招待费等。借方登记当月发生的各项管理费用，贷方登记期末转入本年利润账户的管理费用，结转后该账户一般无余额。

该账户可按费用项目进行明细分类核算。

【例5－20】企业生产甲、乙两种产品，9月领用的材料和用途如表5－3及表5－4所示。

表5－3　　领料单

领料单编号：

领料部门：第一基本生产车间　　2019年9月6日　　发料仓库：材料仓库

材料类别	名称及规格	计量单位	数量	单价（元）	金额（元）	用途
材料	A材料	千克	8000	10.00	80000	生产甲、乙产品
	B材料	千克	800	50.00	40000	生产甲、乙产品
	C材料	千克	660	10.00	6600	车间、管理部门
合计		千克	9460		126600	

记账联

仓库主管：陆元　　发料人：张西　　领料部门主管：张笛　　领料人：董玉

表5－4　　材料用途表　　单位：元

材料名称	生产甲产品	生产乙产品	车间一般耗用	管理部门领用	合计
A材料	60000	20000			80000
B材料	30000	10000			40000
C材料			5000	1600	6600
合计	90000	30000	5000	1600	126600

借：生产成本——甲产品　　90000
　　　　　　——乙产品　　30000
　　制造费用　　5000
　　管理费用　　1600
　贷：原材料——A材料　　80000
　　　　　　——B材料　　40000
　　　　　　——C材料　　6600

（二）人工耗费的核算

人工耗费的核算中会涉及应付职工薪酬账户。应付职工薪酬属于负债类账户，用以核算企业根据有关规定应付给职工的各种薪酬。

该账户应按职工类别、工资额组成内容设置明细账进行明细核算。

1. 应付职工薪酬——工资

该账户贷方登记已分配记入有关成本费用项目的职工薪酬数额，借方登记实际发放职工薪酬的数额。该账户期末贷方余额表示企业应付未付的职工薪酬。

对于应付的工资额，还应当按其用途分配记入有关费用、成本账户。对于生产工人的工资费用，应借记生产成本账户；车间管理人员的工资费用，应借记制造费用账户；管理部门人员的工资费用，应借记管理费用账户。

【例5－21】 企业9月应付工资总额为130000元，其中，生产甲产品工人工资70000元，生产乙产品工人工资50000元，车间管理人员工资5000元，企业管理人员工资5000元。

借：生产成本——甲产品　　70000
　　　　　　——乙产品　　50000
　　制造费用　　5000
　　管理费用　　5000
　贷：应付职工薪酬——工资　　130000

【例5－22】 企业用银行存款130000元发放职工工资。

借：应付职工薪酬——工资　　130000
　贷：银行存款　　130000

2. 应付职工薪酬——职工福利费

企业每月计算工资时，可同时按实际需要或按工资总额的一定比例提取职工福利费。职工福利费主要用于职工的医药费、医护人员的工资、职工生活困难补助及其他职工福利支出。

该账户贷方登记企业应支付的职工福利费，借方登记实际支付的各项职工福利费。该账户期末贷方余额表示企业已提取尚未使用的职工福利费。

【例5－23】 企业下设一个职工食堂，企业每月根据职工所在岗位、人数、历史经验数据和实际物价水平等情况，按照每人每月100元的标准计算补贴食堂的金额。8月企业在岗人数118人，其中：甲产品生产工人60人，乙产品生产工人30人，车间管理人员16人，企业管理人员12人。

借：生产成本——甲产品　　6000

——乙产品　　3000
制造费用　　1600
管理费用　　1200
贷：应付职工薪酬——职工福利费　　11800

【例5-24】月末，企业发放职工补助福利。其中，生产甲产品工人应计福利费为9800元，生产乙产品工人应计福利费为7000元，生产车间管理人员应计福利费为700元，企业管理人员应计福利费为700元。编制会计分录如下。

借：生产成本——甲产品　　9800
——乙产品　　7000
制造费用　　700
管理费用　　700
贷：应付职工薪酬——职工福利费　　18200

（三）固定资产耗费的核算

固定资产耗费的核算涉及累计折旧账户。累计折旧属于资产类中固定资产的备抵账户，是用来核算企业固定资产折旧的账户。该账户贷方登记按月计提的固定资产折旧的数额，即折旧的增加；借方登记因出售、报废和毁损固定资产而相应减少的折旧数额。期末贷方余额表示现有固定资产已提取的折旧累计数额。

【例5-25】9月末，企业计提当月固定资产折旧9100元，其中，生产车间使用固定资产应提折旧6000元，企业管理部门使用固定资产应提折旧3100元。

借：制造费用　　6000
管理费用　　3100
贷：累计折旧　　9100

（四）其他费用的核算

在生产过程中，除材料、人工、固定资产耗费外，还会发生一些其他耗费，如水电费、修理费、保险费、租赁费等。这些费用有的是当期发生当期支付的；有的是先支付后发生的，如预付全年财产保险费、报刊费、租赁费等，通常使用预付账款账户进行核算；有些则是先发生后支付的，对于这些应计费用的性质要进行具体分析，通过应付账款、应付利息或其他应付款等账户核算，如按期预提固定资产大修理费用，通常使用其他应付款账户进行核算。

【例5－26】企业开出转账支票一张计9000元，支付9月生产车间水电费8000元、管理部门水电费1000元。

借：制造费用　　8000
　　管理费用　　1000
　贷：银行存款　　9000

【例5－27】企业为生产车间租入厂房一间，租期12个月，以银行存款预付12个月的租金共36000元，从本月开始摊销。

借：预付账款　　36000
　贷：银行存款　　36000
借：制造费用　　3000
　贷：预付账款　　3000

1. 其他应付款

其他应付款属于负债类账户，用以核算企业除应付票据、应付账款、预收账款、应付职工薪酬、应付利息、应付股利、应交税费、长期应付款等以外的其他各项应付暂收款项。

该账户贷方登记发生的其他各种应付暂收款项，借方登记支付的其他各种应付暂收款项。期末贷方余额反映企业应付未付的其他应付款项。

企业可按其他应付款的项目和对方单位（个人）进行明细核算。

【例5－28】企业计提本月车间固定资产的大修理费4300元。

借：制造费用　　4300
　贷：其他应付款　　4300

2. 其他应收款

其他应收款属于资产类账户，用以核算企业除应收票据、应收账款、预付账款以外的其他各种应收暂付款项，例如各种赔款、罚款、应向职工收取的各种借支和垫付款项等。该账户的借方登记发生的上述各种应收暂付款项，贷方登记已经收回的各种应收暂付款项。期末余额在借方，表示尚未收回或报销的应收暂付款项。

该账户应按其他应收款的项目分类，并按不同的债务人设置明细账。

【例5－29】职工陆德茂因公出差借支现金2000元。

借：其他应收款——陆德茂　　2000

贷：库存现金　　　　　　　　　　　　　2000

【例5－30】职工陆德茂出差回来报销差旅费1800元，退回现金200元。

借：库存现金　　　　　　　　　　　　200

　　管理费用　　　　　　　　　　　　1800

　贷：其他应收款——陆德茂　　　　　　2000

三、制造费用的月末核算

（一）生产一种产品不需要分配制造费用的核算

企业的生产车间，根据生产计划只生产一种产品，为此车间所发生的各项制造费用因受益对象明确，被称为单耗制造费用。对于发生的单耗制造费用在月末进行归集，自制造费用账户转入该产品的生产成本账户即可，不需要进行分配，与该产品所耗费的材料、人工等直接费用合并确认为该种产品的生产成本。

（二）生产一种以上产品需要分配制造费用的核算

企业的生产车间，根据生产计划生产一种以上的产品，为此所发生的各项制造费用因其为同时生产的几种产品共同耗费的，被称为共耗制造费用。对于涉及几种产品的共耗制造费用，需要选择合理的分配标准（如按生产工人的工资比例、产品生产工时和机器工时等）在各受益产品之间进行分配核算，首先计算制造费用分配率，然后根据分配率计算各种产品应承担的制造费用。计算出每种产品所承担的制造费用后，再与其料费、工费合计，即为该种产品的生产成本。

制造费用的分配计算公式如下。

$$制造费用分配率=\frac{制造费用总额}{各种产品生产工时（或工资等）分配标准之和}$$

$$某种产品应分摊的制造费用=制造费用分配率\times该种产品的分配标准$$

【例5－31】9月末归集和分配本月发生的制造费用33600元，并转入甲、乙产品生产成本（承【例5－21】，按甲、乙产品生产工人的工资作为分配标准）。

借：生产成本——甲产品　　　　　　　19600

　　　　　　——乙产品　　　　　　　14000

　贷：制造费用　　　　　　　　　　　33600

【解析】制造费用是生产成本的组成部分，月末要将该月归集的制造费用总额进行分配，从制造费用账户转入相应的生产成本账户。制造费用具体的归集如图5－4所示，分配如表 5－5 所示。

$$制造费用分配率=\frac{33600}{70000+50000}=0.28$$

甲产品应分配的制造费用＝甲产品的生产工人工资×制造费用分配率

＝70000×0.28＝19600（元）

乙产品应分配的制造费用＝乙产品的生产工人工资×制造费用分配率

＝50000×0.28＝14000（元）

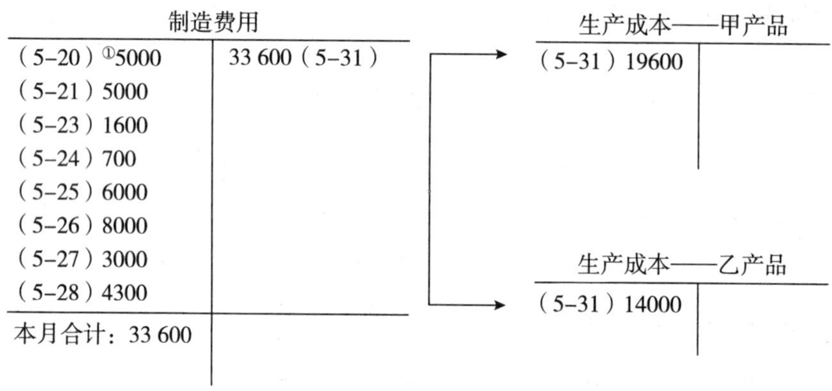

图 5－4 制造费用归集

表 5－5 **制造费用分配**

产品名称	生产工人工资（元）	分配率	分配金额（元）
甲产品	70000	0.28	19600
乙产品	50000	0.28	14000
合计	120000		33600

四、完工产品生产成本的计算与结转

产品生产成本计算是指将企业生产过程中为制造产品所发生的各种费用按照成本计算对象进行归集和分配，以便计算各种产品的总成本和单位成本。有关产品成本的信息是进行库存商品计价和确定销售成本的依据。

企业应设置产品生产成本明细账，用来归集应计入各种产品的生产费用。通过对材料费用、职工薪酬和制造费用的归集和分配，企业将各月生产产品所发生

① 括号内数字为例题编号。

的生产费用记入生产成本科目中。当产品生产完工并验收入库时，将生产成本转入库存商品科目。

如果月末某种产品全部完工，该种产品生产成本明细账所归集的费用总额，就是该种完工产品的总成本，用完工产品总成本除以该种产品的完工总产量即可计算出该种产品的单位成本。

如果月末某种产品全部未完工，该种产品生产成本明细账所归集的费用总额就是该种产品在产品的总成本。

如果月末某种产品一部分完工，另一部分未完工，这时归集在产品成本明细账中的费用总额还要采取适当的分配方法在完工产品和在产品之间进行分配，然后才能计算出完工产品的总成本和单位成本。完工产品成本的基本计算公式为

完工产品生产成本 = 期初在产品成本 + 本期发生的生产费用 - 期末在产品成本

单位产品成本 = 完工产品总成本/产品产量

【例 5 - 32】丁公司生产 A、B 两种产品，期末 A、B 产品成本计算如表 5 - 6、表 5 - 7所示，假设期末 A 产品全部没有完工，B 产品全部完工，完工产量为5000 件。

表 5 - 6　　A 产品成本计算　　单位：元

项目	期初在产品	本期发生成本	总成本
直接材料	31000	36000	67000
直接人工	22000	30000	52000
制造费用	50000	26000	76000
合计	103000	92000	195000

由于 A 产品期末尚未完工，生产成本——A 产品的期末余额即为 A 产品的期末在产品成本。

表 5 - 7　　B 产品成本计算　　单位：元

项目	期初在产品	本期发生成本	总成本
直接材料	58240	42730	100970
直接人工	24300	17732	42032
制造费用	13740	8892	22632
合计	96280	69354	165634

B 产品期末全部完工，期末产品成本费用之和就是该产品的总成本。

B 产品单位产品成本 = 完工产品总成本 ÷ 产品产量 = 165634 ÷ 5000 ≈ 33.13（元/件）

期末，应编制的会计分录如下

借：库存商品——B 产品　　165634

　贷：生产成本——B 产品　　165634

任务四　销售业务的核算

一、销售过程核算的主要内容

销售过程是企业生产经营活动的最后阶段。在销售过程中，企业一方面销售产品取得收入，办理货款结算，使企业的生产耗费得到补偿；另一方面支付各项销售费用，结转产品的销售成本，计算并缴纳企业销售活动应负担的税金及附加。除此以外，企业还会发生一些其他销售业务，如材料销售、无形资产转让等，会取得其他业务收入和发生其他业务成本。通过销售过程业务的核算，企业努力增加收入、节约费用，实现尽可能多的营业利润。

二、销售过程主要经济业务的核算

（一）主营业务收入

主营业务收入属于损益类账户，用来核算企业在销售商品、提供劳务及让渡资产使用权等日常活动中所取得的收入。该账户贷方登记企业销售商品（包括产成品、自制半成品等）或让渡资产使用权所实现的收入，借方登记发生的销售退回和转入本年利润账户的收入；期末将该账户的余额结转后，该账户应无余额。

企业可按主营业务的种类设置明细账户进行明细分类核算。

【例 5-33】 2019 年 12 月 2 日，华瑞公司销售 7 号车床 8 台，单价为 10000 元，增值税率为 13%，开出增值税专用发票。购货方以转账支票办理货款结算。

借：银行存款　　90400

　贷：主营业务收入　　80000

　　　应交税费——应交增值税（销项税额）　　10400

（二）应收账款

应收账款属于资产类账户，用来核算企业因销售商品、材料、提供劳务等，应向购货单位收取的款项，以及代垫运杂费和承兑到期而未能收到款的商业承兑汇票。其借方登记应向购货单位或劳务接收方收取的账款，贷方登记收回的应收款项；期末借方余额表示企业尚未收回的应收款项。

本账户按不同的购货或接受劳务的单位设置明细账户进行明细分类核算。

【例5-34】2019年12月3日，华瑞公司向丰收发电厂出售8号车床5台，单价为12000元，增值税率为13%，开出增值税专用发票。产品已发出，货款尚未收到，并开出转账支票一张垫付运杂费1200元。

借：应收账款——丰收发电厂 69000

　贷：主营业务收入 60000

　　应交税费——应交增值税（销项税额） 7800

　　银行存款 1200

（三）坏账准备

该科目用以核算企业应收款项的坏账准备。企业应当定期或者至少每年年度终了，对应收款项进行全面检查，预计各项应收款项可能发生的坏账，对于没有把握收回的应收款项，应当计提坏账准备。

资产负债表日，应收款项发生减值的，按应减记的金额，借记资产减值损失科目，贷记本科目。本期应计提的坏账准备大于其账面余额的，应按其差额计提；应计提的坏账准备小于其账面余额的，差额做相反的会计分录。对于已确认并转销的应收款项以后又收回的，也可以按照实际收回的金额，借记应收账款，贷记坏账准备，同时，借记银行存款科目，贷记应收账款。

【例5-35】华瑞公司年2016年初坏账准备账户上有余额5000元。

（1）第1年发生坏账4600元。

（2）第1年末应收款项100000元，公司按应收款项的10%计提坏账准备，下同。

（3）第2年，以前发生的坏账又收回来4000元。到期末，公司应收款项有90000元。

（4）第3年无坏账发生，期末有应收款项130000元。

（5）第4年无坏账发生，期末有应收款项110000元。

【解析】

（1）借：坏账准备 4600

　　贷：应收账款 4600

（2）借：资产减值损失　　　　　　　　　　　　9600

　　　贷：坏账准备　　　　　　　　　　　　　　9600

（3）借：应收账款　　　　　　　　　　　　　4000

　　　贷：坏账准备　　　　　　　　　　　　　　4000

同时，借：银行存款　　　　　　　　　　　　　4000

　　　　贷：应收账款　　　　　　　　　　　　　4000

借：坏账准备　　　　　　　　　　　　　　　　5000

　贷：资产减值损失　　　　　　　　　　　　　　5000

（4）借：资产减值损失　　　　　　　　　　　　4000

　　　贷：坏账准备　　　　　　　　　　　　　　4000

（5）借：坏账准备　　　　　　　　　　　　　　2000

　　　贷：资产减值损失　　　　　　　　　　　　2000

【练5-3】甲企业采用应收账款余额百分比法核算坏账损失，坏账准备的提取比例为5%，有关资料如下。

（1）该企业从2016年开始提取坏账准备，该年末应收账款余额为100000元。

（2）2017年末应收账款余额为200000元，2017年未发生坏账损失。

（3）2018年4月，经有关部门确认发生一笔坏账损失，金额为15000元。

（4）2018年末应收账款余额为160000元。

（5）2019年6月上述已核销的坏账又收回10000元。

（6）2019年末应收账款余额为240000元。

要求：根据上述资料（1）~（6）编制甲企业的有关会计分录。

（四）预收账款

预收账款属于负债类账户，是指企业按照合同规定向购货单位预收的款项。与应付账款不同，预收账款所形成的负债不是以货币偿付，而是以货物偿付。借方登记实现的销售收入的款项，期末贷方余额表示企业预收的款项。

预收账款情况不多的，也可不设预收账款科目，将预收的款项直接记入应收账款科目的贷方。

【例5-36】2019年12月5日，华瑞公司与乙公司签供货合同，向其出售9号车床10台，单价为7000元，货款金额共计70000元，应交增值税为9100元。12月9日，华瑞公司收到乙公司交来的预付货款60000元并存入银行，12月19日华瑞公司将货物发到乙公司并开出增值税专用发票，乙公司验收后付清了剩余货款。

(1) 12月9日华瑞公司收到乙公司交来的预付货款60000元财务处理如下。

借：银行存款　　60000

　贷：预收账款——乙公司　　60000

(2) 12月19日按合同规定，华瑞公司向乙公司发出货物，财务处理如下。

借：预收账款——乙公司　　79100

　贷：主营业务收入　　70000

　　应交税费——应交增值税（销项税额）　　9100

(3) 12月19日华瑞公司收到乙公司补付的货款。

借：银行存款　　19100

　贷：预收账款——乙公司　　19100

（五）主营业务成本

主营业务成本属于损益类账户，用来核算企业因销售商品、提供劳务或让渡资产使用权等日常活动而发生的实际成本。该账户借方结转已售商品、提供劳务等的实际成本，贷方登记当月发生销售退回的商品成本和期末转入本年利润账户的当期销售产品成本；期末结转后该账户应无余额。

该账户应按照主营业务的种类进行明细分类核算。

【例5-37】2019年12月31日，华瑞公司结转本月销售产品的销售成本，销售7号车床8台，单位成本4000元，8号车床5台，单位成本8000元，9号车床10台，单位成本3000元。

借：主营业务成本——7号车床　　32000

　　　　　　　——8号车床　　40000

　　　　　　　——9号车床　　30000

　贷：库存商品　——7号车床　　32000

　　　　　　　——8号车床　　40000

　　　　　　　——9号车床　　30000

（六）税金及附加

税金及附加属于损益类账户，是企业经营活动应负担的相关税费，包括营业税、消费税、城市维护建设税、资源税和教育费附加等。该账户借方登记按照规定计算应由主营业务负担的税金及附加，贷方登记企业收到的先征后返的消费税、营业税等应记入本科目的各种税金，以及期末转入本年利润账户的税金及附加；期末结转后本账户应无余额。

【例5-38】2019年12月31日，华瑞公司计算应交城市维护建设税6000元，教育费附加3000元。

借：税金及附加　　9000
　贷：应交税费——应交城市维护建设税　　6000
　　　　　　　——应交教育费附加　　3000

（七）销售费用

销售费用属于损益类账户，是企业销售商品和材料、提供劳务的过程中发生的各种费用，包括运输费、装卸费、包装费、保险费、商品维修费、预计产品质量保证损失、展览费、广告费，以及为销售本企业商品而专设的销售机构（含销售网点、售后服务网点等）的职工薪酬、折旧费、业务费等经营费用。该账户借方登记发生的各种销售费用，贷方登记结转本年利润账户的销售费用；期末结转后该账户应无余额。

该账户应按照费用项目进行明细分类核算。

【例5-39】2019年12月31日，华瑞公司开出转账支票四张：一张用以支付产品促销广告费900元；一张用以支付所购行政管理部门的办公用品费用1600元；一张用以支付银行承兑手续费500元；一张用以支付工商部门的罚款9000元。同日，收到原公司职工的捐赠款3000元，并存入银行。

借：销售费用　　900
　　管理费用　　1600
　　财务费用　　500
　　营业外支出　　9000
　贷：银行存款　　12000
借：银行存款　　3000
　贷：营业外收入　　3000

【练5-4】甲公司11月发生以下经济业务，要求进行相应的账务处理。

（1）10日，甲公司销售给国祥公司甲产品500件，甲公司单价为800元，售价计400000元，增值税52000元，已收款300000元，余款暂欠。

（2）12日，甲公司销售给华瑞公司乙产品500件，单价为400元，售价计200000元，增值税26000元，收到销售方开出的商业承兑汇票一张。

（3）12日，甲公司因上述产品销售领取包装材料1000元。

（4）12日，甲公司结转已销售甲产品生产成本300000元，乙产品生产成本

100000元。

（5）15日，甲公司以银行存款支付银行手续费900元。

（6）16日，甲公司以银行存款支付本月广告费6000元。

（7）18日，甲公司预收东方公司购货款10000元。

（8）20日，甲公司计算本月应负担的城市维护建设税为7000元，教育费附加为2000元。

（八）其他业务收入

其他业务收入属于损益类账户，是企业确认的除主营业务活动以外的其他经营活动实现的收入，包括销售材料、出租固定资产、出租无形资产、出租包装物和商品等实现的收入。该账户贷方登记企业获得的其他业务收入，借方登记期末结转到本年利润账户的已实现的其他业务收入；期末结转以后，该账户应无余额。

该账户应按其他业务的种类设置明细账，进行明细分类核算。

（九）其他业务成本

其他业务成本属于损益类账户，是企业确认的除主营业务活动以外的其他经营活动所发生的支出，包括销售材料的成本、出租固定资产的折旧额、出租无形资产的摊销额、出租包装物的成本或摊销额等。该账户借方登记其他业务所发生的各项支出，贷方登记期末结转到本年利润账户的其他业务支出数额；期末结转以后，该账户应无余额。

该账户应按其他业务的种类进行明细分类核算。

【例5-40】2019年12月17日，华瑞公司出售不需用的A材料100千克，售价10000元，增值税1300元，出售不需用的B材料100千克，售价20000元，增值税2600元，开出增值税专用发票一张（见图5-5），款已存入银行（见图5-6）。A材料的成本为3000元，B材料的成本为8000元。

根据上述原始凭证，账务处理如下。

借：银行存款　　33900

　贷：其他业务收入　　30000

　　　应交税费——应交增值税（销项税额）　　3900

借：其他业务成本　　11000

　贷：原材料——A材料　　3000

　　　　　　——B材料　　8000

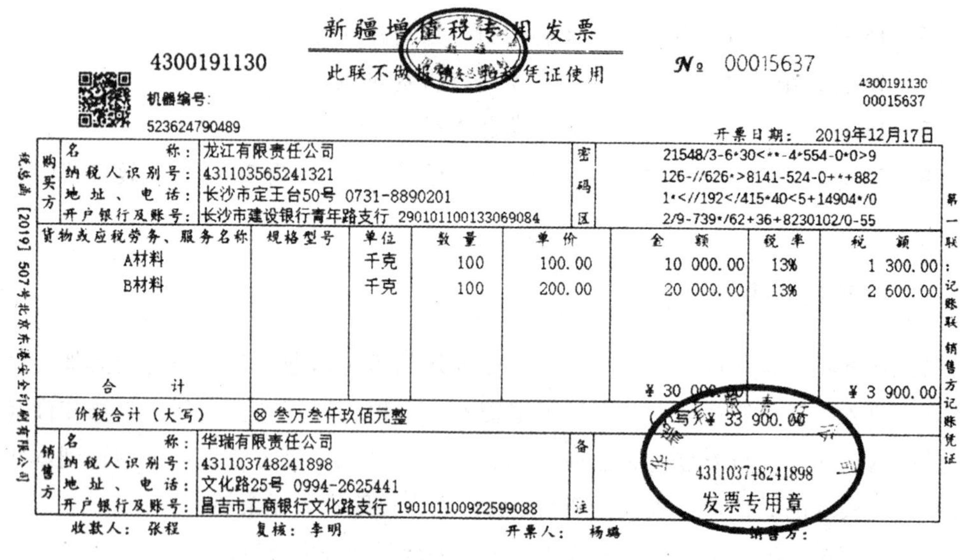

新疆增值税专用发票

4300191130　　此联不做报销、扣税凭证使用　　№ 00015637

4300191130
00015637

机器编号:
523624790489

开票日期: 2019年12月17日

购买方	名　　称: 龙江有限责任公司 纳税人识别号: 431103565241321 地址、电话: 长沙市定王台50号 0731-8890201 开户银行及账号: 长沙市建设银行青年路支行 290101100133069084			密码区	21548/3-6*30<**-4*554-0*0>9 126-//626*>8141-524-0+**882 1*<//192</415*40<5+14904*/0 2/9-739*/62+36+8230102/0-55		
货物或应税劳务、服务名称	规格型号	单位	数量	单价	金额	税率	税额
A材料		千克	100	100.00	10 000.00	13%	1 300.00
B材料		千克	100	200.00	20 000.00	13%	2 600.00
合　　计					¥ 30 000.00		¥ 3 900.00
价税合计（大写）	⊗ 叁万叁仟玖佰元整				（小写）¥ 33 900.00		
销售方	名　　称: 华瑞有限责任公司 纳税人识别号: 431103748241898 地址、电话: 文化路25号 0994-2625441 开户银行及账号: 昌吉市工商银行文化路支行 190101100922599088			备注	431103748241898 发票专用章		

收款人: 张程　　复核: 李明　　开票人: 杨璐　　销售方:

税总函[2019]507号北京东港安全印刷有限公司

第一联：记账联 销售方记账凭证

图 5－5　增值税专用发票

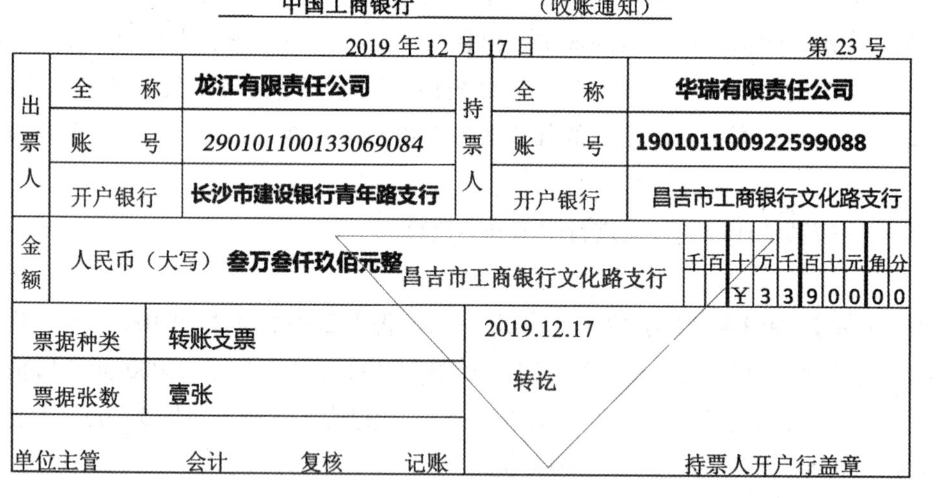

中国工商银行 进账单（收账通知）　1

2019 年 12 月 17 日　　第 23 号

出票人	全　　称	龙江有限责任公司	持票人	全　　称	华瑞有限责任公司
	账　　号	290101100133069084		账　　号	190101100922599088
	开户银行	长沙市建设银行青年路支行		开户银行	昌吉市工商银行文化路支行
金额	人民币（大写）叁万叁仟玖佰元整				千 百 十 万 千 百 十 元 角 分 ¥ 3 3 9 0 0 0 0
票据种类	转账支票		昌吉市工商银行文化路支行 2019.12.17 转讫		
票据张数	壹张				
单位主管　会计　复核　记账			持票人开户行盖章		

此联是持票人开户银行交给持票人的收账通知

图 5－6　进账单

【练 5－5】甲公司 11 月发生如下经济业务，要求进行相应的账务处理。

（1）21 日，甲公司以银行存款支付本月专设销售机构经费 2000 元。

（2）甲公司销售给方兴公司不需用 A 材料 100 千克，单价为 200 元，计 20000 元，增值税销项税额 2600 元，款项已收并存入银行。

（3）甲公司结转本月已售 A 材料的成本，单位成本为 150 元。

（4）甲公司用银行存款支付购买管理部门的办公用品费 1100 元。

任务五　利润形成过程的核算

一、财务成果核算的主要内容

财务成果是指企业在一定时期内全部生产经营活动的成果，即盈利或亏损。盈利是指企业在一定期间内所取得的各种收入超过其所发生的各项费用的差额，如果收入不足以弥补费用则发生亏损。

二、利润的构成

企业财务成果的构成可以用下列计算利润的公式予以表示。

1. 营业利润

营业利润是指企业生产经营活动所获得的利润，是企业利润总额的主要组成部分。

营业利润 = 营业收入 – 营业成本 – 税金及附加 – 销售费用 – 管理费用 – 财务费用 – 资产减值损失 + 投资收益（ – 投资损失） + 公允价值变动收益（ – 公允价值变动损失）

营业收入 = 主营业务收入 + 其他业务收入

营业成本 = 主营业务成本 + 其他业务成本

2. 利润总额

利润总额 = 营业利润 + 营业外收入 – 营业外支出

营业外收支净额是指与企业生产经营活动没有直接关系的各项收入减去各项支出后的余额。

3. 净利润

净利润 = 利润总额 – 所得税费用

所得税费用是指企业应计入当期损益的所得税费用。

三、利润形成的核算

1. 投资收益

投资收益属于损益类账户，用来核算企业对外投资取得的收益或发生的损失。该账户贷方登记取得的投资收益或期末投资净损失的转出数，借方登记发生的投资损失或期末投资净收益的转出数；期末结转后，该账户应无余额。

该账户应按照投资收益的种类进行明细分类核算。

【例5－41】12月28日，华瑞公司所属子公司宣告发放红利12000元。

借：应收股利　　12000

　贷：投资收益　　12000

2. 本年利润

本年利润属于所有者权益类账户，用来核算企业实现的净利润（或发生的净亏损）。该账户贷方登记期末从主营业务收入、其他业务收入、补贴收入、营业外收入以及投资收益（投资净收益）等账户的转入数；借方登记期末从主营业务成本、税金及附加、其他业务成本、销售费用、管理费用、财务费用、营业外支出、所得税费用以及投资收益（投资净损失）等账户的转入数。

年度终了，应将本年收入和支出相抵后结出本年实现的净利润，转入利润分配账户，贷记利润分配——未分配利润；如果为净亏损，做相反的会计分录；结转后，该账户应无余额。

本年利润账户的结构如表5－8所示。

表5－8　本年利润账户结构

借方　本年利润	贷方
（1）主营业务成本	（1）主营业务收入
（2）其他业务成本	（2）其他业务收入
（3）税金及附加	（3）营业外收入
（4）管理费用	（4）投资净收益
（5）财务费用	（5）公允价值变动收益
（6）销售费用	
（7）营业外支出	
（8）所得税费用	
（9）投资净损失	
（10）公允价值变动损失	
（11）资产减值损失	
余额：发生的净亏损	余额：实现的净利润

【例5－42】12月31日，华瑞公司将本月实现的主营业务收入210000元、其他业务收入30000元、营业外收入3000元、投资收益12000元转入本年利润账户。

借：主营业务收入　　210000
　　其他业务收入　　30000
　　营业外收入　　3000
　　投资收益　　12000
　贷：本年利润　　255000

【例5－43】12月31日，华瑞公司月末将主营业务成本102000元、税金及附加9000元、其他业务成本11000元、营业外支出9000元、资产减值损失6600元、管理费用1600元、财务费用500元、销售费用900元转入本年利润账户。

借：本年利润　　140600
　贷：主营业务成本　　102000
　　税金及附加　　9000
　　其他业务成本　　11000
　　营业外支出　　9000
　　资产减值损失　　6600
　　管理费用　　1600
　　财务费用　　500
　　销售费用　　900

3. 所得税费用

所得税费用属于损益类账户，用来核算企业按规定从本期损益中减去的所得税费用，借方登记企业按税法规定的应纳税所得额计算的应纳所得税额，贷方登记企业会计期末转入本年利润账户的所得税额；结转后该账户应无余额。

【例5－44】承前【例5－42】【例5－43】，12月31日，华瑞公司按本月实现利润的25%计算本月应交所得税28600元。

企业所得税＝应纳税所得额×适用税率＝（255000－140600）×25%＝114400×25%＝28600（元）

借：所得税费用　　28600
　贷：应交税费——应交所得税　　28600

【例5－45】12月31日，月末将所得税费用转入本年利润账户。

借：本年利润　　　　　　　　　　　　28600
　贷：所得税费用　　　　　　　　　　　28600

【练5-6】 甲公司年末，按会计核算原则的税前会计利润为1000000元，所得税税率为25%，所得税已交纳。

要求：（1）计算企业所得税。

（2）编制计提所得税的会计分录。

（3）编制上缴所得税的会计分录。

（4）编制结转所得税的会计分录。

任务六　利润分配业务的核算

企业当期实现的净利润可按照法定程序进行分配。首先，按《中华人民共和国公司法》的有关规定，“公司分配当年税后利润时，应当提取利润的百分之十列入公司法定公积金。公司从税后利润中提取法定公积金后，经股东会或者股东大会决议，还可以从税后利润中提取任意公税金”。其次，向投资者分配利润，余额为未分配利润。未分配利润可留待以后年度进行分配。企业如发生亏损，可在不超过5年的时间内以税前利润进行补亏。

1. 利润分配

利润分配属于所有者权益类账户，用来核算企业利润的分配（或亏损的弥补）和历年分配（或弥补）后的积存余额。该账户借方登记按规定实际分配的利润数，或年终时从本年利润账户的贷方转来的全年亏损总额，贷方登记年终时从本年利润账户借方转来的全年实现的净利润总额；年终贷方余额表示历年积存的未分配利润，如果为借方余额，则表示历年积存的未弥补亏损。

该账户按利润分配的具体项目，一般设置其他转入、提取法定盈余公积、应付股利、未分配利润等明细账，进行明细分类核算。

2. 盈余公积

盈余公积属于所有者权益类账户，用来核算企业从当年实现的净利润中提取的盈余公积金的增减变动和结余情况。该账户贷方登记从净利润中提取的盈余公积金，借方登记盈余公积金的使用，例如转增资本、弥补亏损、用于职工集体福利支出等；期末贷方余额表示企业结余的盈余公积金的数额。

该账户应按盈余公积的种类进行明细分类核算。

【例5－46】12月31日，华瑞公司按税后利润（114400－28600＝85800）的10%计算提取法定盈余公积金8580元，按税后利润的10%提取任意盈余公积金8580元。

借：利润分配——提取法定盈余公积金　　8580
　　　　　　——提取任意盈余公积金　　8580
　贷：盈余公积——法定盈余公积金　　8580
　　　　　　　——任意盈余公积金　　8580

3. 应付股利

应付股利属于负债类账户，用来核算企业经董事会或股东大会或类似机构决议确定分配的现金股利或利润。该账户贷方登记根据通过的股利或利润分配方案，应支付给投资者的现金股利或利润，借方登记实际支付给投资者的利润；期末贷方余额表示企业尚未支付的现金股利或利润数。

该账户应按照股东或投资者的名称进行明细分类核算。

【例5－47】12月31日，华瑞公司按税后利润（114400－28600＝85800）的40%，即应付现金股利34320元。

借：利润分配——应付现金股利　　34320
　贷：应付股利　　34320

【例5－48】12月31日，华瑞公司将全年实现的净利润（在本例中假定该企业1—11月利润为零，本月净利润即为全年净利润）85800元，自本年利润账户结转到利润分配——未分配利润账户。

本月净利润＝（主营业务收入＋其他业务收入＋营业外收入＋投资收益）－（主营业务成本＋税金及附加＋其他业务成本＋营业外支出＋资产减值损失＋管理费用＋财务费用＋销售费用＋所得税费用）

本月净利润＝（210000＋30000＋3000＋12000）－（102000＋9000＋11000＋9000＋6600＋1600＋500＋900＋28600）＝85800（元）

借：本年利润　　85800
　贷：利润分配——未分配利润　　85800

【例5－49】结转利润分配的明细账户。

借：利润分配——未分配利润　　51480
　贷：利润分配——提取法定盈余公积金　　8580

——提取任意盈余公积金　　8580

——应付现金股利　　34320

【练 5 -7】甲公司 12 月发生如下经济业务，要求进行相应的账务处理。

（1）生产产品领用材料 50000 元，车间一般耗用材料 3000 元。

（2）将当月制造费用 5000 元转入生产成本。

（3）完工产品 30000 元验收入库。

（4）销售 B 产品给 N 公司，货款 50000 元及增值税款 6500 元暂未收回。

（5）结转已销售产品成本 20000 元。

（6）将上述业务所涉及的损益类账户金额结转至本年利润。

（7）按利润总额的 25% 计提所得税并予以结转。

（8）结转本年利润账户余额。

（9）按净利润的 10% 计提法定盈余公积金，按净利润的 10% 计提任意盈余公积金，按净利润的 40% 计提向投资者分配的利润。

（10）结转利润分配的各明细账户。

知识小结

本项目的内容是全书的重点，主要介绍了会计核算的具体内容。学习本项目内容时，要准确掌握所涉及账户的用途、性质和结构，对于企业常见的经济业务能够做出正确的会计处理。

本项目的主要内容包括以下六个方面。

一是资金筹集业务的账务处理。主要由投资者和债权人提供企业运营所需的资金。

二是供应过程中材料采购业务的账务处理。材料的采购成本是指企业物资从采购到入库前所发生的全部合理支出；材料的日常收发结存可以采用实际成本法核算，也可以采用计划成本法核算。

三是生产业务的账务处理。企业在生产过程中发生的各项生产费用，是企业为获得收入而预先垫支并需要得到补偿的资金耗费，这些费用最终都要归集、分配给特定的产品，形成产品的成本。

四是销售业务的账务处理。其内容涉及商品销售、其他销售等业务收入，成本，费用和相关税费的确认与计量。

五是利润形成过程的账务处理。利润是指企业在一定会计期间的经营成果。

六是利润分配业务的账务处理。企业的利润分配是指根据国家有关的规定和章程、投资者协议等，对企业当年可供分配利润明确特定用途和分配给投资者的行为。

技能强化

一、单项选择题

1. 下列各项中，不应作为本企业库存商品的是（　　）。

A. 库存产成品　　B. 发出展览的商品

C. 已实现销售的发出商品　　D. 存放在门市部准备出售的商品

2. 甲公司为增值税一般纳税人，购入一台不需要安装即可投入使用的生产设备，取得的增值税专用发票上注明的价款为200000元，增值税税额为26000元，发生保险费5000元。假定不考虑其他相关税费，该设备的取得成本为（　　）元。

A. 200000　　B. 205000　　C. 226000　　D. 231000

3. 下列会计科目中，企业在计提固定资产折旧时不可能涉及的是（　　）。

A. 固定资产　　B. 累计折旧　　C. 制造费用　　D. 管理费用

4. 某企业出售闲置的设备，账面原价21000元，已使用2年，已提折旧2100元，出售时发生清理费用400元，出售价格18000元。假定不考虑其他相关税费，该企业出售设备发生（　　）。

A. 净损失500元　　B. 净损失1300元　　C. 净损失900元　　D. 净收益500元

5. 下列不能作为生产费用核算的是（　　）。

A. 已销产品的成本

B. 直接从事产品生产的工人的职工薪酬

C. 构成产品实体的原材料以及有助于产品形成的主要材料和辅助材料

D. 企业为生产产品和提供劳务而发生的各项间接费用

6. 公司按照生产工时比例分配制造费用，其中A产品生产工时为4500小时，B产品生产工时为4000小时。本月发生的制造费用为68000元，按照生产工时比例进行分配，则A产品应负担的制造费用是（　　）元。

A. 36000　　B. 32000　　C. 31000　　D. 37000

7. 小王出差回来报销差旅费2600元，原借3000元，交回多余现金400元。下列关于该报销业务的会计分录中，正确的是（　　）。

A. 借：库存现金　　400

管理费用 2600
贷：银行存款 3000

B. 借：库存现金 400
管理费用 2600
贷：其他应收款 3000

C. 借：管理费用 3000
贷：其他应收款 3000

D. 借：管理费用 3000
贷：应收账款 3000

8. 不单独设置预付账款科目的企业，下列会计科目中，可用于核算预付的货款的是（ ）。

A. 应收账款 B. 预收账款 C. 应付账款 D. 其他应付款

9. 某企业某车间月初在产品成本为 4000 元，本月生产产品耗用材料 80000 元，生产工人工资及福利费 16000 元，该车间管理人员工资及福利费 8000 元，车间水电费用 8000 元，月末在产品生产成本 8800 元，厂部预付半年报刊费 2400 元（含本月），则该车间本月完工产品生产成本总额为（ ）元。

A. 112400 B. 116400 C. 107200 D. 107800

10. 企业按季计提银行短期借款利息时，应贷记（ ）账户。

A. 应付利息 B. 预提费用 C. 财务费用 D. 管理费用

11. 下列各项中，不应计入营业成本的是（ ）。

A. 商品销售成本 B. 原材料销售成本

C. 出租包装物的成本 D. 计提应收账款坏账准备

12. 10 月 31 日，某企业本年利润账户有贷方余额 98000 元，表示（ ）。

A. 1 月 1 日至 10 月 31 日累计实现的净利润

B. 10 月实现的净利润

C. 1 月 1 日至 10 月 31 日累计发生的净亏损

D. 10 月发生的净亏损

13. 企业从应付职工工资中代扣代交的个人所得税，应借记的会计科目是（ ）。

A. 应付职工薪酬 B. 管理费用 C. 其他应收款 D. 其他应付款

14. 下列各项中，不应计入营业外支出的是（ ）。

A. 应收账款坏账损失 B. 报废固定资产净损失

C. 非常损失 D. 公益性捐赠支出

15. 某企业采用先进先出法计算发出材料的成本，2019 年 2 月 1 日，结存甲材料 200 千克，每千克实际成本 100 元；2 月 10 日购入甲材料 300 千克，每千克实际成本 110 元；

2月15日发出甲材料400千克。2月末，库存甲材料的实际成本为（　　）元。

A. 10000　　B. 10500　　C. 10600　　D. 11000

16. 某企业年初未分配利润为100万元，当年实现净利润2000万元，按10%计提法定盈余公积，向投资者分配利润300万元，该企业年末未分配利润为（　　）万元。

A. 1600　　B. 1800　　C. 1900　　D. 2100

二、多项选择题

1. 下列关于库存商品账户的表述中，正确的有（　　）。

A. 借方登记验收入库的库存商品成本

B. 贷方登记发出的库存商品成本

C. 期末借方余额反映库存商品的实际成本或计划成本

D. 期末借方余额反映已销售商品成本

2. 下列费用应计入材料采购成本的有（　　）。

A. 装卸费　　B. 保险费　　C. 价款　　D. 采购机构的经费

3. 下列各项中，影响固定资产折旧的因素有（　　）。

A. 预计净残值　　B. 固定资产原价

C. 预计使用年限　　D. 固定资产减值准备

4. 下列关于固定资产清理账户的表述中，正确的有（　　）。

A. 贷方登记清理收入

B. 借方登记清理费用、固定资产转入清理净值等

C. 贷方登记结转的清理净收益

D. 借方登记结转的清理净损失

5. 下列关于应收账款账户的表述中，正确的有（　　）。

A. 借方登记因赊销商品等应收账款的增加

B. 贷方登记应收账款的收回及确认的坏账损失

C. 借方余额反映企业尚未收回的应收账款

D. 贷方余额反映企业预收的款项

6. 期末，利润分配的明细账应转入利润分配——未分配利润的有（　　）。

A. 应付现金股利　　B. 提取法定盈余公积

C. 提取任意盈余公积　　D. 本年利润

7. 企业预付货款采购物资，下列业务中，应当贷记预付账款科目的有（　　）。

A. 向供应单位预付款项　　B. 收到所购物资确认物资成本

C. 补付预付不足的货款　　D. 收回多余的货款

8. 企业购买原材料，货款未付，可能涉及的科目有（　　）。

A. 原材料　　B. 应交税费　　C. 应付账款　　D. 工程物资

9. 以下项目通过应付职工薪酬——职工福利来核算的有（　　）。

A. 职工的医疗费用　　B. 职工生活困难补助费

C. 企业内设医务人员的工资　　D. 集体福利设施建设

10. 甲企业为一般纳税人，于2018年1月1日从银行借入资金120000元，借款期限为2年，年利率为7%（到期一次还本付息，不计复利）。所借款项已存入银行。2019年12月31日，甲企业偿还该笔银行借款本息。则甲企业正确的会计分录有（　　）。

A. 2018年1月1日从银行借入资金时：

借：银行存款　　120000

　贷：长期借款——本金　　120000

B. 从2018年1月31日至2019年11月30日，每月末计提长期借款利息：

借：财务费用　　700

　贷：长期借款——应计利息　　700

C. 2019年12月31日，归还本息时：

借：长期借款——本金　　120000

　　　　——应计利息　　16100

　财务费用　　700

　贷：银行存款　　136800

D. 2019年12月31日，归还本息时：

借：长期借款——本金　　120000

　应付利息　　16800

　贷：银行存款　　136800

11. 下列各项职工薪酬中，能够计入产品成本的有（　　）。

A. 车间生产工人薪酬　　B. 车间管理人员薪酬

C. 专设销售机构人员薪酬　　D. 企业管理部门人员薪酬

12. 下列各项费用，应通过管理费用科目核算的有（　　）。

A. 诉讼费　　B. 研究费用

C. 印花税　　D. 日常经营活动聘请中介机构费

13. 企业销售商品确认收入的条件包括（　　）。

A. 企业已将商品所有权上的主要风险和报酬转移给购货方

B. 收入的金额能够可靠地计量

C. 相关的经济利益很可能流入企业

D. 相关的已发生或将发生的成本能够可靠地计量

三、判断题

1. 在途物资账户属于资产类账户，用于核算企业采用计划成本进行材料、商品等物资的日常核算时货款已付尚未验收入库的在途物资的采购成本。 （ ）

2. 企业持有固定资产的目的是生产商品、提供劳务、出租或经营管理和直接用于出售。 （ ）

3. 为购建固定资产而借入的长期借款的利息应全部计入固定资产的成本。（ ）

4. 当企业按规定计算确定应交的车船税、房产税和印花税等支出时，应借记销售费用科目。 （ ）

5. 生产过程的生产成本由直接材料、直接人工、制造费用和期间费用等构成。 （ ）

6. 职工薪酬是指企业为获得职工提供的服务而给予的各种形式的报酬以及其他相关支出，包括提供给职工的全部货币性薪酬和非货币性福利。 （ ）

7. 应付账款账户贷方登记企业购买材料、商品和接受劳务等而发生的应付账款，借方登记偿还的应付账款或已冲销的无法支付的应付账款。 （ ）

8. 对于企业收到的投资方投入的实物资产，如果确认的资产价值超过其在注册资本中所占的份额，差额应作为资本溢价，计入盈余公积。 （ ）

9. 生产成本账户，借方登记本期应计入产品成本的各项费用，贷方登记完工入库产品的生产成本，期末如有余额在借方，表示尚未完工产品的成本。 （ ）

10. 管理费用的发生额会直接影响到当期产品成本和当期利润总额。 （ ）

四、计算分析题

甲公司某年的经济业务如下。

（1）甲公司收到乙公司投入的材料，协议价为950000元（假设协议价格公允，不考虑增值税），甲公司本次增值的注册资本为800000元。

（2）用支票付广告费70000元。

（3）用转账方式向某贫困小学捐款10000元。

（4）行政管理部门E运输设备，采用工作量法计提折旧，原值937000元，残值率4%。总工作量100000千米，本月行驶3000千米。

要求：根据上述经济业务写出相应的会计分录。

项目六　会计凭证

任务一　会计凭证概述

一、会计凭证的概念

会计凭证是记录经济业务发生和完成情况的书面证明，也是登记账簿的依据。对每一项可以量化的经济业务，经办人员必须按照规定的程序和要求填制会计凭证，记录经济业务发生或完成的日期、经济业务的内容，并在会计凭证上签名或盖章，以对会计凭证的真实性和准确性负责。一切会计凭证都必须经过有关会计人员的严格审查，只有审核无误的会计凭证才能作为登记账簿的依据。

【练6－1】（单选）用来作为登记账簿依据的是（　　）。

A. 汇总凭证　　B. 通用凭证

C. 记账凭证　　D. 会计凭证

二、会计凭证的作用

合法地取得、正确地填制审核会计凭证是会计核算的基本要求之一，也是会计核算工作的起点，在会计核算中具有很重要的作用。

（1）记录经济业务，提供记账依据。每个会计主体发生经济业务时，必须正确、及时地填制会计凭证。通常，经济业务在哪里发生，会计凭证就在哪里填制，并最终按规定的流程汇集到财务部门，作为经济业务发生的佐证及记账的依据。

（2）明确经济责任，强化内部控制。任何一项经济业务，都要由经管人员填制凭证并由相关人员签字盖章，分清职责，相互牵制，强化内部控制。

（3）监督经济活动，控制经济运行。会计凭证的审核正是会计监督职能的体现，检查各项经济业务的真实性、合法性、合理性。也正是通过会计凭证的审核，能够及时发现问题，加以制止和纠正，提高会计信息质量，控制经济运行，提高经济效益。

三、会计凭证的种类

为了运用会计凭证，首先要对会计凭证加以分类。会计凭证按照编制程序和用途分为原始凭证和记账凭证两类。

【练 6－2】（单选）会计凭证分为原始凭证与记账凭证的依据是（　　）。

A. 填制方式　　B. 填制方法

C. 编制程序和用途　　D. 取得的来源

（一）原始凭证

原始凭证又称单据，是经济业务发生或完成时取得或填制的，是用以记录或证明经济业务的发生或完成情况、明确有关经济责任的文字凭据。它是在经济业务发生的过程中直接产生的，是经济业务发生的最初证明，如出差乘坐的车票、采购材料的发货票等，都是原始凭证。

1. 按取得来源的不同分类

（1）自制原始凭证。它是经济业务发生或完成时，由本单位经办部门或人员自行填制的、仅供内部使用的原始凭证，如收料单、领料单、产品入库单、工资单等。

（2）外来原始凭证。它是在经济业务发生或完成时，从其他单位或个人处直接取得的原始凭证，如企业购买材料时从销货单位取得的发票。

【练 6－3】（多选）下列属于外来原始凭证的有（　　）。

A. 本单位开具的销售发票　　B. 供货单位开具的发票

C. 职工出差取得的飞机票和火车票　　D. 银行的收付款通知单

2. 按填制手续的不同分类

（1）一次凭证。一次凭证是指只反映一项经济业务，或者同时反映若干项同类性质经济业务，填制手续是一次完成的会计凭证。如企业的收料单、领用材料时填制的领料单等都是一次凭证。通常，外来原始凭证都是一次凭证。

（2）累计凭证。累计凭证是在一定期间内多次记录发生的同类型经济业务的原始凭证，是多次有效的凭证，其特点是在一张凭证内可以连续登记相同性质的经济业务，可随时结出累计数和结余数，并按照规定限额进行费用控制，期末按实际发生额记账。如企业所用的限额领料单等，如表 6－1 所示。

表6-1 **限额领料单**

领料单位：三车间 发料仓库：6号库

用途：生产甲产品 2017年11月 编号：00216

材料类别	材料编号	材料名称及规格	计量单位	单价（元）	全月领用限额	全月实领	
						数量	金额（元）
黑色金属	002881	3.0m/方钢	千克	2.00	2000	1900	3800

供应部门负责人（签章） 生产计划部门负责人（签章）

日期	请领		实发			限额结余	退库	
	数量	领料单位负责人	数量	发料人	领料人		数量	退料单编号
2	600	郭晓娟	600	杨磊	苏东亮	1400		
9	400	郭晓娟	400	杨磊	苏东亮	1000		
17	500	郭晓娟	500	杨磊	陈佑雄	500		
22	400	郭晓娟	400	杨磊	陈佑雄	100	100	00315
…								
合计			1900				100	

仓库负责人：李洪亮

（3）汇总凭证。汇总凭证是指为了简化记账凭证的编制工作，将一定时期内反映经济业务内容相同的若干张原始凭证按照一定标准综合填制的原始凭证，用以集中反映某项经济业务总括发生情况，如发料凭证汇总表（见表6-2）、收料凭证汇总表、现金收入汇总表等。汇总凭证只能将同类内容的经济业务汇总填列在一张汇总凭证中。

表6-2 **发料凭证汇总表**

2019年11月30日

部门	材料名称	领用数量（千克）	单价（元）	金额（元）
生产甲产品	A材料	900	100.00	90000.00
	B材料	1000	60.00	60000.00
	C材料	800	50.00	40000.00
	小计	2700		190000.00
车间管理部门	B材料	200	60.00	12000.00
管理部门	C材料	400	50.00	20000.00
合计		3300		222000.00

财务主管：吴定涛 制表人：贾雨薇

【例 6-1】（思考）简述企业在经济核算过程中使用累计凭证与汇总凭证的优点。

【解析】 使用累计凭证可简化核算手续；能事先对材料消耗、成本管理起控制作用，是企业进行计划管理的手段之一。汇总原始凭证在大中型企业中应用非常广泛。因为它可以简化核算手续，提高核算工作效率；能够使核算资料更为系统化，使核算过程更为条理化；能够直接为管理提供某些综合指标。

【练 6-4】（多选）下列原始凭证中，属于一次凭证的包括（　　）。

A. 发票　　B. 发料汇总单

C. 限额领料单　　D. 本企业开出的收款收据

【练 6-5】（多选）下列凭证中，不属于累计原始凭证的有（　　）。

A. 销货发票　　B. 材料验收单

C. 银行付款通知　　D. 限额领料单

【练 6-6】（多选）可以作为记账凭证编制依据的有（　　）。

A. 一次凭证　　B. 累计凭证

C. 原始凭证汇总表　　D. 收款收据

3. 按格式的不同分类

（1）通用凭证。通用凭证是指由有关部门统一印制、在一定范围内使用的具有统一格式和使用方法的原始凭证，如车票、银行结算凭证等。

（2）专用凭证。专用凭证是指由单位自行印制、仅在本单位内部使用的原始凭证，如收料单、领料单、差旅费报销单、折旧计算表、工资费用分配表等。

【练 6-7】（单选）下列属于通用凭证的有（　　）。

A. 本单位开具的销售发票　　B. 供货单位开具的增值税发票

C. 工资费用分配表　　D. 差旅费报销单

（二）记账凭证

记账凭证又称记账凭单，是会计人员根据审核无误的原始凭证对经济业务事项的内容加以归类，并据以确定会计分录后填制的会计凭证。

【例 6-2】（思考）简述原始凭证与记账凭证之间的关系。

【解析】 由于原始凭证来自不同的单位，数量较多，格式不一，为了分门别类系统地反映会计信息，就需要根据原始凭证反映的不同经济业务，加以归类和整理。会计人员根据审核无误的原始凭证或汇总原始凭证，填制具有统一格式的记账凭证，确定会计分录，并将相关的原始凭证附在后面。会计分录是通过记账凭证来完成的，记账凭证具有分类归纳原始凭证和据以登记会计账簿的作用。这样不仅可以简化工作，减少差错，而且有利于原始凭证的保管，便于对账和查账，提高会计工作质量。

1. 按内容分类

（1）收款凭证。收款凭证是用来记录现金和银行存款等货币资金收款业务的凭证，它是根据现金和银行存款收款业务的原始凭证填制的，如图6－1所示。

通 用 记 账 凭 证

借方科目：　　　　年　月　日　　　　第　号

摘　要	会计科目	明细科目	金额											记账
			亿	千	百	十	万	千	百	十	元	角	分	
合　计	（附件　　张）													

制证　　　　审核　　　　记账

图6－1　收款凭证

（2）付款凭证。付款凭证是用来记录现金和银行存款等货币资金付款业务的凭证，它是根据现金和银行存款付款业务的原始凭证填制的，如图6－2所示。

付 款 凭 证

贷方科目：　　　　年　月　日　　　　付　第　号

摘　要	会计科目	明细科目	金额											记账
			亿	千	百	十	万	千	百	十	元	角	分	
合　计	（附件　　张）													

制证　　　　审核　　　　记账

图6－2　付款凭证

（3）转账凭证。转账凭证是用来记录不涉及现金和银行存款业务的凭证，它是根据有关转账业务的原始凭证填制的，如图 6－3 所示。

【练 6－8】（多选）记账凭证按内容来分，可以分为（　　）。

A. 收款凭证　　　　B. 付款凭证

C. 转账凭证　　　　D. 复式记账凭证

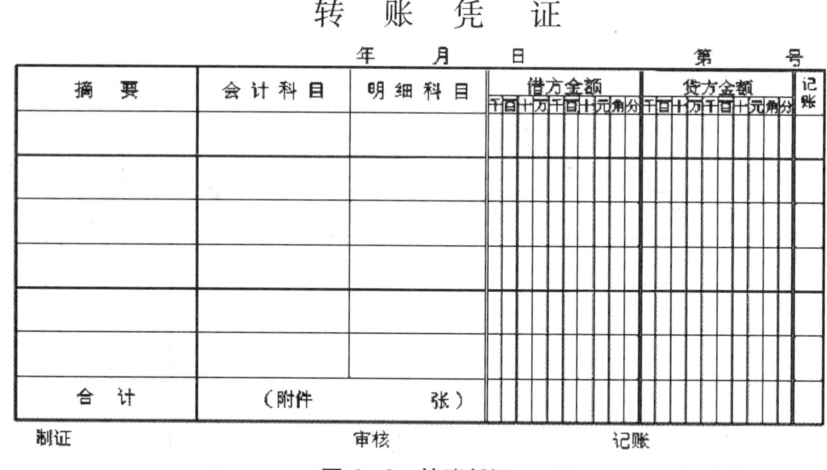

转　账　凭　证

年　月　日　　　　第　号

摘　要	会计科目	明细科目	借方金额 千百十万千百十元角分	贷方金额 千百十万千百十元角分	记账
合　计	（附件　张）				

制证　　审核　　记账

图 6－3　转账凭证

2. 按填列方式分类

（1）复式记账凭证。复式记账凭证又称多科目记账凭证，是指将每一笔经济业务事项所涉及的全部会计科目及其发生额均在同一张记账凭证中反映的一种凭证。

（2）单式记账凭证。单式记账凭证又称单科目记账凭证，是指每一张记账凭证只填列经济业务事项所涉及的一个会计科目及其金额。

【例 6－3】（思考）比较单式记账凭证与复式记账凭证的优缺点。

【解析】 单式记账凭证每张只填列一个会计科目，即把某一项经济业务的会计分录，按其所涉及的会计科目，分别填制两张或两张以上的记账凭证。单式记账凭证便于计算每一个会计科目的发生额，便于分工记账；但加大了填制记账凭证的工作量，而且出现差错后不易查找。复式记账凭证将一笔经济业务事项所涉及的全部会计科目及其发生额均记录在同一张记账凭证上，可以反映账户间的对应关系，了解经济业务的全貌及资金的来龙去脉，便于查账，同时可以减少记账凭证的数量，也减少填制记账凭证的工作量。因此，在实际工作中大多数企业都用复式记账凭证。

3. 按使用范围分类

（1）通用记账凭证。通用记账凭证是相对于专用记账凭证而言的，是将经济业务所涉及的会计科目全部填列在一张凭证内，没有将记账凭证按照内容进行分类，如图6－4所示。

通 用 记 账 凭 证

借方科目： 年 月 日 第 号

摘 要	会计科目	明细科目	金额											记账
			亿	千	百	十	万	千	百	十	元	角	分	
合 计	（ 附件 张）													

制证 审核 记账

图6－4 通用记账凭证

（2）专用记账凭证。专用记账凭证是专门记录某一类经济业务的记账凭证。专用记账凭证按其反映的经济业务内容的不同，分为收款凭证、付款凭证和转账凭证。

【练6－9】（多选）记账凭证按照填制方式的不同，可分为（ ）。

A. 通用记账凭证 B. 专用记账凭证

C. 复式记账凭证 D. 单式记账凭证

【练6－10】（多选）下列会计凭证中，属于专用记账凭证的是（ ）。

A. 收款凭证 B. 付款凭证

C. 转账凭证 D. 折旧计算表

任务二 原始凭证

一、原始凭证的基本内容

由于经济业务内容的不同，各个原始凭证的名称、格式和内容也是多种多样的，但各种原始凭证都应具备一些共同的基本内容，通常称为要素，主要有以下几项。

（1）原始凭证的名称，如增值税专用发票、发料单等。

（2）原始凭证填制的日期。

（3）原始凭证的编号。

（4）接受凭证的单位名称（抬头单位）。

（5）填制单位的名称或填制人员姓名。

（6）填制单位的签章。

（7）有关人员的签名或盖章。

【练 6－11】请结合图 6－5 说出原始凭证的基本内容。

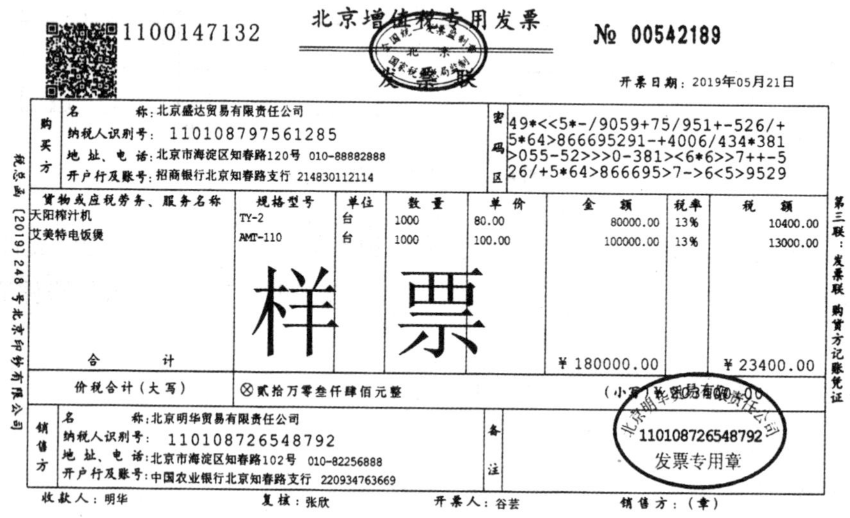

1100147132　　北京增值税专用发票　　№ 00542189

发票联

开票日期：2019年05月21日

购买方	名称：北京盛达贸易有限责任公司 纳税人识别号：110108797561285 地址、电话：北京市海淀区知春路120号 010-88882888 开户行及账号：招商银行北京知春路支行 214830112114	密码区	49*<<5*-/9059+75/951+-526/+ 5*64>866695291-+4006/434*381 >055-52>>>0-381><6*6>>7++-5 26/+5*64>866695>7->6<5>9529

货物或应税劳务、服务名称	规格型号	单位	数量	单价	金额	税率	税额
天阳榨汁机	TY-2	台	1000	80.00	80000.00	13%	10400.00
艾美特电饭煲	AMT-110	台	1000	100.00	100000.00	13%	13000.00
合计					¥180000.00		¥23400.00
价税合计（大写）	⊗贰拾万零叁仟肆佰元整				（小写）¥203400.00		

销售方	名称：北京明华贸易有限责任公司 纳税人识别号：110108726548792 地址、电话：北京市海淀区知春路102号 010-82256888 开户行及账号：中国农业银行北京知春路支行 220934763669	备注	

收款人：明华　　复核：张欣　　开票人：谷芸　　销售方：（章）

税总函〔2019〕248号北京印钞有限公司

第三联：发票联 购货方记账凭证

图 6－5　北京增值税专用发票

二、原始凭证的填制要求

原始凭证绝大部分是由非财会人员经办的，因此，有关业务人员掌握正确填制原始凭证的方法对保证原始凭证的质量具有重要意义。

（一）基本要求

原始凭证是会计核算的最基础资料，也是编制记账凭证的依据。原始凭证的填制必须符合下列基本要求。

1. 记录要真实

原始凭证所填列的经济业务内容和数字必须真实可靠，符合实际情况。

2. 内容要完整

原始凭证的八项基本内容必须填列齐全，不得遗漏和省略。需要注意的是，年、月、日要按照填制原始凭证的实际日期填写；抬头单位的名称要齐全，不能简写；品名或用途要填写明确，不能含混不清。

3. 手续要完备

单位自制的原始凭证必须有经办单位领导人或者其他指定人员的签名或盖章；对外开出的原始凭证必须加盖本单位公章；从外部取得的原始凭证，必须加盖填制单位的专用章，从个人取得的原始凭证，必须有填制人员的签名或盖章，以明确经济责任，确保凭证的合法性、真实性。

4. 书写要清楚、规范

原始凭证要按规定填写，文字要简明，字迹要清楚，易于辨认。

（1）不得使用未经国务院公布的简化汉字。

（2）小写金额用阿拉伯数字逐个书写，不得写连笔字。在金额前填写人民币符号“¥”，人民币符号与阿拉伯数字之间不得留有空白。

（3）金额数字一律填写到角分，没有角分的，写“00”或符号“—”，有角无分，分位写“0”，不能用符号“—”代替分位。

（4）大写金额一律用正楷或行书书写。大写金额前加“人民币”字样，大写金额和“人民币”字样之间不得留有空白。

（5）大写金额到元或角为止的，后面写“整”或“正”字，有分不得写“整”或“正”字，如小写金额为¥2006.00，大写金额应写成“贰仟零陆元整”。

（6）大小写金额必须相符。

（7）票据日期的填写应注意：票据的出票日期必须使用中文大写；在填写月、日时，月为1、2和10的，日为1至9、10、20和30的，应在其前加“零”，日为11至19的，应在其前加“壹”。如1月15日，应写成零壹月壹拾伍日。再如10月20日，应写成零壹拾月零贰拾日；11月要写成壹拾壹月；12月要写成壹拾贰月。

5. 编号要连续

原始凭证已预先印定编号，在写坏作废时，应加盖“作废”戳记，妥善保管，不得撕毁。

6. 填制要及时

各种原始凭证一定要及时填写，并按规定程序及时送交会计机构、会计人员进行审核。

7. 不得涂改、刮擦、挖补

原始凭证有错误的，应当由出具单位重开或更正，更正处应加盖出具单位印章。原始凭证金额有误的，应当由出具单位重开，不得在原始凭证上更正。

【练 6-12】（多选）在原始凭证上书写阿拉伯数字，正确的有（　　）。

A. 金额数字一律填写到角、分

B. 没有角分的，角位和分位可写“00”或者符号“—”

C. 有角无分的，分位应当写“0”

D. 有角无分的，分位也可以用符号“—”代替

【练 6-13】（单选）不符合原始凭证基本要求的是（　　）。

A. 从个人取得的原始凭证，必须有填制人员的签名或盖章

B. 原始凭证不得涂改、刮擦、挖补

C. 上级批准的经济合同，应作为原始凭证

D. 大写和小写金额必须相等

【练 6-14】（判断）原始凭证发生错误，正确的更正方法是由出具单位在原始凭证上更正。（　　）

（二）其他要求

（1）购买货物或销货退回，必须有验收证明，实物验收由实物保管人员办理，验收后在入库单上如实填写实收数额并盖印章。

（2）支付款项的原始凭证，必须有收款单位和收款人的收款证明，不能仅以支付款项的有关凭证代替，如银行汇款凭证；因退货而退回货款的，必须有对方的收款收据或汇款银行的凭证，不得以退货发票代替收据。

（3）职工出差借款凭据，必须附在记账凭证之后，收回借款时，应当另开收据或退还借据副本，不得退还原借据。

（4）需要上级有关部门批准的经济业务，应当将批准文件作为原始凭证附件。如果批准文件需要单独归档的，应当在凭证上注明文件的批准机关名称、日期和文号，以便查阅。

三、原始凭证的审核

在会计核算工作中，只有审核无误的原始凭证，才能作为填制记账凭证和记账的依据。为了确保核算资料真实、准确和合法，会计部门和经办业务的有关部门，必须对原始凭证进行严格认真的审核。

（一）审核的主要内容

（1）真实性审核。真实性审核包括日期是否真实，业务内容是否真实，数据是否

真实等。从外单位取得的原始凭证，必须盖有填制单位的公章；自制的原始凭证，必须有经办部门和经办人的签名或盖章。对于通用原始凭证，还应审核凭证本身的真实性，以防假冒。

（2）合法性审核。审核原始凭证所记录经济业务是否有违反国家法律法规的情况，是否符合规定的审核权限，是否履行了规定的凭证传递和审核程序，是否有贪污腐败等行为。

（3）合理性审核。审核原始凭证所记录经济业务是否符合企业生产经营活动的需要，是否符合有关的计划和预算等。

（4）完整性审核。审核原始凭证各项基本要素是否齐全，是否有漏项情况，日期是否完整，数字是否清晰，文字是否工整，有关人员签章是否齐全，凭证联次是否正确等。

（5）正确性审核。各项金额的计算及填写是否正确，如阿拉伯数字不得连写、大小写金额相符等，有无刮擦、涂改和挖补等。

（6）及时性审核。应注意审查填制日期，尤其是支票、银行汇票、银行本票等时效性较强的原始凭证，更应仔细验证其签发日期。

【练 6-15】（多选）原始凭证的合法性审核包括审核原始凭证所记录的经济业务（　　）。

A. 是否违反国家法律法规　　B. 是否符合规定的审核权限

C. 是否符合有关的计划和预算　　D. 是否履行了规定的凭证传递和审查程序

（二）经审核的原始凭证应根据不同情况处理

原始凭证的审核是一项严谨而细致的工作，会计人员必须坚持准则，履行会计人员的职责。

（1）对于完全符合要求的原始凭证，应及时据以填制记账凭证入账。

（2）对于真实、合法、合理但内容不完整、填写有误、手续不完备、数字不准确以及情况不清楚的原始凭证应当退还给有关业务单位或个人，并令其补办手续或进行更正。

（3）对于不真实、不合法的原始凭证，会计机构、会计人员有权不予接受，并向单位负责人报告。

【练 6-16】（单选）会计人员在审核原始凭证时发现有一张外来原始凭证金额出现错误，其正确的更正方法是（　　）。

A. 由经办人员更正，并报单位负责人批准

B. 由出具单位更正，并在更正处加盖公章

C. 由审核人员更正，并报会计机构负责人审批

D. 由出具单位重新开具

任务三　记账凭证

一、记账凭证的基本内容

记账凭证种类甚多，格式不一，但其主要作用是对原始凭证进行分类、整理，按照复式记账的要求，运用会计科目编制会计分录，据以登记账簿。因此，记账凭证必须具备以下基本内容。

（1）记账凭证的名称。

（2）记账凭证的日期。

（3）记账凭证的编号。

（4）经济业务事项的内容摘要。

（5）经济业务事项所涉及的会计科目及记账方向。

（6）经济业务事项的金额。

（7）记账标记。

（8）所附原始凭证的张数。

（9）制证、审核、记账、会计主管等有关人员的签章，收款凭证和付款凭证还应由出纳人员签名或盖章，如图6－6所示。

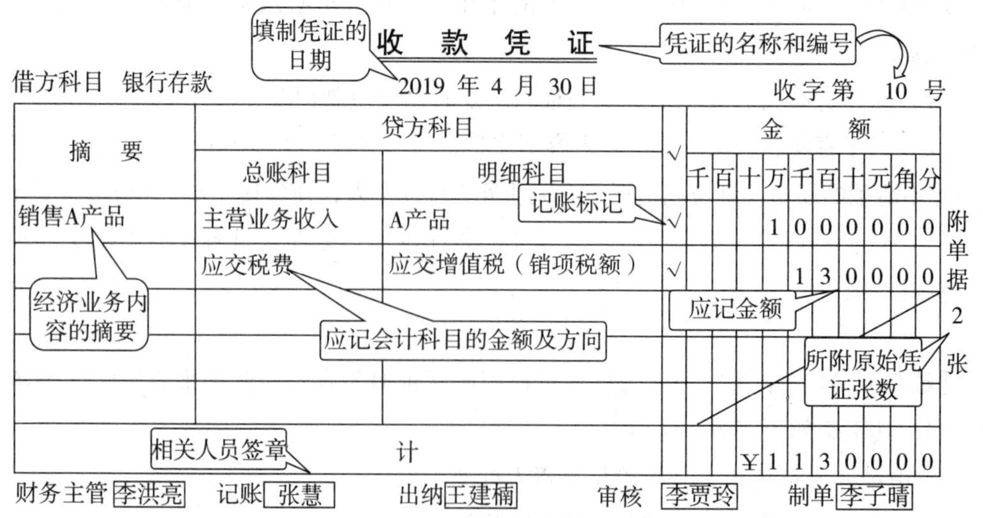

收　款　凭　证

借方科目　银行存款　　　2019 年 4 月 30 日　　　收字第　10　号

摘　要	贷方科目		√	金　额									
	总账科目	明细科目		千	百	十	万	千	百	十	元	角	分
销售A产品	主营业务收入	A产品	√				1	0	0	0	0	0	0
	应交税费	应交增值税（销项税额）	√					1	3	0	0	0	0
	合	计				¥	1	1	3	0	0	0	0

附单据 2 张

财务主管 李洪亮　记账 张慧　出纳 王建楠　审核 李贾玲　制单 李子晴

图6－6　收款凭证

二、记账凭证的填制要求

（一）基本要求

记账凭证是登记账簿的依据，正确填制记账凭证是保证账簿记录正确的基础。填制记账凭证应符合以下基本要求。

（1）审核无误。即在对原始凭证审核无误的基础上填制记账凭证。这是内部控制制度的一个重要环节。

（2）内容完整。即记账凭证应该包括的内容都要具备。应当注意的是，记账凭证的日期，一般为编制记账凭证当天的日期，按权责发生制原则计算收益、分配费用、结转成本利润等调整分录和结账分录的记账凭证，应当填写当月末的日期。

（3）分类正确。即根据经济业务的内容，正确区别不同类型的原始凭证，正确应用会计科目。在此基础上，记账凭证可以根据一张原始凭证填制，或者根据若干张同类原始凭证汇总填制，也可以根据原始凭证汇总表填制，但不得将不同内容和类别的原始凭证汇总填制在一张记账凭证上。

（4）编号连续。即记账凭证应连续编号。这有利于分清会计事项处理的先后，便于记账凭证与会计账簿之间的核对，确保记账凭证的完整性。

（5）书写规范。即记账凭证的书写应清楚、规范。相关要求同原始凭证。

（二）具体要求

填制记账凭证的具体要求如下。

（1）除结账和更正错误，记账凭证必须附有原始凭证并注明原始凭证的张数。记账凭证上应注明所属的原始凭证张数，以便查核。如果根据同一原始凭证填制记账凭证，则应在未附原始凭证的记账凭证上注明“附件×张，见第×号记账凭证”。如果原始凭证需要另行保管时，则应在附件栏目内加以注明，但更正错账和结账的记账凭证可以不附原始凭证。

（2）1张原始凭证所列的支出需要由两个或两个以上的单位共同负担时，应当由保存该原始凭证的单位开给其他应负担单位原始凭证分割单。

（3）记账凭证编号的方法有多种，可以按现金收付、银行存款收付和转账业务三类进行编号，即“现字第×号”“银字第×号”“转字第×号”，也可以按现金收入、现金支出、银行存款收入、银行存款支出和转账五类进行编号，即“现收字第×号”“现付字第×号”“银收字第×号”“银付字第×号”“转字第×号”。各单位应当根据本单位业务繁简程度、人员多寡和分工情况来选择便于记账、查账、内部稽核的简单严密的编号方法。无论采用哪一种编号方法，都应该按月顺序编号，即每月都从 1 号编起，顺序编至月末。如果一笔经济业务需要填制几张记账凭证，记账凭证的编号可采用分数编号法，如为 3 张，可编号为 ×1/3、×2/3、×3/3。

（4）发现记账凭证有错误时，应根据不同情况进行相应的处理。

若记账之前发现记账凭证有错误，应重新编制正确的记账凭证，并将错误凭证作废或撕毁。已经登记入账的记账凭证，在当年内发现填写错误时，应用红字填写一张与原内容相同的记账凭证，在摘要栏注明“注销某月某日某号凭证”，同时再用蓝字重新填制一张正确的记账凭证，注明“订正某月某日某号凭证”。如果会计科目没有错误，只是金额错误，也可以将正确数字与错误数字之间的差额，另编一张调整的记账凭证，调增金额用蓝字，调减金额用红字。若发现以前年度的错误，应用蓝字填制一张更正的记账凭证。

（5）正确填写摘要，摘要应与原始凭证内容一致，能准确反映经济业务的主要内容，表述简洁精练。

（6）正确编制会计分录，金额应正确无误，并保证借贷平衡。

（7）记账凭证填制完经济业务事项后，如有空行，应当在金额栏自最后一笔金额数字下至合计数上的空行处画线注销。

（8）实行会计电算化的单位，其机制记账凭证应当符合对记账凭证的一般要求，同时应认真审核，做到会计科目使用正确、数字准确无误。打印出来的机制记账凭证，要加盖制单人员、审核人员、记账人员和会计主管人员印章或者签字，以明确责任。

（三）特殊情况

某些经济业务的处理会出现复合会计分录，这种情况可能需要同时编制两种记账凭证。例如销售一批产品，有一部分货款已收到，而另一部分货款没有收到，这个时候，应该同时编制收款凭证和转账凭证；再如业务人员出差回来后报销差旅费，余款退回，此时，也应该同时编制收款凭证和转账凭证。

【练 6-17】（判断）记账凭证编制出现错误，可按要求更改。（ ）

【练 6-18】（多选）在填制记账凭证时，下列做法中错误的有（ ）。

A. 将不同类型业务的原始凭证合并编制 1 张记账凭证

B. 1 个月内的记账凭证连续编号

C. 从银行提取现金时只填制现金收款凭证

D. 更正错账时记账凭证可以不附原始凭证

三、记账凭证的填制示例

（一）收款凭证的填制

收款凭证是根据现金和银行存款收入业务的原始凭证填制的。凡是引起现金、银行存款增加的业务，都要根据原始凭证编制收款凭证；收款凭证的借方科目应填写“库存现金”或“银行存款”，贷方科目则应填写对应科目。

【例6－4】 东方公司2019年4月30日，销售A产品10000元，增值税税率为13%，款项收到存入银行。原始凭证2张，编号10，编制的收款凭证如图6－7所示。

收　款　凭　证

借方科目　银行存款　　　　　　2019 年 4 月 30 日　　　　　　收字第 10 号

摘　要	贷方科目		√	金			额						
	总账科目	明细科目		千	百	十	万	千	百	十	元	角	分
销售A产品	主营业务收入	A产品	√				1	0	0	0	0	0	0
	应交税费	应交增值税（销项税额）	√					1	3	0	0	0	0
合　　计						¥	1	1	3	0	0	0	0

附单据 2 张

财务主管 李洪亮　　记账 张慧　　出纳 王建楠　　审核 李贾玲　　制单 李子晴

图6－7　收款凭证的填制示例

（二）付款凭证的填制

付款凭证是根据现金和银行存款支出业务的原始凭证填制的。凡是引起现金、银行存款减少的业务，都要根据原始凭证编制付款凭证。对于现金和银行存款之间的相互划转业务，一般只编制付款凭证，不再编制收款凭证，以避免重复记账。付款凭证的贷方科目应填写“库存现金”或“银行存款”，借方科目则应填写对应科目。

【例6－5】 东方公司2019年11月30日，将现金1000元存入银行。原始凭证1张，编号6，编制的付款凭证如图6－8所示。

付 款 凭 证

贷方科目：**库存现金**　　2019 年 11 月 30 日　　付 第 6 号

摘要	会计科目	明细科目	金额（亿千百十万千百十元角分）	记账
将现金存入银行	**银行存款**		100000	
合　计	（附件 1 张）		¥100000	

会计主管　　出纳　　审核　　记账　　制单

图 6－8　付款凭证的填制示例

（三）转账凭证的填制

转账凭证是根据转账业务的原始凭证填制的。它不设主体科目栏，就某项业务而言，该业务所涉及的会计科目全部填在会计科目栏内，会计科目栏应分别填列应借、应贷的一级科目和二级明细科目，借方科目在先，贷方科目在后，相应的金额填列在金额栏中。

【例 6－6】东方公司 2019 年 11 月 30 日，提取应由本月负担的银行贷款利息 500 元，原始凭证 1 张，编号 30，编制转账凭证如图 6－9 所示。

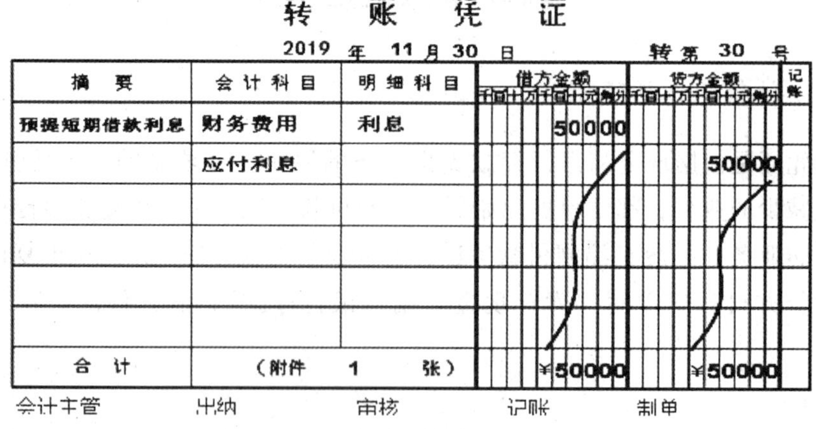

转 账 凭 证

2019 年 11 月 30 日　　转 第 30 号

摘要	会计科目	明细科目	借方金额（千百十万千百十元角分）	贷方金额（千百十万千百十元角分）	记账
预提短期借款利息	财务费用	利息	50000		
	应付利息			50000	
合　计	（附件 1 张）		¥50000	¥50000	

会计主管　　出纳　　审核　　记账　　制单

图 6－9　转账凭证的填制示例

四、记账凭证的审核

对会计凭证进行审核是保证会计信息质量，发挥会计监督作用的重要手段。要做好会计凭证的审核工作，正确发挥会计的监督作用，会计人员既要熟悉和掌握国家政策、法令、规章制度和计划、预算的有关规定，又要熟悉和了解本单位的经营情况。记账凭证审核的主要内容如下。

(1) 内容是否真实。记账凭证是否附有原始凭证，原始凭证是否齐全，是否按照已审核无误的原始凭证填制，记录的内容与所附原始凭证是否一致，所附原始凭证的张数是否与记账凭证所列附件张数相符，内容是否合法等。

(2) 项目是否齐全。记账凭证日期、凭证编号、附件张数以及有关人员签章等各个项目填写是否齐全。

(3) 科目是否正确。记账凭证的所用科目（包括一级科目、明细科目）是否正确，方向是否正确，账户对应关系是否清晰，所使用的会计科目及其核算内容是否符合会计制度的规定等。

(4) 金额是否正确。借贷双方的金额是否正确，是否平衡；记账凭证与所附原始凭证的有关金额是否一致，计算是否准确；明细科目金额之和与相应的总账科目的金额是否相等；记账凭证的金额之和与记账凭证汇总表的金额是否相符等。

(5) 书写是否正确。摘要是否填写清楚，文字、数字是否工整清晰，是否按规定进行更正等。

在审查过程中，如果发现记账凭证的填制有差错或者填列不完整、签章不齐全，应查明原因，责令更正、补充或重填。只有审核无误的记账凭证，才能据以登记账簿。

【例 6-7】（单选）出纳人员在办理收款付款后，应在（　　）上加盖“收讫”或“付讫”的戳记，以避免重收重付。

A. 记账凭证　　　　B. 原始凭证

C. 收款凭证　　　　D. 付款凭证

【解析】 正确答案为 B 项。

【练 6-19】（多选）记账凭证审核的主要内容有（　　）。

A. 项目是否齐全　　　　B. 科目是否正确

C. 内容是否真实　　　　D. 数量是否正确

任务四　会计凭证的传递与保管

一、会计凭证的传递

（一）会计凭证传递的概念

会计凭证的传递是指各种会计凭证从取得或填制时起至归档保管为止的全部过程，即会计凭证在企业内部各有关部门和人员之间的传送、交接的过程。

会计凭证的传递是企业会计核算得以正常、有效进行的前提。不同企业生产组织特点、经济业务内容和管理要求不同，会计凭证的传递也会有所不同。为此，各企业应根据具体情况制定每一种凭证的传递程序和方法，恰当地规定会计凭证的格式、份数、移交的时间和接受与保管的有关部门等，尽量节约传递时间，减少传递的工作量，不得积压。

【例6－8】（判断）会计凭证的传递是指从会计凭证的取得或填制时起至归档保管过程中，在单位财务部门和人员之间的传送程序。（　　）

【解析】错误。会计凭证的传递过程中不只是财务部门及财务人员，还涉及企业其他相关部门及人员。

【练6－20】（多选）影响会计凭证传递的因素有（　　）。

A. 企业生产组织的特点　　B. 企业经济业务的内容

C. 企业管理的要求　　D. 规定的保管期限

（二）会计凭证传递的意义

正确组织会计凭证的传递，对于及时处理经济业务、正确组织经济活动、加强经济责任、实行会计监督具有重要意义。从一定程度上讲，会计凭证的传递在企业内部经营管理各环节之间起协调和组织的作用。会计凭证传递程序是企业管理规章制度的重要组成部分，传递程序科学与否，说明该企业管理效率的高低。会计凭证的传递有以下两个方面的意义。

1. 增强会计核算资料的及时性

从经济业务的发生到账簿登记有一定的时间间隔，会计凭证的传递，有利于及时反映各项经济业务的发生或完成情况，并按规定办理好各种凭证手续，以保证会计凭证按时送到财务会计部门，及时记账、结账，按规定编制会计报表。

2. 有利于完善经济责任制度

经济业务的发生及记录是由若干责任人共同分工完成的。会计凭证是记录经济业务、明确经济责任的书面证明。正确地组织会计凭证的传递，能把本单位各有关部门和人员的活动紧密联系起来，明确分工协作关系，加强会计监督，贯彻经济责任制，使各项业务得以顺利进行。

二、会计凭证的保管

会计凭证的保管是指会计凭证记账后的整理装订归档和存查工作。会计凭证是重要的经济档案和历史资料，要对会计凭证妥善整理和保管，不得丢失或任意销毁。会计凭证归档保管的主要方法和要求如下。

（一）装订

（1）会计凭证登记完毕后，应当进行分类和编号，并按照分类和编号顺序保管，不得散乱丢失，这也是方便检索的有效措施。

（2）记账凭证应当连同所附的原始凭证或者原始凭证汇总表，按照编号顺序折叠整齐，并加具封面、封底，按期装订成册，注明单位名称、年度、月份和起讫日期、凭证类别、起讫号码，由装订人在装订线封签处签名或者盖章。会计凭证封面应注明单位名称、凭证类别、凭证张数、起止号数、年度、月份、会计主管人员、装订人员等有关事项，会计主管人员和保管人员应在封面上签章。

会计凭证的封面如图 6－10 所示。

会计凭证封面

单位名称：
日期：自　　年　　月　　日起至　　年　　月　　日止
凭证号数：自　　号至　　号　凭证类别：
册数：　　本月共：　　册　本册是第　　册
原始凭证：汇总凭证张数：共　　张 全宗号：　　目录号：　　案卷号：
会计：　　复核：　　装订人：　　年　　月　　日装订

图 6－10　会计凭证封面

（3）会计凭证应加贴封条，防止抽换凭证。

（4）对于数量过多的原始凭证，可以单独装订保管，但应在封面上注明记账凭证日期、编号、种类，同时在所属记账凭证上注明“附件另订”和原始凭证名称及编号，以便查阅。

（5）对各种重要的原始凭证，如存出保证金收据以及涉外文件等重要原始凭证，应当另编目录，单独登记保管，并在有关的记账凭证和原始凭证上分别注明日期和编号。

（二）复制

原始凭证不得外借，其他单位如因特殊原因需要使用原始凭证时，经本单位会计机构负责人、会计主管人员批准，可以复制。向外单位提供的原始凭证复制件，应当在专设的登记簿上登记，并由提供人员和收取人员共同签名或者盖章。

（三）遗失

从外单位取得的原始凭证如有遗失，应当取得原开出单位盖有公章的证明，并注明原来凭证的号码、金额和内容等，由经办单位会计机构负责人、会计主管人员和单位领导人批准后，才能代作原始凭证。确实无法取得证明的，如火车票、轮船票、飞机票等凭证，由当事人写出详细情况，由经办单位会计机构负责人、会计主管人员和单位领导人批准后，代作原始凭证。

（四）暂管

每年装订成册的会计凭证，在年度终了后可暂由单位会计机构保管 1 年，期满后应当移交本单位档案机构统一保管；未设立档案机构的，应当在会计机构内部指定专人保管。出纳人员不得兼管会计档案。

【练 6－21】（多选）其他单位因特殊原因需要使用本单位的原始凭证，正确的做法有（　　）。

A. 可以外借

B. 将外借的会计凭证拆封抽出

C. 将向外单位提供的凭证复印件在专设的登记簿上登记

D. 不得外借，经本单位会计机构负责人或会计主管人员批准，可以复制

【练 6－22】（多选）会计凭证保管的内容包括（　　）。

A. 整理会计凭证　　B. 装订会计凭证

C. 归档存查会计凭证　　D. 加具封面并签章

知识小结

本项目主要介绍了会计凭证的概念、种类、格式、填制与审核、传递与保管。本项目的学习重点是在理解会计凭证含义的基础上，熟练掌握原始凭证和记账凭证的填制方法及审核内容。

本项目的主要内容包括以下四个方面。

一是会计凭证概述。包括会计凭证的概念和作用、会计凭证的种类。会计凭证按照填制程序和用途的不同分为原始凭证和记账凭证。

二是原始凭证的种类、内容、填制要求及审核。原始凭证按照来源的不同分为自制原始凭证和外来原始凭证；按照格式的不同分为通用凭证和专用凭证；按照填制手续的不同分为一次凭证、累计凭证和汇总凭证。原始凭证应根据会计基础工作规范的要求填制并审核。

三是记账凭证的种类、内容、填制要求及审核。记账凭证是登记账簿的直接依据；记账凭证根据其内容分为收款凭证、付款凭证和转账凭证；记账凭证应按照会计基础工作规范的要求填制并审核。

四是会计凭证的传递和保管。会计凭证的保管是指会计凭证记账后的整理、装订、归档和存查工作。

技能强化

一、单项选择题

1. 在下列原始凭证中，属于外来原始凭证的是（　　）。

A. 工资计算表　　B. 增值税专用发票

C. 出库单　　D. 限额领料单

2. 某企业销售产品价值为23581.99元，销售发票上的正确中文大写金额是人民币（　　）。

A. 二万三千五百八十一元九角九分　　B. 贰万叁仟伍佰捌拾壹元玖角玖分

C. 贰万叁仟伍佰捌拾壹元玖角玖分整　　D. 贰万叁仟伍佰捌拾壹元玖角玖分正

3. 用转账支票支付前欠货款，应填制（　　）。

A. 转账凭证　　B. 付款凭证　　C. 收款凭证　　D. 原始凭证

4. 下列各项中，不属于原始凭证审核内容的是（　　）。

A. 凭证反映的内容是否真实

B. 凭证各项基本要素是否齐全

C. 会计科目的使用是否正确

D. 凭证是否有填制单位的公章和填制人员的签章

5. 工资结算汇总表是一种（　　）。

A. 一次凭证　　B. 汇总凭证　　C. 累计凭证　　D. 复式记账凭证

6. 在原始凭证上书写阿拉伯数字，错误的做法是（　　）。

A. 金额数字前书写货币币种符号

B. 币种符号与金额数字之间要留有空白

C. 币种符号与金额数字之间不得留有空白

D. 数字前写有币种符号的，数字后不再写货币单位

7. 企业常用的收款凭证、付款凭证和转账凭证均属于（　　）。

A. 单式记账凭证　　B. 一次凭证　　C. 复式记账凭证　　D. 通用凭证

8. 制定科学的会计凭证传递程序时，不应考虑的是（　　）。

A. 会计凭证的传递流程　　B. 会计凭证在每个传递环节上停留的时间

C. 会计凭证交接的验收制度　　D. 会计凭证的整理、归类和装订成册

9. 关于会计凭证的保管，下列说法不正确的是（　　）。

A. 会计凭证应定期装订成册，防止散失

B. 会计主管人员和保管人员应在封面上签章

C. 原始凭证不得外借，其他单位如有特殊原因确实需要使用时，经本单位负责人批准，可以复制

D. 经单位领导批准，会计凭证在保管期满前可以销毁

10. 下列表述错误的是（　　）。

A. 外来原始凭证都是一次凭证　　B. 累计凭证只含 1 张原始凭证

C. 自制原始凭证都是一次凭证　　D. 累计凭证多次有效，可以填写多次

二、多项选择题

1. 原始凭证的基本内容中包括（　　）。

A. 原始凭证名称　　B. 接受原始凭证的单位名称

C. 经济业务的性质　　D. 填制单位名称或填制人的姓名

2. 以下有关会计凭证的表述中正确的有（　　）。

A. 会计凭证是记录经济业务的书面证明

B. 会计凭证可以明确经济责任

C. 会计凭证是编制报表的直接依据

D. 会计凭证是登记账簿的依据

3. 下列凭证中（　　）属于原始凭证。

A. 盘存单　　B. 实存账存对比表

C. 现金盘点报告表　　D. 银行存款余额调节表

4. 下列各项中，属于复式记账凭证的有（　　）。

A. 收款凭证　　B. 付款凭证

C. 转账凭证　　D. 通用记账凭证

5. 填制记账凭证的依据，必须是审核无误的原始凭证，可以（　　）。

A. 根据 1 张原始凭证填制　　B. 根据若干张同类原始凭证汇总填制

C. 同一日期的所有原始凭证汇总填制　　D. 根据原始凭证汇总表填制

6. 下列对原始凭证的处理正确的是（　　）。

A. 对于审核通过的原始凭证，要及时编制记账凭证

B. 对于有错误的原始凭证应退回给经办人员

C. 退回的原始凭证由相关经办人员负责将有关凭证补充完整、更正错误或重开

后，再办理正式会计手续

D. 对于不真实、不合法的原始凭证，会计机构和会计人员有权不予接受

7. 会计凭证封面应注明（　　）等事项。

A. 单位名称　　B. 会计主管人员

C. 单位负责人　　D. 凭证种类和张数

8. 按照记账凭证的审核要求，下列内容中属于记账凭证审核内容的是（　　）。

A. 凭证所列事项是否符合有关的计划和预算

B. 会计科目使用是否正确

C. 凭证的金额与所附原始凭证的金额是否一致

D. 凭证项目是否填写齐全

9. 下列符合原始凭证填制基本要求中内容完整的有（　　）。

A. 年、月、日要按照经济业务实际发生日期填写

B. 名称要齐全，不能简化

C. 品名或用途要填写明确，不能含混不清

D. 有关人员的签章必须齐全

10. 原始凭证的合法性审核包括审核原始凭证所记录的经济业务（　　）。

A. 是否违反国家法律法规

B. 是否符合规定的审核权限

C. 是否符合有关的计划和预算

D. 是否履行了规定的凭证传递和审查程序

三、判断题

1. 审核原始凭证的正确性，就是要审核原始凭证所记录的经济业务是否符合企业生产经营活动的需要、是否符合有关的计划和预算。（　　）

2. 原始凭证是记录经济业务发生和完成情况的书面证明，也是登记账簿的唯一依据。（　　）

3. 对于真实、合法、合理但内容不够完善，填写有错误的原始凭证，会计机构和会计人员不予以接受。（　　）

4. 领料单、差旅费报销单、折旧计算表、工资费用分配表既是自制原始凭证，也是专用凭证。（　　）

5. 会计凭证的传递是指从会计凭证的取得至归档保管的过程中，在会计部门的传递。（　　）

6. 付款凭证左上角“贷方科目”处应填写“现金”或“银行存款”。（　　）

7. 自制原始凭证仅指由本单位会计在执行或完成某项经济业务时填制的、仅供本单位内部使用的原始凭证。 （ ）

8. 记账凭证填制完经济业务事项后，如有空行，应当在空行处画线注销。（ ）

9. 除结账和更正错账的记账凭证可以不附原始凭证外，其他记账凭证必须附有原始凭证。 （ ）

10. 会计凭证的传递，应当满足内部控制制度的要求。 （ ）

四、简答题

1. 简述会计凭证的分类。
2. 简述原始凭证与记账凭证的审核内容。
3. 如何填制收款凭证、付款凭证和转账凭证？
4. 简述会计凭证保管的基本要求。

项目七　会计账簿

任务一　会计账簿概述

一、会计账簿的概念

会计账簿是指由一定格式账页组成的，以经过审核的会计凭证为依据，全面、系统、连续地记录各项经济业务事项的簿籍。填制与审核会计凭证，可以如实、正确地记录每天发生的经济业务，明确经济责任。由于会计凭证数量多、信息分散、缺乏系统性，不便于会计信息的整理与报告，为了全面、系统、连续地核算和监督单位的经济活动及财务收支情况，各企业应当按照国家统一会计制度的规定和业务需要设置会计账簿。

二、会计账簿的作用

设置和登记会计账簿是编制会计报表的基础，是连接会计凭证与会计报表的中间环节，在会计核算中具有重要意义。

（1）记载、储存会计信息。通过账簿的设置和登记，将会计凭证所记录的经济业务事项记入有关账簿，从而全面反映会计主体在一定时期内所发生的各项经济业务事项，储存所需要的各项会计信息。

（2）分类、汇总会计信息。通过账簿的设置和登记，一方面分门别类地提供各项会计信息，反映一定时期内各项经济活动的详细情况；另一方面通过计算发生额、余额，提供各方面所需要的总括会计信息。

（3）检查、校正会计信息。账簿的设置和登记是会计凭证信息的进一步整理，例如在永续盘存制下，对有关盘存账户余额与实际盘点或核查结果的核对，可以确认财产的盘盈或盘亏；根据实存数额调整账簿记录，做到账实相符，有利于提供真实、可靠的会计信息。

(4) 编报、输出会计信息。通过定期结账，计算出各账户的本期发生额和余额，并据以编制会计报表，从而反映一定日期的财务状况及一定时期的经营成果，向有关各方提供所需会计信息。

三、会计账簿的分类

账簿的种类和格式是多种多样的，但是一般可以按照其用途、账页格式、外形特征等不同标准进行分类。

（一）按用途分类

账簿按其用途的不同，可分为序时账簿、分类账簿和备查账簿三种。

1. 序时账簿

序时账簿又称日记账，是按照经济业务事项发生或完成时间的先后顺序逐笔进行登记的账簿。按其登记内容的不同，日记账又分为普通日记账和特种日记账两种。普通日记账是用来记录全部经济业务的日记账，特种日记账是用来记录某一类经济业务的日记账。在我国，大多数单位的现金日记账和银行存款日记账，均是特种日记账。现金日记账如图 7－1 所示。

现 金 日 记 账

年		凭证		摘要	对方科目	页	借方金额	√	贷方金额	√	借或贷	余额	√
月	日	种类	号数										

图 7－1　现金日记账

2. 分类账簿

分类账簿是对全部经济业务事项按照会计要素的具体类别设置的分类进行登记的账簿。按其反映内容详细程度的不同，分类账簿又分为总分类账簿和明细分类账簿。总分类账簿是根据总账科目开设账户，并按照总分类账户进行分类登记经济业务事项的账簿，简称“总账”。明细分类账簿是根据总账科目所属的二级或明细科目开设账户，并按照明细分类账户分类登记经济业务事项的账簿，简称“明细账”。总账提供总括的会计信息，明细账提供比较详细的会计信息，这两种账簿相辅相成，互为补充。分类账簿提供的核算信息是编制会计报表的主要依据。明细分类账如图 7－2 所示。

明细分类账

总页　　　　分页

会计科目……………………

明细科目……………………

记账凭证				摘要	对应科目	借方	贷方	借或贷	余额
年		种类	号数						
月	日								

图 7－2　明细分类账

3. 备查账簿

备查账簿也称辅助账，是对某些在序时账簿和分类账簿等主要账簿中都不予登记或登记不够详细的经济业务事项用文字进行补充登记的账簿。备查账簿不是根据会计凭证登记的账簿，也没有固定的格式，通常依据表外科目登记，与其他账簿之间不存在严密的依存、钩稽关系。例如，临时租入固定资产账簿，出租出借包装物备查簿，代管商品备查簿，委托加工材料登记簿，应收、应付票据登记账簿等。备查账簿可以为某项经济业务事项提供有用的参考资料，但并非每个单位都要设置，各单位可根据实际需要自行设置和登记。

【练7-1】（多选）会计账簿按其用途的不同，可以分为（　　）。

A. 分类账簿　　B. 活页账簿　　C. 序时账簿　　D. 备查账簿

【练7-2】（多选）以下属于备查账簿的有（　　）。

A. 租入固定资产登记簿　　B. 应收票据登记簿

C. 受托加工材料登记簿　　D. 材料采购明细账

（二）按账页格式分类

账簿按账页格式的不同可分为两栏式账簿、三栏式账簿、多栏式账簿、数量金额式账簿和横线登记式账簿五种。

1. 两栏式账簿

两栏式账簿是指只有借方和贷方两个基本金额栏目的账簿。普通日记账和特种日记账一般采用两栏式。

2. 三栏式账簿

三栏式账簿是设有借方、贷方和余额三个基本栏目的账簿。三栏式账页适用于只需进行金额核算的经济业务。各种日记账，总账，资产、负债、所有者权益等明细账都可以采用三栏式账簿。三栏式账簿又分为设对方科目和不设对方科目两种，区别是在摘要栏和借方栏之间是否有一栏“对应科目”。设对应科目的三栏式账簿如图7-2所示。

3. 多栏式账簿

多栏式账簿是在账簿的两个基本栏目借方和贷方内按需要分设若干专栏的账簿。收入、成本、费用类明细账一般均采用这种格式的账簿。多栏式明细账一般有以下两种具体格式。

一种是基本结构为“借方”“贷方”和“余额”三栏，在“借方”和“贷方”栏内再分别按照明细科目设专栏，如应交增值税明细账、本年利润明细账。

另一种是在“借方”设多栏而“贷方”设一栏，或是“贷方”设多栏而“借方”设一栏，这种多栏式明细账主要适用于一方的经济业务较多，而另一方的经济业务较少或基本不发生的会计科目，如生产成本明细账、制造费用明细账、管理费用明细账、主营业务收入明细账等，如图7-3所示。

4. 数量金额式账簿

数量金额式账簿的“借方”“贷方”和“结存”三个栏目内，都分设数量、单价和金额三个专栏，该种明细账既能进行金额核算又能进行实物数量的核算，适用于各种财产物资的明细核算，如原材料、库存商品等财产物资的明细分类核算。数量金额式账簿如图7-4所示。

本账页数	
本户页数	

科目名称 ____________________

年		凭证		摘要	借方											贷方											借或贷	余额											借（ ）方金额分析																					
月	日	字	号		亿	千	百	十	万	千	百	十	元	角	分	亿	千	百	十	万	千	百	十	元	角	分		亿	千	百	十	万	千	百	十	元	角	分	亿	千	百	十	万	千	百	十	元	角	分	亿	千	百	十	万	千	百	十	元	角	分

图 7－3 多栏式账簿

最高存量 ____________________

最低存量 ____________________

编号 __________

规格 __________

本账页数	
本户页数	

单位 （台） 名称 __________

年		凭证		摘要	账页	收入												付出												结存											
月	日	字	号			数量	单价	金额										数量	单价	金额										数量	单价	金额									
								千	百	十	万	千	百	十	元	角	分			千	百	十	万	千	百	十	元	角	分			千	百	十	万	千	百	十	元	角	分

图 7－4 数量金额式账簿

5. 横线登记式账簿

横线登记式账簿是指利用平行式账页，在账页的同一行内，逐笔逐项登记每笔经济业务的借方和与其相对应的贷方，适用于材料采购业务的付款和收料、备用金业务的支出和报销收回等情况。这样可以反映经济业务的来龙去脉，对应关系清楚明了。横线登记式账簿如图 7－5 所示。

【练 7－3】（多选）会计账簿按账页格式的不同，可以分为（　　）。

A. 两栏式账簿　　B. 横线登记式账簿

C. 多栏式账簿　　D. 数量金额式账簿

材料采购

户名：________

户名	借方												贷方											转销
	年		凭证号数	摘要	金额								年	凭证号数	摘要	金额								
	月	日			十	万	千	百	十	元	角	分	日			十	万	千	百	十	元	角	分	

图7－5　横线登记式账簿

【练7－4】（多选）下列账户的明细账账页格式应采用三栏式的有（　　）。

A. 原材料　B. 应缴税费　C. 应收账款　D. 应付账款

【练7－5】（多选）下列账户的明细账账页格式应采用多栏式的有（　　）。

A. 管理费用　B. 原材料　C. 财务费用　D. 包装物

【练7－6】（多选）下列账户的明细账账页格式应采用数量金额式的有（　　）。

A. 库存现金　B. 原材料　C. 包装物　D. 库存商品

（三）按外形特征分类

账簿按其外表特征分类，可分为订本账簿、活页账簿和卡片账簿。

1. 订本账簿

订本账簿是在启用之前就已将若干具有一定格式的账页装订在一起，并对账页进行了连续编号的账簿。订本账簿适用于比较重要的、具有统驭性的账簿，如总分类账、现金日记账和银行存款日记账。

2. 活页账簿

活页账簿在账簿登记完毕之前并不固定装订在一起，而是装在活页账夹中。当账簿登记完毕之后（通常是一个会计年度结束之后），才将账页予以装订，加封面，并给各账页连续编号。各种明细分类账一般采用活页账形式。

3. 卡片账簿

卡片账簿是由有专门格式、分散的卡片作为账页组成的账簿。严格地说，卡片账簿也是一种活页账。在一定时期使用完毕后，必须整理归类，应在卡片上连续编号，加盖有关人员的印章。在我国，单位一般只对固定资产明细账采用卡片账簿形式。

【例 7－1】（思考）比较订本账簿、活页账簿和卡片账簿的优缺点。

【解析】订本账簿的优点是可以避免账页散失，防止账页被抽换，从而保证账簿资料的安全和完整；其缺点是同一账簿在同一时间只能由一人登记，不能准确为每一个账户预留账页。活页账簿的优点是可以根据实际需要增减账页，不会浪费账页，使用灵活，并且便于同时分工记账；缺点在于账页容易散失和被抽换，为克服这个缺点，空白账页使用时必须连续编号，并由有关人员在账页上盖章，以防舞弊。卡片账簿除具有一般活页账簿具有的优、缺点外，不需每年更换，可以跨年度使用。

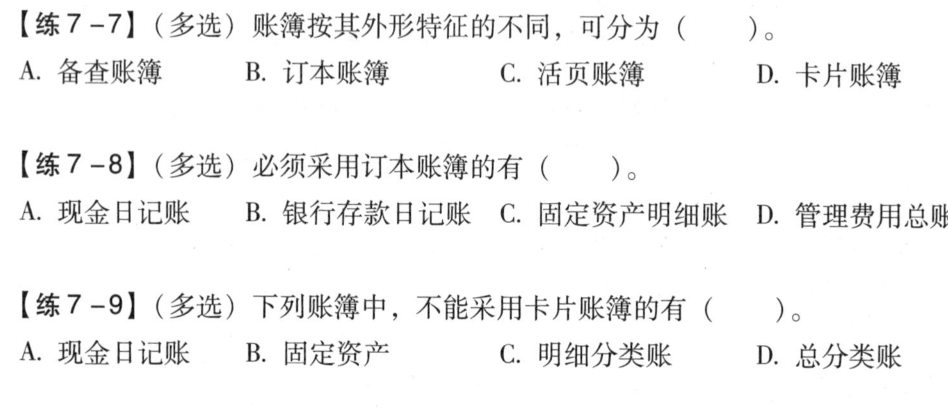

【练 7－7】（多选）账簿按其外形特征的不同，可分为（　　）。

A. 备查账簿　　B. 订本账簿　　C. 活页账簿　　D. 卡片账簿

【练 7－8】（多选）必须采用订本账簿的有（　　）。

A. 现金日记账　　B. 银行存款日记账　　C. 固定资产明细账　　D. 管理费用总账

【练 7－9】（多选）下列账簿中，不能采用卡片账簿的有（　　）。

A. 现金日记账　　B. 固定资产　　C. 明细分类账　　D. 总分类账

会计账簿的分类如图 7－6 所示。

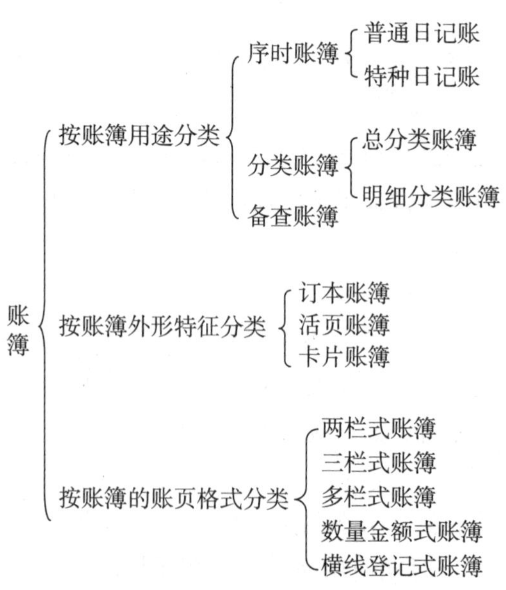

图 7－6　会计账簿的分类

四、会计账簿的基本内容

尽管不同种类和格式的账簿所包含的具体内容不尽相同，但通常应具备以下基本要素。

（1）封面。主要标明账簿的名称，如总分类账、现金日记账、银行存款日记账等。

（2）扉页。主要列科目索引、账簿启用和经管人员一览表。内容包括：①单位名称；②账簿名称；③起止页数；④册次；⑤启用日期和截止日期；⑥经管账簿单位会计机构负责人（会计主管人员）；⑦经管人员；⑧移交人和移交日期；⑨接管人和接管日期；⑩账户目录等。

（3）账页。记录经济业务事项的载体。内容包括：①账户的名称；②登记账户的日期栏；③凭证种类和号数栏；④摘要栏；⑤金额栏；⑥总页次与分页次等。

【练 7－10】（多选）在会计账簿扉页启用表上填列的内容包括（　　）。

A. 账簿名称　　B. 单位名称

C. 启用日期　　D. 账户名称

五、会计账簿与账户的关系

账簿与账户有着十分密切的联系。账户存在于账簿中，账簿是由账户构成的，账簿中的每一页就是账户的存在形式和载体。没有账簿，账户就无法存在。因此，账簿是外在形式，账户才是其真实内容。账簿与账户的关系是形式和内容的关系。

任务二　会计账簿的登记要求

为了保证账簿记录的正确性，必须根据审核无误的会计凭证登记会计账簿，并遵循以下登记规则。

一、正确使用墨水

1. 正常登记

正常登记账簿要用蓝黑墨水或者碳素墨水书写，不得使用圆珠笔（银行的复写账簿除外）或者铅笔书写。

2. 特殊记账

特殊记账时要使用红墨水。下列情况可以用红墨水记账。

（1）按照红字冲账的记账凭证，冲销错误记录。

（2）在不设借贷等栏的多栏式账页中，登记减少数。

（3）在三栏式账户的余额栏前，如未印明余额方向的，则应在余额栏内登记负数余额。

（4）根据国家统一的会计制度的规定可以用红字登记的其他会计记录。

二、内容准确完整

登记会计账簿时，应当将会计凭证日期、编号，业务内容摘要、金额和其他有关资料逐项记入账内，做到数字准确、摘要清楚、登记及时、字迹工整。每一项经济业务，记入总账的同时也记入该总账所属的明细账。账簿记录中的日期，应该填写记账凭证上的日期；以自制原始凭证，如收料单、领料单等作为记账依据的，账簿记录中的日期应按有关自制凭证上的日期填列。

三、登记账簿要及时

登记账簿间隔的时间没有统一的规定，总体来说，越短越好。一般情况下，总账可以每3~5天登记一次；明细账的登记时间间隔要短于总账；日记账和债权债务明细账应按天登记。

四、书写要整齐清晰

摘要文字紧靠左线；数字要写在金额栏内，不得越格错位、参差不齐；文字和数字紧靠下线书写，上面要留有适当空格，一般应占格距的1/2，以备纠错使用；记录金额时，如果角分的位置没有数值，应分别在角分栏内填写“0”，或以“—”号代替，不得省略不写；阿拉伯数字一般可自左向右适当倾斜，以使账簿记录整齐、清晰。

五、按顺序连续登记

各种账簿应按页次顺序连续登记。不得任意撕毁订本式账簿的账页。不得随意抽调活页式或卡片式账簿的账页。不得跳行、隔页，如果发生跳行、隔页，应当将空行、空页画线注销，或者注明“此行空白”“此页空白”字样，并由记账人员签名或者签章。若订本账簿预留账页不够，需跳页登记时，应在末行摘要栏内注明“过入第××页”，并在新账页第一行摘要栏内注明“承××页”。

六、注明记账符号

登记完毕后，要在记账凭证上签名或者签章，并注明已经登账的符号（如注明“√”），表示已经记账。在记账凭证上设有专门的栏目供注明记账的符号，以免发生重记或漏记。

七、按要求结出余额

凡需要结出余额的账户在结出余额后，应在“借或贷”等栏内写明“借”或者“贷”等字样，表明余额的方向。没有余额的账户，应在“借或贷”栏内写“平”字，并在“余额”栏内用“θ”表示，且应当放在“元”位。现金日记账和银行存款日记账必须逐日结出余额。

八、承前页、过次页

每一账页登记完毕结转下页时，应当结出本页合计数及余额，写在本页最后一行和下页第一行有关栏内，并分别在摘要栏内注明“过次页”和“承前页”字样；也可以将本页合计数及金额只写在下页第一行有关栏内，并在摘要栏内注明“承前页”字样。

需要结计本月发生额的账户，结计“过次页”的本页合计数应当为自本月初至本月末止的累计数；既不需要结计本月发生额，也不需要结计本年累计发生额的账户，可以只将每页末的余额结转次页。

九、按要求进行错账更正

发现差错必须根据差错的具体情况采用画线更正、红字更正、补充登记等方法更正。

十、定期打印

对于实行会计电算化的单位，应当定期打印总账和明细账，从而保证会计信息的安全和完整。

【练7-11】（多选）会计账簿登记原则包括（　　）。

A. 记账必须有依据

B. 按页次顺序连续记账

C. 结出余额

D. 账簿记载的内容应与记账凭证一致

【练7-12】（判断）账簿中书写的文字和数字上面要留有适当空距，一般应占格距的1/2，以便于发现错误时进行修改。（　　）

【练7-13】（判断）登记账簿时，发生的空行、空页一定要补充书写，不得注销。（　　）

【练7-14】（判断）各账户在一张账页记满时，应在该账页最后一行结出余额，并在"摘要"栏注明"过次页"字样。（　　）

任务三　会计账簿的使用规则

一、会计账簿的设置

《中华人民共和国会计法》第十六条规定，各单位发生的各项经济业务事项应当在依法设置的会计账簿上统一登记、核算，不得违反本法和国家统一的会计制度的规定私设会计账簿登记、核算。《中华人民共和国会计法》不仅规定各单位必须依法设账，还对设置会计账簿的种类做出规定，会计账簿包括总账、明细账、日记账和其他辅助性账簿。一般而言，企业需根据自身会计管理与核算的需要，建立账簿体系。好的账簿体系应该既能全面、系统地记录经济活动和财务收支状况，又要数量少而体系严密，便于检查及对账。

【例7-2】（思考）通常企业应设置哪些会计账簿？

【解析】通常，企业账簿设置的要求为一册订本式现金日记账、一册订本式银行存款日记账、一册订本式总账和一册活页式明细账。

二、会计账簿的启用

启用会计账簿时，应在账簿封面上写明单位名称和账簿名称，并在账簿扉页上填制启用表。活页账、卡片账应在装订成册时填列。其内容包括：①启用日期；②账簿起止页数（活页式账簿可装订时填写）；③账簿页数；④记账人员和会计机构负责人；⑤会计主管人员姓名，并加盖名章；⑥单位公章。

启用订本式账簿时，账簿的页码从第一页到最后一页是已经印制好的，登记时不得跳页、缺号。使用活页式账簿时，应当按账户顺序编号，并须定期装订成册；装订后再按实际使用的账页填写账簿的起止页码，另加目录，记明每个账户的名称和页次。在年度开始，启用新账簿时，为了确保年度之间账簿记录的相互衔接，应把上年度的年末余额记入新账的第一行，并在摘要栏中注明“上年结转”或者“年初余额”字样。

记账人员或者会计机构负责人员、会计主管人员调动工作时，应当注明交接日期、接办人员或者监交人员姓名，并由交接双方签名或者盖章。

账簿启用登记及接交表如表 7－1 所示。

表 7－1　　账簿启用登记及接交表

<table>
<tr><td>单位名称</td><td colspan="7"></td><td colspan="4" rowspan="5">公　章</td></tr>
<tr><td>账簿名称</td><td colspan="7"></td></tr>
<tr><td>账簿编号</td><td colspan="7"></td></tr>
<tr><td>账簿页数</td><td colspan="7">本账簿共计　　页（本账簿页数检点人盖章）</td></tr>
<tr><td>启用日期</td><td colspan="7">公元　　　年　　月　　日</td></tr>
<tr><td rowspan="3">经管人员</td><td colspan="3">单位主管</td><td colspan="3">财务主管</td><td colspan="2">复　核</td><td colspan="3">记　账</td></tr>
<tr><td colspan="2">姓　名</td><td>盖章</td><td colspan="2">姓　名</td><td>盖章</td><td>姓　名</td><td>盖章</td><td colspan="2">姓　名</td><td>盖章</td></tr>
<tr><td colspan="2"></td><td></td><td colspan="2"></td><td></td><td></td><td></td><td colspan="2"></td><td></td></tr>
<tr><td rowspan="5">接交记录</td><td colspan="3">经　管　人　员</td><td colspan="4">接　管</td><td colspan="4">交　出</td></tr>
<tr><td>职　别</td><td colspan="2">姓　名</td><td>年</td><td>月</td><td>日</td><td>盖章</td><td>年</td><td>月</td><td>日</td><td>盖章</td></tr>
<tr><td></td><td colspan="2"></td><td></td><td></td><td></td><td></td><td></td><td></td><td></td><td></td></tr>
<tr><td></td><td colspan="2"></td><td></td><td></td><td></td><td></td><td></td><td></td><td></td><td></td></tr>
<tr><td></td><td colspan="2"></td><td></td><td></td><td></td><td></td><td></td><td></td><td></td><td></td></tr>
<tr><td>备注</td><td colspan="11"></td></tr>
</table>

三、会计账簿的更换

会计账簿的更换通常在新会计年度建账时进行。

（1）总账、日记账和多数明细账应每年更换一次。当更换新账时，应将各账户的余额结转到新账簿第一行的余额栏内，并注明方向，同时在摘要栏内注明“上年结转”字样。

（2）变动较小的明细账可以连续使用，不必每年更换。备查账簿可以连续使用。固定资产明细账，年度内变动不多，可不必更换新账簿，但在“摘要”栏内要加盖“结转下年”戳记，以划分新旧年度之间的金额。

四、会计账簿的保管

年度终了，各种账户在结转下年、建立新账后，一般都要送交总账会计集中统一管理。会计账簿是重要的会计档案，通常暂由本单位财务会计部门保管1年，期满之后，由财务会计部门编造会计档案移交清册，移交本单位的档案部门保管。

【练7－15】（判断）年度结账后，对于发生额很少的总账，不必更换新账。(　　)

任务四　会计账簿的格式和登记方法

一、现金日记账

现金日记账是用来核算和监督现金每天的收入、支出和结存情况的账簿。它由出纳员根据审核后的同现金收付有关的记账凭证，按时间先后顺序逐日逐笔进行登记。其格式有三栏式和多栏式两种。无论采用三栏式还是多栏式现金日记账，都必须使用订本账。

多栏式现金日记账是在三栏式现金日记账的基础上发展起来的。这种日记账的借方（收入）和贷方（支出）金额栏都按对方科目设置若干专栏，也就是按收入的来源和支出的用途设专栏。其全月发生额还可以作为登记总账的依据。这种多栏式现金日记账，如果借贷两方对应的科目太多会造成账页过长，不便于保管。

三栏式现金日记账的账页格式一般采用“收入”“支出”和“结存”三栏式。为了清晰地反映与现金业务相关账户的对应关系，应在“摘要”栏后设“对方科目”栏。每日终了，必须结出当日的现金收入合计数、支出合计数，并在摘要栏注明“本日合计”字样，结出账面余额。每天结出的账面余额，应同库存现金实存数额相核对，做到日清日结，达到账实相符。对于超出库存现金限额的现金应及时送存银行，以保证库存现金的安全。

三栏式现金日记账的格式如表 7－2 所示。

表 7－2　　现金日记账

20××年		凭证字号	摘要	对方科目	收入									√	支出									√	结存								
月	日				百	十	万	千	百	十	元	角	分		百	十	万	千	百	十	元	角	分		百	十	万	千	百	十	元	角	分
9	16		承前页																									2	0	0	0	0	0
	17	银付2	提现	银行存款				3	0	0	0	0	0															5	0	0	0	0	0
	17	现付5	杨妮借差旅费	其他应收款														2	2	0	0	0	0					2	8	0	0	0	0
			本日合计					3	0	0	0	0	0					2	2	0	0	0	0					2	8	0	0	0	0
	…	……	……																														
9	30		本日合计																														
9	30		本月合计																														

【例 7－3】（思考）简述三栏式现金日记账的具体登记方法。

【解析】现金日记账由出纳人员根据同现金收付有关的记账凭证，按实际顺序逐日逐笔进行登记，每日终了，根据“上日余额＋本日收入－本日支出＝本日余额”的公式，逐日结出现金余额，与现金实存数核对，以检查每日现金收付是否有误，即通常所说的“日清”。如账实不符应查明原因，并记录备案。月终同样要计算现金收、支的合计数，通常称为“月结”。

【例 7－4】（多选）现金日记账登账的依据有（　　）。

A. 银行存款付款凭证　　B. 现金付款凭证

C. 银行存款收款凭证　　D. 现金收款凭证

【解析】正确答案为 A、B、D 项。依据现金付款凭证、现金收款凭证、银行存款付款凭证登记现金的收支。对于银行存款与现金之间相互划转的业务，规定只填制付款凭证，所以从银行提取现金的收入数，应根据银行存款付款凭证登记；银行存款收款凭证与现金的收支没有关系，故没有选项 C。

二、银行存款日记账

银行存款日记账是用来核算和监督银行存款每日的收入、支出和结余情况的账簿。银行存款日记账应按会计主体在银行开立的账户和币种分别设置，每个银行账户设置一本日记账。银行存款日记账的格式与现金日记账的格式相同，也有三栏式和多栏式两种，其基本结构与现金日记账类同，也应采用订本式账簿。其具体格式及登记如表7－3所示。

表7－3　　　　　　银行存款日记账

20××年		凭证字号	摘要	对方科目	支票号码	收入								√	支出								√	结存							
月	日					十	万	千	百	十	元	角	分		十	万	千	百	十	元	角	分		十	万	千	百	十	元	角	分
9	1		期初余额																						7	2	0	0	0	0	0
	2	银付1	购料	在途物资	67016												5	8	5	0	0	0			6	6	1	5	0	0	0
	2	银收1	收回欠款	应收账款	10809		1	1	7	0	0	0	0												7	7	8	5	0	0	0
			本日合计				1	1	7	0	0	0	0				5	8	5	0	0	0			7	7	8	5	0	0	0
	…	……	……																												
9	30		本日合计																												
9	30		本月合计																												

【例7－5】（思考）简述三栏式银行存款日记账的具体登记方法。

【解析】银行存款日记账的格式和登记方法与现金日记账相同。银行存款日记账通常也是出纳人员根据审核后的银行存款收、付款凭证，逐日逐笔按照先后顺序进行登记。对于将现金存入银行的业务，由于规定只填制现金付款凭证，不填制银行存款收款凭证，因而这种业务的收款数，应根据有关现金付款凭证登记。每日终了，应分别计算银行存款的收入和支出合计数，结出余额，做到日清；月终应计算出银行存款全月的收入、支出合计数，做到月结，并定期同银行送来的对账单逐笔核对，以便检查、监督各项收支情况。

三、总分类账

总分类账是按照一级会计科目设置账户，分类、连续地登记经济业务，以提供总括会计信息的账簿。为了总括、全面地反映经济活动情况以及为编制会计报表提供资料，每个企业都要设置总分类账，而且必须采用订本式账簿。总分类账的账页格式有三栏式和多栏式两种。企业总分类账一般采用三栏式的订本账簿。三栏式总分类账格式如表 7－4 所示。

表 7－4　　三栏式总分类账

会计科目：原材料　　　　第 6 页

20××年		凭证字号	摘要	借方										贷方										借或贷	余额									
月	日			千	百	十	万	千	百	十	元	角	分	千	百	十	万	千	百	十	元	角	分		千	百	十	万	千	百	十	元	角	分
9	1		期初余额																					借				4	7	0	0	0	0	0
	4	转 1	材料入库					6	0	0	0	0	0											借				5	3	0	0	0	0	0
	8	银付 1					2	0	0	0	0	0	0											借				7	3	0	0	0	0	0
	…	转 2	生产领用														3	0	0	0	0	0	0	借				4	3	0	0	0	0	0
	…	……	……																															
9	30		本月合计																															

【例 7－6】（思考）简述三栏式总分类账的具体登记方法。

【解析】总分类账可以直接根据记账凭证逐笔登记，也可以将记账凭证定期归类汇总，按照汇总记账凭证登记，还可以根据科目汇总表登记。月终，在全部经济业务事项登记入账后，结出各账户的本期发生额和期末余额，在与明细账余额核对相符后，作为编制会计报表的主要依据。

四、明细分类账

明细分类账是根据明细科目开设账户，分类、连续地登记经济业务以提供明细核算资料的账簿。它所提供的有关经济活动的详细核算资料，是对总分类账所提供的总括会计信息的必要补充，同时也是编制会计报表的依据之一。

1. 明细分类账的格式

企业应按照总账科目设置必要的明细分类账。明细分类账一般采用活页账簿，有的也采用卡片账簿（如固定资产明细账）。明细分类账的格式有多种，企业常用的有三栏式、多栏式、数量金额式三种。

（1）三栏式明细分类账。三栏式明细分类账是设有“借方”“贷方”和“余额”三个栏目，用以分类核算各项经济业务，提供详细核算资料的账簿，其格式与三栏式总分类账格式相同，适用于资本、债权、债务明细账。如短期借款、长期借款、应收账款、应付账款等明细账户的核算。三栏式明细分类账的格式如表 7－5 所示。

表 7－5　　三栏式明细分类账

科目名称：应收账款——东方公司　　第　页

20××年		凭证字号	摘要	借方										贷方										借或贷	余额									
月	日			千	百	十	万	千	百	十	元	角	分	千	百	十	万	千	百	十	元	角	分		千	百	十	万	千	百	十	元	角	分
7	1		期初余额																					借				2	7	0	0	0	0	0
	4	银收1	收到货款															9	0	0	0	0	0	借				1	8	0	0	0	0	0
	18	银收6	收到货款														1	1	0	0	0	0	0	借					7	0	0	0	0	0
	…	……	……																															
7	31		本月合计																															

（2）多栏式明细分类账。多栏式明细分类账是根据企业管理需要将属于同一个总账科目的多个明细科目合并在一张账页上进行登记，适用于收入、成本、费用、利润和利润分配明细账，如生产成本、管理费用、营业外收入、利润分配等科目的明细分类核算。多栏式明细分类账可以借贷方均设多栏；也可以借方设多栏贷方为一栏，或贷方设多栏借方为一栏；还可以只设借方专栏而不设贷方专栏，从贷方转出时，用红字在借方登记。多栏式收入明细分类账的格式如表 7－6 所示。

表 7－6　　多栏式收入明细分类账

20××年		凭证字号	摘要	借方	贷方					余额
月	日								合计	

多栏式成本、费用明细分类账的格式如表 7－7 所示。

表 7－7　　多栏式成本、费用明细分类账

第　页

20××年		凭证字号	摘要	借方					贷方	余额
月	日							合计		

（3）数量金额式明细分类账。数量金额式明细分类账借方、贷方和余额都分别设有“数量”“单价”和“金额”三个专栏，适用于企业存货明细账收、发、存的核算，既有数量记录又可以进行金额核算，有助于加强对财产物资的实物管理和安全监督，如原材料、库存商品等账户明细分类核算。数量金额式明细分类账的格式见表 7－8 及表 7－9。

表 7－8 **数量金额式明细分类账 1**

科目名称：原材料——3 号材料 计量单位：千克 第 页

20××年		凭证字号	摘要	借方										贷方										余额									
月	日			数量	单价	金额								数量	单价	金额								数量	单价	金额							
						十	万	千	百	十	元	角	分			十	万	千	百	十	元	角	分			十	万	千	百	十	元	角	分
9	1		期初余额																					9000	3		2	7	0	0	0	0	0
	6	转 1	材料入库	2000	3			6	0	0	0	0	0											11000	3		3	3	0	0	0	0	0
	9	转 2	生产领用											6000	3		1	8	0	0	0	0	0	5000	3		1	5	0	0	0	0	0
	…	……	……																														
9	30		本月合计																														

表 7－9 **数量金额式明细分类账 2**

科目名称：原材料——4 号材料 计量单位：千克 第 页

20××年		凭证字号	摘要	入库										出库										库存									
月	日			数量	单价	金额								数量	单价	金额								数量	单价	金额							
						十	万	千	百	十	元	角	分			十	万	千	百	十	元	角	分			十	万	千	百	十	元	角	分
9	1		期初余额																					5000	4		2	0	0	0	0	0	0
	9	银付 1	材料入库	5000	4		2	0	0	0	0	0	0											10000	4		4	0	0	0	0	0	0
	9	转 2	生产领用											3000	4		1	2	0	0	0	0	0	7000	4		2	8	0	0	0	0	0
	…	……	……																														
9	30		本月合计																														

2. 明细分类账的登记方法

针对不同业务的明细分类账可依据记账凭证、原始凭证或汇总原始凭证逐日逐笔或定期汇总登记。固定资产、债权、债务等明细账应逐日逐笔登记；原材料、库存商品收发明细账以及收入、费用明细账可逐笔登记，也可定期汇总登记。

对于只设有借方的多栏式明细分类账，平时在借方登记制造费用、管理费用、主营业务成本等账户的发生额，如果发生贷方发生额，就用红字在多栏式账页的借方栏中登记以示冲减，贷方只登记月末将借方发生额一次转出的数额；对于只设有贷方的多栏式明细分类账，平时在贷方登记主营业务收入、营业外收入等账户的发生额，如果发生借方发生额，就用红字在多栏式账页的贷方栏中登记表示冲减，借方只登记月末发生额一次转出的数额。

明细分类账一般应于会计期末结算出当期发生额及月末余额。

3. 总分类账与明细分类账的平行登记

总分类账户对其所属明细分类账户具有统驭控制的作用，明细分类账户对其所属总分类账户具有补充说明的作用。总分类账户与其所属明细分类账户的核算对象是相同的。它们所提供的核算资料互相补充，互相结合，既总括又详细地反映同一核算内容。因此，总分类科目与明细分类科目必须采用平行登记的方法。平行登记要求做到：依据相同、方向相同、期间相同、金额相等。

【练 7－16】（多选）总分类账和明细分类账的平行登记要点有（　　）。

A. 登记金额相等　　　　B. 记入总账同时记入所属的明细账

C. 记账方向相同　　　　D. 记入两个或两个以上账户

五、备查账簿的登记方法

备查账簿一般没有固定的格式，各单位可以根据具体业务自行确定。常见的备查账簿如应收票据（商业承兑汇票）备查账簿等，其格式如表 7－10 所示。

表 7－10　　应收票据（商业承兑汇票）备查账簿

应收票据情况记录					承兑人名称	背书人名称	贴现		承兑	
收票日期	票号	出票单位	出票日	票面金额			日期	金额	日期	金额

任务五　对账与结账

一、对账

在日常会计工作中，难免会发生各种差错或账实不符的情况。为了保证会计记录的正确性，就必须进行对账。对账是为检验各有关账户之间的内容和数字记录的正确与否所进行的核对工作。对账工作是为了保证账证相符、账账相符和账实相符的一项检查性工作，其目的在于使期末用于编制会计报表的数据真实可靠、正确完整。

对账分为日常核对、定期核对、临时核对三种情况。日常核对一般应在平时进行，是对日常填制记账凭证的审核及登账时对账簿记录和会计凭证的核对，发现差错随时更正。日常核对一般在月末进行，即在结账之前进行。定期核对一般在月末、季末、年末记账之后、结账之前进行。临时核对是指企业遇到特殊情况，比如有关人员因工作调动而办理移交手续之前，或者发生非常事件后，应随时按相关要求进行对账。

对账工作的主要内容一般包括账证核对、账账核对和账实核对。

（一）账证核对

账证核对就是对各种会计账簿记录与相关原始凭证、记账凭证的核对。这种核对一般在日常编制凭证和记账过程中进行，为了检查登账中是否存在错误。核对时，将凭证和账簿的记录内容、数量、金额等相互对比，以保证账证相符。

（二）账账核对

账账核对是各种账簿之间相关记录的互相核对。账账核对的内容包括以下四项。

（1）总分类账簿有关账户的余额核对。总分类账各账户的借方期末余额合计数与贷方期末余额合计数应核对相符。

（2）总分类账簿与所属明细分类账簿核对。总分类账的借、贷方本期发生额和期末余额与所属明细分类账的借、贷方本期发生额合计和期末余额合计应核对相符。

（3）总分类账簿与序时账簿核对。现金日记账和银行存款日记账的期末余额应与总分类账的现金、银行存款期末余额核对相符。

（4）明细分类账簿之间的核对。会计部门财产物资明细账的本期发生额和期末余额，与财产物资保管和使用部门的明细账的本期发生额和期末余额核对相符。

（三）账实核对

账实核对是会计账簿记录与财产等实有数额是否相符的核对。账实核对的内容包括以下四项。

（1）现金日记账账面余额与库存现金数额是否相符。现金日记账的账面余额，应每天与现金实际库存数核对，不能挪用现金，不能以借条或其他单据抵充现金库存，做到日清月结。

（2）银行存款日记账账面余额与银行对账单的余额是否相符。银行存款日记账的账面余额应定期（一般至少每月核对一次）与开户银行的对账单相核对。

（3）各项财产物资明细账账面余额与财产物资的实有数额是否相符。各种财产物资明细账的账面余额，应与保管部门或使用部门的实物数量核对，如原材料、周转材料、库存商品等。

（4）有关债权债务明细账账面余额与对方单位的账面记录是否相符。各项应收款、应付款、银行借款等结算款项以及应缴税金等，应定期同有关单位进行核对。

【例7-7】（思考）请罗列几项造成账实不符的原因。

【解析】如财产物资保管过程中发生的自然损耗；财产收发过程中计量或检验不准，造成多收或少收的差错；管理不善、制度不严造成的财产损坏、丢失、被盗；在账簿记录中发生的重记、漏记、错记；有关凭证未到，形成未达账项，造成结算双方账实不符；意外灾害等造成账实不符。造成账实不符的原因是多方面的，因此，各单位一般需要通过定期的财产清查来弥补这方面的漏洞，保证会计信息的真实性、可靠性，提高会计主体的管理水平。

【练7-17】（多选）对账内容包括（　　）。

A. 证证核对　　B. 账证核对　　C. 账账核对　　D. 账实核对

【练7-18】（多选）账账核对包括（　　）。

A. 总账有关账户的余额核对

B. 总账与明细账核对

C. 总账与日记账核对

D. 会计部门的财产物资明细账与财产物资保管和使用部门的有关明细账核对

【练7-19】（多选）下列（　　）属于账实核对的工作内容。

A. 各种财产物资实有数与相应明细账的核对

B. 银行存款日记账账面余额与银行对账单余额的核对

C. 现金日记账的账面金额与实际库存现金数核对

D. 各种债权、债务明细账账面余额与有关单位或个人账面记录的核对

二、结账

（一）结账的程序

结账就是在会计期末（月末、季末、年末）将本期内发生的所有经济业务事项全部登记入账后，计算出本期发生额和期末余额，并将余额结转下期或新的账簿。为了了解某一会计期间（月份、季度、年度）的经济活动情况，考核经营成果，必须在每一会计期间终结时进行结账。同时，结账工作也是编制会计报表的先决条件。结账的内容通常包括两个方面：一是结清各种损益类账户，并据此计算本期利润；二是结清各资产、负债和所有者权益账户，分别结出本期发生额合计和期末余额。

结账一般包括以下程序。

（1）在结账前将本期发生的经济业务事项全部登记入账，若发现漏账、错账，应及时补记、更正，并保证其正确性。不得为了编制会计报表而提前结账，或把本期发生的经济业务事项延至下期登账；也不得先编会计报表后结账。

（2）在实行权责发生制的单位，应按照权责发生制的要求调整有关账项，合理确定本期应计的成本、费用、收入和财务成果。

（3）将损益类科目转入本年利润科目，结平所有损益类科目。

（4）在本期全部经济业务登记入账的基础上，结算出所有账户的本期发生额和期末余额，并结转下期。

（二）结账的方法

（1）对不需要按月结计本期发生额的账户，如各项应收款明细账和各项财产物资明细账等，每次记账以后，都要随时结出余额，每月最后一笔余额即为月末余额。也就是说，月末余额就是本月最后一笔经济业务记录的同一行内的余额。月末结账时，只需要在最后一笔经济业务记录之下画一单红线，不需要再结计一次余额。

（2）现金、银行存款日记账和需要按月结计发生额的收入、费用等明细账。每月结账时，要在最后一笔经济业务记录下面画通栏单红线，结出本月发生额和余额，在摘要栏内注明“本月合计”字样，在下面再画一条通栏单红线。

（3）需要结计本年累计发生额的某些明细账户，如产品销售收入、成本明细账等，每月结账时，应在“本月合计”行下结出自年初起至本月末止的累计发生额，

登记在月份发生额下面，在摘要栏内注明“本年合计”字样，并在下面再画通栏单红线。12 月末的“本年合计”就是全年累计发生额，全年累计发生额下画通栏双红线。

(4) 总账账户平时只需结计月末余额。年终结账时，为了反映全年各项资产、负债及所有者权益增减变动的全貌，便于核对账目，要将所有总账账户结计全年发生额和年末余额，在摘要栏内注明“本年合计”字样，并在合计数下画一通栏双红线。

(5) 需要结计本月发生额的某些账户，如果本月只发生一笔经济业务，由于这笔记录的金额就是本月发生额，结账时，只要在此行记录下画一单红线，表示与下月的发生额分开就可以了，不需另结出“本月合计”数。

(6) 年度终了结账时，有余额的账户，要将其余额结转下年，并在摘要栏注明“结转下年”字样，在下一会计年度新建有关会计账户时，直接记入新账余额栏内即可，不需要编制记账凭证，并在摘要栏注明“上年结转”字样。如表 7－11 所示（表中以加粗线来代表红线，加粗双线代表双红线）。

表 7－11　　　　应收账款　总账

第 27 页

20××年		凭证号数	摘要	借方	贷方	借或贷	余额
月	日						
1	1		上年结转			借	1000
	10	汇 1	1—10 汇总	3000	2200	借	1800
	20	汇 2	11—20 汇总	4200	2700	借	3300
	31	汇 3	21—31 汇总	5600	5000	借	3900
	31		本月合计	12800	9900	借	3900
2	28		本月合计	10000	7100	借	6800
3	31		本月合计	20000	16800	借	10000
			本季合计	42800	33800	借	10000
12	31		本月合计	18000	12000	借	7000
12	31		本季合计	58000	52000	借	7000
12	31		本年合计	126500	120500	借	7000
12	31		结转下年		7000	平	θ

【例7－8】（思考）结账时如何画线?

【解析】结账画线的目的，是突出本月合计数及月末余额，表示本会计期的会计记录已经截止或结束，并将本期与下期的记录明显分开。根据《会计基础工作规范》的规定，需要结出当月发生额的，应当在摘要栏内注明“本月合计”字样，并在下面通栏画单红线；全年果汁发生额下面应当通栏面双红线。

【练7－20】（多选）下列内容中，属于结账工作的有（　　）。

A. 结算有关账户的本期发生额及期末余额

B. 编制试算平衡表

C. 清点库存现金

D. 按照权责发生制对有关账项进行调整

任务六　错账查找与更正的方法

一、错账查找

由于各种原因账务记录可能存在错误，如何找到这些错误非常重要，会计人员在长期的账务处理中总结出了一些查找记账错误的方法，这些方法主要有顺查法、逆查法、抽查法、余数复核法、二除法、九除法等。

（一）顺查法

顺查法是按账务处理流程，从原始凭证开始直到账户与账户发生额和余额对照表，从头到尾进行检查的查错方法。

（二）逆查法

逆查法是根据与账务处理流程相反的顺序，从账户发生额和余额对照表到原始凭证，从尾到首进行检查的查错方法，检查程序刚好与顺查法相反。

检查程序如下。

（1）检查账户余额试算表的余额合计是否正确。

（2）检查各账户的余额计算是否正确。

（3）将总分类账与所属明细分类账进行核对，以检查其记录是否正确、相符。

（4）逐笔核对账簿记录是否与记账凭证相符。

（5）逐笔核对记账凭证是否与原始凭证相符，以及凭证中的数字计算是否正确。

（三）抽查法

抽查法是根据错误情况，靠职业判断对可能发生错误的凭证、账户及处理环节进行抽查的查错方法。例如差错额较大，超过一般经济业务的发生额，问题就可能发生在销售或固定资产等方面，就可查销售或固定资产等方面的凭证和账户。

（四）余额复核法

余额复核法是用于查找账户余额计算是否正确的查错方法。其步骤如下。

（1）检查结出的余额是否正确，注意过次页和承前页余额有无过账错误。

（2）检查总账各账户及其所属明细分类账户的发生额及余额是否相符。

（3）检查分析某些账户的余额有无不正常的现象，从中找出问题。

（五）二除法

二除法是适用于因数字记反方向而发生错账的查错方法。

假如将应记入借方的数字误记入了贷方，或者相反。这样便导致一方的合计数加大，而另一方的合计数减少，并且其差异数恰好是记错了方向的数字的 2 倍，同时差异数字也必定是个偶数。如果将这个差异数除以 2，则商数就可能是记错了方向的数字，然后在账簿中查找与这个商数相同的数字，看其是否记错了方向，即可找到错账之所在。

（六）九除法

九除法是错位或数位颠倒引起错误的查错方法。记账时将数字写错位（又称移位，如将百位数写成千位数或写成十位数），或将数字写颠倒（如 86 写成了 68）的情况，而且错位只是一笔错位数字或只是一个颠倒数字，因这种差错是 9 的倍数，通常用九除法可查找此种错误。

在对账过程中，可能发生各种各样的差错。产生差错的原因可能是重记、漏记、数字颠倒、数字错位、数字记错、科目记错、借贷方向记反。

二、错账的更正方法

实际账务处理中发生的错账，主要表现为漏记、重记和错记三种情况。错记主要表现为错用了会计科目、错记了记账方向、错记了金额等。对于账簿记录发生的错误，不准涂改、挖补、刮擦或者用药水消除字迹，不准重新抄写，必须按规定方法更正，通常有画线更正法、红字更正法和补充登记法三种方法可供选择。

（一）画线更正法

在账簿结账前，发现账簿记录有文字或数字的错误，而记账凭证没有错误，应采用画线更正法。画线更正法又叫红线更正法。更正时，在错误的文字或数字上画一条红线，表示注销；在红线上方填写正确的文字或数字，并由记账及相关人员在更正处盖章。对于错误的数字，应全部画红线更正，不得只更正其中的错误数字。对于文字错误，可只画去错误的部分。画线更正法如图 7－7 的所示。

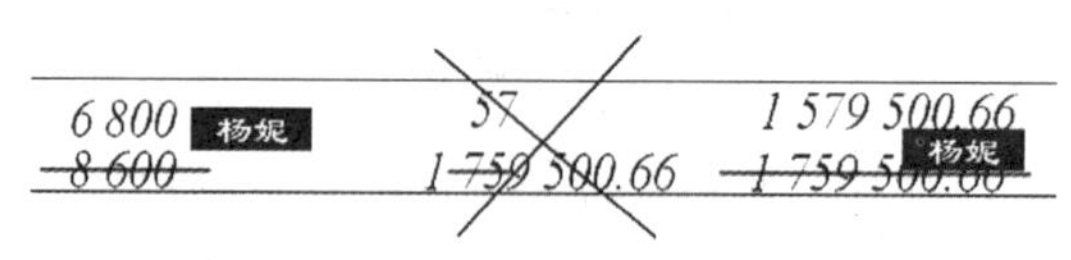

图 7－7　画线更正法

【例 7－9】（判断）画线更正法是在错误的文字或数字上画一红线注销，然后在其上端用红字填写正确的文字或数字，并由记账人员加盖图章，以明确责任。（　　）

【解析】错误。采用红线更正法更正时，可在错误的文字或数字上画一条红线，表示注销。在红线上方填写正确的文字或数字，并由记账及相关人员在更正处盖章。对于错误的数字，应全部画红线更正，不得只更正其中的错误数字。对于文字错误，可只画去错误的部分。

（二）红字更正法

红字更正法，又叫红字冲账法。这种方法适用于以下两种情况。

（1）记账后在当年内发现记账凭证用错会计科目而引起记账错误，采用红字更正法。更正方法为：用红字填制一张与原记账凭证完全相同的记账凭证，在摘要栏注明“冲销某月某日第 × 号记账凭证的错误”，并据以用红字登记入账，以冲销原有的错误记录；然后用蓝字填制一张正确的记账凭证，在摘要栏内写明“补记某月某日账”，并据以登记入账。

【例 7－10】东方公司以现金 496 元购买办公用品，会计人员在填制记账凭证时发生错误并根据错误的记账凭证登记了账簿。错误的会计分录如下所示。

借：管理费用　　　　496
　贷：银行存款　　　　496

【解析】用红字更正法更正时，应先编制 1 张与原错误记账凭证内容完全相同，但为红字的记账凭证。

借：管理费用　　　　　　　　　　496

　贷：银行存款　　　　　　　　　　496

然后，用蓝字（或黑字）编制1张正确的记账凭证。

借：管理费用　　　　　　　　　　496

　贷：库存现金　　　　　　　　　　496

（2）记账后在当年内发现记账凭证所用会计科目正确，但所记金额大于应记金额，从而引起记账错误，采用红字更字法。更正方法为：按多记的金额用红字编制1张与原记账凭证应借、应贷相同的记账凭证，在摘要栏内写明“冲销某月某日第×号记账凭证多记金额”，以冲销多记的金额，并据以记账。

【例7-11】 承上例，如果会计人员填制记账凭证时所使用的会计科目和记账方向没有错误，只是将金额496元误记为946元，并据以登记入账。错误的会计分录如下所示。

借：管理费用　　　　　　　　　　946

　贷：库存现金　　　　　　　　　　946

【解析】 用红字更正法编制1张更正错误的记账凭证如下。

借：管理费用　　　　　　　　　　450

　贷：库存现金　　　　　　　　　　450

然后，根据这张更正错误的记账凭证登记账簿。

（三）补充登记法

记账后发现记账凭证所用会计科目正确，只是所记金额小于应记金额，应采用补充登记法。更正方法为：将少记的金额用蓝字编制一张与原记账凭证应借、应贷科目完全相同的记账凭证，在摘要栏内写明“补记某月某日第×号记账凭证少记金额”，以补充少记的金额，并据以记账。

【例7-12】 承【例7-10】，如果记账人员填制记账凭证时所使用的会计科目和记账方向无误，只是将金额496元误记为469元，并据以登记入账。错误的会计分录如下所示。

借：管理费用　　　　　　　　　　469

　贷：库存现金　　　　　　　　　　469

【解析】 使用补充登记法编制记账凭证如下。

借：管理费用　　　　　　　　　　27

贷：库存现金　　　　　　　　　　　27

编制会计分录后，根据上述记账凭证登记账簿。

【练 7 -21】（多选）可用于更正因记账凭证错误而导致账簿登记错误的错账更正方法有（　　）。

A. 画线更正法　　B. 红线更正法　　C. 补充登记法　　D. 红字更正法

【练 7 -22】（判断）补充登记法适用于记账后发现记账凭证应借、应贷的账户对应关系正确，但所记金额小于应记金额的情况。（　　）

知识小结

会计账簿是连接财务报表与会计凭证的桥梁，承上启下。学习本项目内容时应重点掌握会计账簿的登记要求，会计账簿的使用规则，日记账、总分类账及有关明细分类账的登记方法，对账与结账的方法及错账查找与更正的方法。

本项目的主要内容包括以下六个方面。

一是会计账簿概述。会计账簿是记录各项经济业务的簿籍，应包括封面、扉页和账页。

二是会计账簿的登记要求。为了保证账簿记录的正确性，必须根据审核无误的会计凭证登记会计账簿。

三是会计账簿的使用规则。会计账簿的更换通常在新会计年度建账时进行。会计账簿应该按规定进行保管，保管期满后要按照规定的审批程序经批准后才能销毁。

四是会计账簿的格式与登记方法。主要包括现金日记账的格式与登记方法、银行存款日记账的格式与登记方法、总分类账的格式与登记方法、明细分类账的格式与登记方法。

五是对账与结账。对账就是核对账目，是对账簿记录所进行的核对工作。结账是一项将账簿记录定期结算清楚的账务工作。

六是错账查找与更正的方法。错账查找方法有顺查法、逆查法、抽查法、余额复核法、二除法和九除法，错账更正方法主要有画线更正法、红字更正法和补充登记法。

技能强化

一、单项选择题

1. 将账簿划分为序时账簿、分类账簿和备查账簿的依据是（　　）。

A. 账簿的登记方式　　B. 账簿的用途

C. 账簿的登记内容　　D. 账簿的外在形式

2. 关于账簿的使用，下列说法错误的是（　　）。

A. 订本账预留太多导致浪费，预留太少则影响连续登记

B. 活页账登账方便，可以根据业务的多少添加，因此收付款业务多的单位的现金日记账和银行存款日记账可以采用此种格式

C. 固定资产明细账一般采用卡片账

D. 总分类账一般使用订本账

3. 企业可不设置的账簿是（　　）。

A. 日记账　　B. 总分类账簿　　C. 明细分类账簿　　D. 备查账簿

4. 明细账一般采用（　　）。

A. 两栏式账页簿　　B. 活页账簿　　C. 三栏式账簿　　D. 数量金额式账簿

5. 对序时账簿和分类账簿中不能记载的各项，进行补充登记的账簿是（　　）。

A. 日记账　　B. 总分类账簿　　C. 备查账簿　　D. 卡片账簿

6. 登记总分类账和明细分类账的方法是（　　）。

A. 平行登记法　　B. 汇总登记法　　C. 分类登记法　　D. 逐笔登记法

7. 在我国，现金日记账和银行存款日记账要选用（　　）。

A. 活页账簿　　B. 订本账簿

C. 卡片账簿　　D. 自己认为合适的账簿

8. 某会计人员在填制记账凭证时误将科目名称应付账款写成应收账款，并已入账，查账时发现，更正的方法是（　　）。

A. 画线更正法　　B. 红字更正法　　C. 补充登记法　　D. 重做

9. 不需要按月结计本期发生额的账户是（　　）。

A. 其他应收款明细账　　B. 现金日记账

C. 银行存款日记账　　　　　　D. 管理费用明细账

10. 企业在记录管理费用时，通常所采用的明细账格式是（　　）。

A. 多栏式明细账　　　　　　B. 数量金额式明细账

C. 卡片明细账　　　　　　D. 横线登记式明细账

二、多项选择题

1. 采用红墨水记账的情形有（　　）。

A. 按红字冲账的记账凭证冲销错误记录

B. 在不设置借贷等栏的多栏式账页中，登记减少数

C. 在三栏式账户的余额栏前未印明余额方向的，在余额栏内登记负数余额

D. 结账

2. 下列关于会计账簿的说法，正确的有（　　）。

A. 账簿按其格式的不同，可分为序时账簿、分类账簿和备查账簿

B. 序时账簿能提供连续系统的信息，反映企业资金运动的全貌

C. 分类账簿是按照经营与决策的需要而设置的账户，反映资金运动的各种状态、形式及构成

D. 备查账簿的登记可能不需要记账凭证，甚至不需要一般意义上的原始凭证

3. 以下表述错误的有（　　）。

A. 多栏式明细账一般适用于资产类账户

B. 在会计核算中，一般应通过财产清查进行账实核对

C. 因记账凭证错误而造成的账簿记录错误，一定采用红字更正法进行更正

D. 各种日记账、总账及债权债务明细账都可采用三栏式账簿

4. 错账更正的方法一般有（　　）。

A. 平行登记法　　B. 画线更正法　　C. 补充登记法　　D. 红字更正法

5. 设置和登记会计账簿的作用概括起来主要有（　　）。

A. 记载和储存会计信息　　　　　　B. 分类和汇总会计信息

C. 检查和校正会计信息　　　　　　D. 编报和输出会计信息

6. （　　）一般需要采用订本式账簿。

A. 总分类账　　　　　　B. 现金日记账

C. 银行存款日记账　　　　　　D. 明细分类账

7. 账账核对的内容有（　　）。

A. 总分类账簿有关账户的余额核对

B. 总分类账簿与所属明细分类账簿核对

C. 总分类账簿与序时分类账簿核对

D. 会计部门财产物资明细账期末余额与保管部门的财产物资明细分类账期末余额核对

8. 结账时，正确的做法有（　　）。

A. 结出当月发生额的，在“本月合计”下面通栏画单红线

B. 结出本年累计发生额的，在“本年合计”下面通栏画单红线

C. 12 月末，结出全年累计发生额的，在下面通栏画单红线

D. 12 月末，结出全年累计发生额的，在下面通栏画双红线

9. 下列对账簿的表述中，正确的有（　　）。

A. 账簿是全面、系统、连续地记录各项经济业务的簿记

B. 账簿是连接会计凭证和会计报表的中间环节

C. 账簿是记录经济业务发生和完成情况的有效证明

D. 账簿是保证财产物资安全完整的重要手段

10. 下列账簿属于备查账簿的有（　　）。

A. 租入的固定资产登记簿　　B. 委托加工材料登记簿

C. 出租出借包装物登记簿　　D. 应付、应收票据登记簿

三、判断题

1. 账簿书写一般应占格距的 1/2。（　　）

2. 企业应于新会计年度建账时更换账簿。（　　）

3. 登记账簿时，发生的空行、空页一定要补充书写，不得注销。（　　）

4. 账簿记录发生错误时，不得刮擦、挖补，但可以在领导同意的情况下进行涂改。（　　）

5. 账簿记录正确并不一定保证账实相符。（　　）

6. 总分类账最常用的格式为多栏式账簿。（　　）

7. 总分类账的借、贷本期发生额和期末余额与所属明细分类账的借、贷本期发生额和期末余额核对相符。（　　）

8. 所有的账簿每年都要更换新账。（　　）

9. 登记账簿要用蓝黑墨水或者碳素墨水书写，绝对不得使用圆珠笔或者铅笔书写。（　　）

10. 没有余额的账户，应在“借或贷”栏内写“平”字，并在“余额”栏内用“θ”表示，应当放在“元”位。（　　）

四、简答题

1. 简述会计账簿的种类。
2. 如何登记银行存款日记账？
3. 如何对账、结账？
4. 简述错账更正方法的适用范围及具体操作。
5. 会计账簿如何更换？

项目八　会计核算程序

任务一　会计核算程序概述

一、会计核算的相关概念

1. 会计核算程序

会计核算程序又称会计核算组织形式，指在会计核算中，账簿组织、记账程序和会计报表有机结合的形式。

2. 账簿组织

账簿组织是指会计凭证和账簿的种类、账簿的格式及账簿之间的相互关系。

3. 记账程序

记账程序是指从填制审核会计凭证，登记各种账簿，直到编制财务会计报告的整个会计处理程序。

4. 会计报表

会计报表要符合经营管理的要求，为报表使用者提供用以进行管理和决策的会计信息，管理和决策的要求决定会计报表的种类、项目。

二、会计核算的步骤

会计核算的步骤一般为：

(1) 设置账户（对会计核算的具体内容进行分类核算和监督）。

(2) 复式记账（对所发生的每项经济业务进行登记）。

(3) 填制和审核凭证（审查经济业务是否合法）。

(4) 登记账簿（以审核无误的会计凭证为依据在账簿中分类）。

(5) 成本计算（经营过程中发生的各种费用）。

(6) 财产清查（盘点实物，核对账目）。

（7）编制财务报表（反映企业经济活动情况）。

三、会计核算程序的作用

会计核算程序可以发挥以下作用。

（1）可以使会计数据的处理过程有条不紊地进行，确保会计记录正确、完整，会计信息相关、可靠。

（2）可以减少不必要的会计核算环节和手续，节约人力、物力和财力，提高会计工作效率。

（3）对会计核算工作的分工协作、责任划分，充分发挥会计工作的监督职能，也有重要意义。

【练8－1】（单选）在会计核算中填制和审核会计凭证、根据会计凭证登记账簿、根据账簿记录编制会计报表，这个过程以及三者的结合方式称为（　　）。

A. 会计凭证传递　　B. 会计账簿组织

C. 会计工作组织　　D. 账务处理程序

【练8－2】（判断）企业提高会计核算质量、充分发挥会计工作效能的一个重要前提就是选用适当的账务处理程序。（　　）

任务二　记账凭证核算程序

记账凭证账务处理程序是指对所发生的经济业务事项，根据原始凭证或汇总原始凭证编制记账凭证，然后直接根据记账凭证逐笔登记总分类账的一种账务处理程序。

一、记账凭证账务处理程序的一般步骤

记账凭证账务处理程序的一般步骤如下。

（1）根据原始凭证编制汇总原始凭证。

（2）根据原始凭证或汇总原始凭证编制收款凭证、付款凭证和转账凭证（也可采用通用的记账凭证）。

（3）根据收款凭证、付款凭证逐笔登记现金日记账和银行存款日记账。

（4）根据原始凭证、汇总原始凭证和记账凭证登记各种明细分类账。

（5）根据记账凭证逐笔登记总分类账。

（6）期末，现金日记账、银行存款日记账和明细分类账的余额同有关总分类账的余额核对相符。

（7）期末，根据总分类账和明细分类账的记录编制会计报表。

记账凭证账务处理程序如图 8－1 所示。

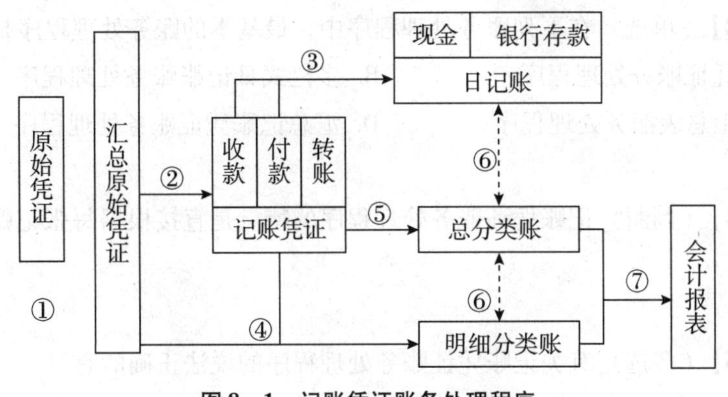

图 8－1 记账凭证账务处理程序

【例 8－1】（判断）企业只能根据记账凭证登记各种明细分类账。（ ）

【解析】错误。企业可根据原始凭证、汇总原始凭证和记账凭证登记各种明细分类账。一般情况下，明细账的登记依据为记账凭证，但为了反映详细的核算资料，有时也需要以一些原始凭证为依据，并且有些具备记账凭证各项目的原始凭证也能代替记账凭证。

二、记账凭证账务处理程序的特点、优缺点及适用范围

（一）特点

在记账凭证账务处理程序下，会计人员直接根据记账凭证逐笔登记总分类账。它是会计核算中最基本的账务处理程序，其他账务处理程序都是在该种账务处理程序的基础上发展、演变而成的。

（二）优缺点

记账凭证账务处理程序的优点是记账程序简单明了、易于理解，总分类账可以较详细地反映经济业务的发生情况；其缺点是登记总分类账的工作量较大。

（三）适用范围

记账凭证账务处理程序适用于规模较小、经济业务量较少的单位。在经济业务量较多的单位，若采用记账凭证账务处理程序，为了简化编制记账凭证和减少登记总分类账的工作量，应尽量将内容相同的原始凭证先汇总编制成汇总原始凭证，再根据汇总原始凭证填制记账凭证。

【练8-3】（单选）在下列账务处理程序中，最基本的账务处理程序是（　　）。

A. 记账凭证账务处理程序　　B. 多栏式日记账账务处理程序

C. 科目汇总表账务处理程序　　D. 汇总记账凭证账务处理程序

【练8-4】（判断）记账凭证账务处理程序的特点是直接根据每张记账凭证逐笔登记总分类账。（　　）

【练8-5】（多选）有关记账凭证账务处理程序的说法正确的有（　　）。

A. 优点是简单明了、易于理解

B. 缺点是登记总分类账的工作量较大

C. 能进行试算平衡

D. 适用于规模较小、经济业务量较少的单位使用

任务三　科目汇总表核算程序

科目汇总表账务处理程序又称记账凭证汇总表账务处理程序。它是根据记账凭证定期编制科目汇总表，再根据科目汇总表登记总分类账的一种账务处理程序。

【例8-2】（思考）科目汇总表是如何编制的?

【解析】科目汇总表的编制方法是根据一定时期内的全部记账凭证，按照相同的会计科目归类，定期汇总出每一个会计科目的借方本期发生额和贷方本期发生额，并填写在科目汇总表的相关栏内。科目汇总表可定期汇总，如按5日、10日或15日汇总一次，也可每月汇总一次，只编制一张；也可定量汇总，如按每本装订成册的记账凭证汇总一次，并将科目汇总表附在每本凭证上。任何格式的科目汇总表，都只反映各个会计科目的借方本期发生额和贷方本期发生额，不反映各个会计科目之间的对应关系。

一、科目汇总表账务处理程序的一般步骤

科目汇总表账务处理程序的一般步骤如下。

(1) 根据原始凭证编制汇总原始凭证。

(2) 根据原始凭证或汇总原始凭证编制记账凭证。

(3) 根据收款凭证、付款凭证逐笔登记现金日记账和银行存款日记账。

(4) 根据原始凭证、汇总原始凭证和记账凭证登记各种明细分类账。

(5) 根据各种记账凭证编制科目汇总表。

(6) 根据科目汇总表登记总分类账。

(7) 期末，现金日记账、银行存款日记账和明细分类账的余额同有关总分类账的余额核对相符。

(8) 期末，根据总分类账和明细分类账的记录编制会计报表。

科目汇总表账务处理程序如图 8－2 所示。

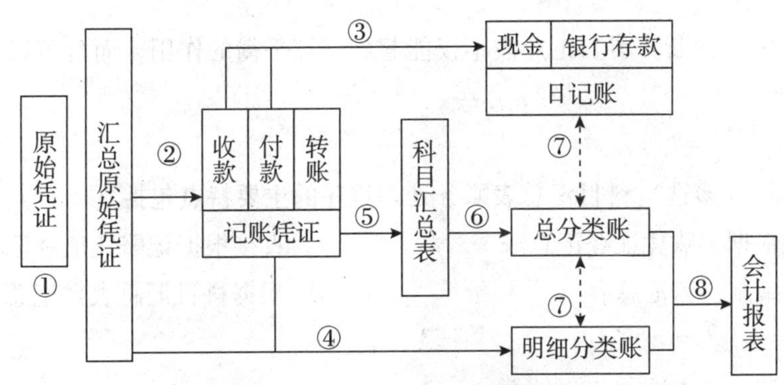

图 8－2 科目汇总表账务处理程序

二、科目汇总表账务处理程序的特点、优缺点及适用范围

(一) 特点

科目汇总表账务处理程序的主要特点是先根据记账凭证，按各个会计科目定期归类、汇总编制科目汇总表，然后根据科目汇总表分次或分期登记总分类账（总分类账可以根据每次汇总编制的科目汇总表随时进行登记，也可以在月末根据科目汇总表的借方发生额和贷方发生额的全月合计数一次登记），从而简化总分类账的登记工作。

（二）优缺点

科目汇总表账务处理程序的优点是科目汇总表的编制和使用较为简便，易学易做；根据科目汇总表一次或分次登记总分类账，可以大大减少登记总分类账的工作量；另外，科目汇总表还能起到试算平衡的作用，有利于保证总账的正确性。它的缺点是在科目汇总表和总分类账中，不反映各账户的对应关系，因而不便根据账簿记录分析经济业务的来龙去脉，不便查对账目。

（三）适用范围

科目汇总表账务处理程序适用于所有类型的单位，尤其适用于经济业务量较多的单位。

【练8－6】（判断）科目汇总表账务处理程序，是以科目汇总表作为登记总账和明细账的依据的。（　　）

【练8－7】（判断）科目汇总表不仅能起到试算平衡的作用，而且可以反映账户之间的对应关系。（　　）

【练8－8】（多选）科目汇总表账务处理程序的主要特点包括（　　）。

A. 直接根据记账凭证登记总账　　B. 直接根据记账凭证登记明细账

C. 定期编制科目汇总表　　D. 根据科目汇总表登记总账

任务四　汇总记账凭证核算程序

汇总记账凭证账务处理程序是根据原始凭证或原始凭证汇总表编制记账凭证，定期根据记账凭证分类编制汇总收款凭证、汇总付款凭证和汇总转账凭证，再根据汇总记账凭证登记总分类账的一种账务处理程序。

一、汇总记账凭证的编制

（一）汇总收款凭证的编制

汇总收款凭证（见表8－1）是按照库存现金和银行存款科目的借方分别设置的一种汇总记账凭证。它将一定时期内发生的库存现金和银行存款收款业务进行汇总，其编制的方法是将一定时期内需要汇总的收款凭证，按其对应的贷方科目进行归类，计算出每一个贷方科目发生额总计数，填入汇总收款凭证中。一般是5天或10天汇总一次，每月编制一张。月终时，计算出每个贷方发生额合计数，据以登记总分类账。

表8－1 **汇总收款凭证**

借方科目：银行存款 年 月 日 第 号

贷方科目	金额				总账账页	
	1—10日	11—20日	21—30日	合计	借方	贷方
合计						

（二）汇总付款凭证的编制

汇总付款凭证（见表8－2）是按库存现金、银行存款科目的贷方分别设置的一种汇总记账凭证。它将一定时期内发生的库存现金和银行存款付款业务进行汇总，其编制方法是将一定时期（5日或10日）内全部付款凭证按其借方科目进行归类，计算借方科目发生额的合计数，填入汇总付款凭证中，定期填制一次，每月编制一张。月末，结算出汇总付款凭证的合计数，据以登记总账中库存现金、银行存款的贷方及其对应账户的借方。

表8－2 **汇总付款凭证**

贷方科目：库存现金 年 月 日 第 号

借方科目	金额				总账账页	
	1—10日	11—20日	21—30日	合计	借方	贷方
合计						

（三）汇总转账凭证的编制

汇总转账凭证（见表8－3）应当按照每一科目的贷方分别设置，并根据转账凭证对应的借方科目归类，每5天或10天定期填列一次，每月填制一张。月终，根据汇总转账凭证的合计数分别记入总分类账户中各个应借账户的借方，以及每一张汇总转账凭证所列的应贷账户的贷方。

需要注意的是，为了便于填制汇总转账凭证，平时填制转账凭证时，应填制一借一贷或多借一贷的转账凭证，不要编制一借多贷或多借多贷对应关系的转账凭证。另外，如果在汇总期内，某一贷方科目的转账凭证为数不多，也可不填制汇总转账凭证，而直接根据转账凭证记入总分类账。

表8－3 **汇总转账凭证**

贷方科目： 年 月 日 第 号

借方科目	金额				总账账页	
	1—10日	11—20日	21—30日	合计	借方	贷方
合计						

【练8－9】（判断）汇总记账凭证包括汇总收款凭证、汇总付款凭证和汇总转账凭证。（ ）

【练8－10】（判断）汇总转账凭证是按每一科目的贷方分别设置的记账凭证。（ ）

【练8－11】（多选）采用汇总记账凭证核算程序，平时填制转账凭证的会计分录应为（ ）。

A. 一借多贷 B. 多借多贷

C. 一借一贷 D. 一贷多借

二、汇总记账凭证账务处理程序的一般步骤

汇总记账凭证账务处理程序的一般步骤如下。

（1）根据原始凭证编制汇总原始凭证。

（2）根据原始凭证或汇总原始凭证编制收款凭证、付款凭证和转账记账凭证，也可采用通用的记账凭证。

（3）根据收款凭证、付款凭证逐笔登记现金日记账和银行存款日记账。

（4）根据原始凭证、汇总原始凭证和记账凭证登记各种明细分类账。

（5）根据各种记账凭证编制有关汇总记账凭证，包括汇总收款凭证、汇总付款凭证和汇总转账凭证。

（6）根据各种汇总记账凭证登记总分类账。

（7）期末，现金日记账、银行存款日记账和明细分类账的余额同有关总分类账的余额核对相符。

（8）期末，根据总分类账和明细分类账的记录编制会计报表。

汇总记账凭证账务处理程序如图 8－3 所示。

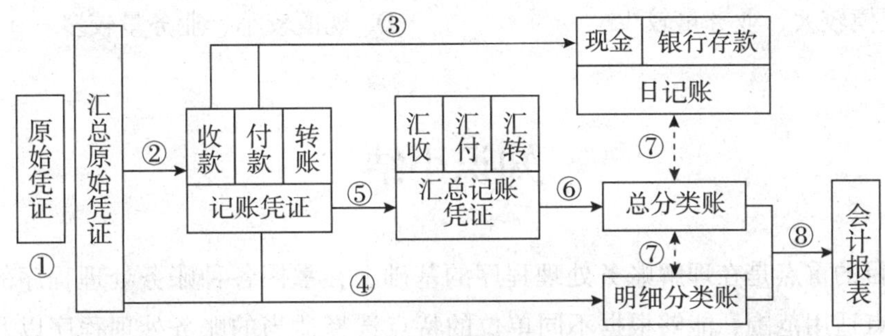

图 8－3 汇总记账凭证账务处理程序

三、汇总记账凭证账务处理程序的特点、优缺点及适用范围

（一）特点

汇总记账凭证账务处理程序的特点是先根据记账凭证定期编制成各种汇总记账凭证，再根据各种汇总记账凭证登记总分类账。汇总记账凭证账务处理程序是在记账凭证账务处理程序的基础上发展起来的，它与记账凭证账务处理程序的主要区别是在记账凭证和总分类账之间增加了汇总记账凭证。

（二）优缺点

汇总记账凭证账务处理程序的优点是减少了登记总分类账的工作量，由于按照账

户对应关系汇总编制记账凭证，便于了解账户之间的对应关系；其缺点是按每一科目的贷方编制汇总转账凭证，不利于会计核算的日常分工，并且当转账凭证较多时，编制汇总转账凭证的工作量较大。

（三）适用范围

汇总记账凭证账务处理程序适用于规模较大、经济业务量较多的单位。

【练8－12】（单选）汇总记账凭证账务处理程序的特点是根据（　　）登记总账。

A. 记账凭证　B. 汇总记账凭证　C. 科目汇总表　D. 多栏式日记账

【练8－13】（多选）汇总记账凭证账务处理程序的优点包括（　　）。

A. 便于会计核算的日常分工　B. 便于了解账户之间的对应关系

C. 能进行试算平衡　D. 减少了登记总分类账的工作量

【练8－14】（单选）汇总记账凭证账务处理程序适用于（　　）的单位。

A. 规模较小、业务量较少　B. 规模较大、业务量较多

C. 规模较大、业务量较少　D. 规模较小、业务量较多

知识小结

本项目的重点是在理解账务处理程序的基础上，掌握各种账务处理程序的主要特点、优缺点适用范围，能够根据不同单位的特点选择适当的账务处理程序以及掌握各种账务处理程序的一般步骤。

本项目的主要内容包括以下四个方面。

一是会计核算程序概述。账务处理程序又称会计核算程序或会计核算组织形式，是指在会计核算中，账簿组织、记账程序、会计报表有机结合的形式。

二是记账凭证核算程序。记账凭证账务处理程序是基本的账务处理程序，其他账务处理程序都是在其基础上演变和发展形成的。

三是科目汇总表核算程序。科目汇总表账务处理程序可以做到试算平衡，简单易懂，方便易学。

四是汇总记账凭证核算程序。汇总记账凭证账务处理程序可以清晰地反映科目之间的对应关系，便于核对和分析账目。

技能强化

一、单项选择题

1. 关于记账凭证账务处理程序，下列说法中不正确的是（　　）。
A. 根据记账凭证逐笔登记总分类账是最基本的账务处理程序
B. 简单明了、易于理解，总分类账可以较详细地反映经济业务的发生情况
C. 登记总分类账的工作量较大
D. 适用于规模较大、经济业务量较多的单位
2. 下列不属于科目汇总表账务处理程序优点的是（　　）。
A. 科目汇总表的编制和使用较为简便，易学易做
B. 可以清晰地反映科目之间的对应关系
C. 可以大大减少登记总分类账的工作量
D. 科目汇总表可以起到试算平衡的作用，保证总账登记的正确性
3. 记账凭证账务处理程序的适用范围是（　　）。
A. 规模较大、经济业务量较多的单位　　B. 规模较小、经济业务量较多的单位
C. 规模较小、经济业务量较少的单位　　D. 会计基础工作比较薄弱的单位
4. 各种账务处理程序的区别主要体现在（　　）。
A. 明细分类账登记的依据和方法不同　　B. 日记账登记的依据和方法不同
C. 总分类账登记的依据和方法不同　　D. 会计报表编制的依据和方法不同
5. 能够试算平衡的账务处理程序是（　　）。
A. 记账凭证账务处理程序　　B. 汇总记账凭证账务处理程序
C. 科目汇总表账务处理程序　　D. 日记总账账务处理程序
6. 各种账务处理程序的区别是（　　）。
A. 编制记账凭证的依据不同　　B. 登记明细分类账的依据不同
C. 登记总分类账依据不同　　D. 登记日记账依据不同
7. 适用于规模较小单位的账务处理程序是（　　）。
A. 记账凭证账务处理程序　　B. 汇总记账凭证账务处理程序
C. 科目汇总表账务处理程序　　D. 日记总账账务处理程序

8. 下列关于记账凭证账务处理程序优点的表述中正确的是（ ）。

A. 记账程序简单明了，易于理解

B. 登记总分类账的工作量较小

C. 总分类账无法详细反映经济业务的发生情况

D. 具有试算平衡的作用，有利于保证总账登记的正确性

9. 能够清晰反映科目对应关系的是（ ）。

A. 记账凭证账务处理程序　　B. 汇总记账凭证账务处理程序

C. 科目汇总表账务处理程序　　D. 日记总账账务处理程序

10. （ ）账务处理程序是最基本的一种账务处理程序。

A. 日记总账　　B. 汇总记账凭证　　C. 科目汇总表　　D. 记账凭证

二、多项选择题

1. 各种账务处理程序的共同点包括（ ）。

A. 记账凭证编制依据相同　　B. 会计报告编制依据相同

C. 登记明细分类账依据相同　　D. 登记总分类账依据相同

2. 下列各项中，在汇总记账凭证账务处理程序下应设置的有（ ）。

A. 收款凭证、付款凭证、转账凭证

B. 汇总收款凭证、汇总付款凭证、汇总转账凭证

C. 银行存款日记账和现金日记账

D. 总分类账和明细分类账

3. 下列选项中，属于科学、合理地选择适用于本单位的账务处理程序的意义有（ ）。

A. 有利于会计工作程序的规范化　　B. 有利于增强会计信息可靠性

C. 有利于提高会计信息的质量　　D. 有利于保证会计信息的及时性

4. 在我国，常用的账务处理程序主要有（ ）。

A. 记账凭证账务处理程序　　B. 汇总记账凭证账务处理程序

C. 科目汇总表账务处理程序　　D. 多栏式日记账账务处理程序

5. 以记账凭证为依据，按有关账户的贷方设置，按借方账户归类的是（ ）。

A. 汇总收款凭证　　B. 汇总转账凭证

C. 汇总付款凭证　　D. 科目汇总表

6. 在不同的会计核算组织程序下，登记总账的依据可以是（ ）。

A. 记账凭证　　B. 汇总记账凭证

C. 科目汇总表　　D. 汇总原始凭证

7. 对于汇总记账凭证账务处理程序，下列说法错误的有（　　）。

A. 登记总账的工作量大

B. 不能体现账户之间的对应关系

C. 明细账与总账无法核对

D. 当转账凭证较多时，汇总转账凭证的编制工作量较大

8. 以下属于记账凭证账务处理程序优点的是（　　）。

A. 简单明了、易于理解

B. 总分类账可较详细地记录经济业务发生情况

C. 便于进行会计科目的试算平衡

D. 减少了登记总分类账的工作量

9. 下列不属于科目汇总表账务处理程序优点的是（　　）。

A. 便于反映各账户间的对应关系　　B. 便于进行试算平衡

C. 便于检查核对账目　　D. 简少登记总账的工作量

10. 汇总记账凭证账务处理程序下登记总账的依据有（　　）。

A. 汇总收款凭证　　B. 汇总付款凭证

C. 科目汇总表　　D. 汇总转账凭证

三、判断题

1. 账务处理程序是指会计凭证、会计账簿、会计报表之间相结合的方式，由于结合的方式不同，所以形成了不同的账务处理程序。（　　）

2. 记账凭证账务处理程序根据原始凭证登记总分类账。（　　）

3. 无论采用何种账务处理程序，报表的编制方法是相同的。（　　）

4. 汇总记账凭证账务处理程序的主要特点是先将记账凭证定期汇总，然后再按汇总数登记总分类账。（　　）

5. 无论采用何种账务处理程序，明细账既可以根据记账凭证登记，也可以根据原始凭证或汇总原始凭证登记。（　　）

6. 科目汇总表账务处理程序和汇总记账凭证账务处理程序的主要相同点是汇总的方法一致。（　　）

7. 同一单位可以同时采用几种不同的账务处理程序。（　　）

8. 记账凭证账务处理程序最主要的缺点是不便于查对账目。（　　）

9. 不同的账务处理程序的主要区别是登记总账的依据不同。（　　）

10. 账务处理程序也称会计核算组织程序或会计核算形式。（　　）

四、简答题

1. 什么是账务处理程序？
2. 简述记账凭证账务处理程序的一般步骤。
3. 简述科目汇总表账务处理程序的一般步骤。
4. 简述汇总记账凭证账务处理程序的一般步骤。
5. 比较三种账务处理程序的优缺点及适用范围。

项目九　财产清查

任务一　财产清查概述

一、财产清查的基本内容

（一）财产清查的概念

财产清查是指通过对货币资金、实物资产和往来款项的盘点或核对等，确定其实存数量与价值，从而查明其账面记载与实存数量、金额是否相符的专门方法。

【例9－1】（判断）对各种实物的清查，就是要查清实物资产的实际数量。（　　）
【解析】错误。在财产清查中，要确定其实存数量，也要确定其价值。

【练9－1】（单选）财产清查是通过实地盘点、查证核对来查明（　　）是否相符的一种方法。

A. 账证　　B. 账账　　C. 账实　　D. 账表

（二）财产清查的范围

财产清查的范围相当广泛，包括本单位的全部资产和权益，也包括暂不在本单位存放的，以及虽属外单位或个人所有但存放在本单位的财产物资。

工业企业财产清查的范围包括以下五个方面。

（1）货币资金的清查主要是对库存现金和银行存款的清查。

（2）各种存货的清查主要包括对库存原材料、燃料、周转材料、库存商品、在产品、自制半成品、外购商品等的清查。

（3）固定资产的清查主要包括机器设备、厂房、汽车以及在建工程等的清查。

（4）委托加工或受托加工的材料以及租赁的固定资产、周转材料的清查。

（5）应收、应付、预收、预付等各种往来款项的清查。

【例9－2】（单选）财产清查是对（　　）进行盘点和核对，确定其实存数，并检查其账存数和实存数是否相符的一种专门方法。

A. 存货　　B. 固定资产　　C. 各项财产　　D. 货币资金

【解析】 正确答案为C项。财产清查的范围包括企业的各项财产，而不是其中的某项资产。

（三）财产清查的原因

企业各项财产物资的增减变动和结存情况，都是通过账簿记录来反映的。但一些主客观因素往往可能导致账实不符的情况。造成账实不符的主要原因如下。

（1）在收发财产物资时，由于计量、检验不准确而发生品种、数量或质量上的差错。

（2）账务处理中出现漏记、重记、错记或计算上的错误。

（3）财产物资在保管过程中发生自然损耗或升溢。

（4）未达账项。

（5）管理不善、工作人员失职以及不法分子的营私舞弊、贪污盗窃。

（6）发生自然灾害和意外事故而造成财产物资损毁。

【例9－3】（多选）造成账实不符的原因包括（　　）。

A. 储存中发生自然损耗　　B. 财产物资收发计量错误

C. 财产物资的损耗、被盗　　D. 账簿的漏记、重记

【解析】 正确答案为A、B、C、D项。

【练9－2】（判断）造成账实不符的原因很多，如财产物资的自然损耗、收发差错。　　（　　）

（四）财产清查的意义

财产清查是会计核算的一种专门方法，适当运用财产清查的方法，对维护财经纪律、改善经营管理、发挥会计监督职能都具有重要意义。

（1）保证账实相符，使所提供的会计资料真实可靠。通过财产清查，可以查明各项财产物资的实存数，确定实存数和账存数之间的差异，查明原因，明确责任，采取措施，消除差错，保证账实相符，提高会计资料的准确性。

（2）检查保管情况，确保财产物资的安全与完整。通过财产清查，检查各项财产物资的保管情况是否良好，有无因管理不善造成霉烂、变质、损失浪费，或者有无非法挪用、贪污盗窃的情况，改善管理，建立健全各项管理制度，切实保障各项财产物

资的安全与完整。

（3）加速资金周转，提高资金使用效率。通过财产清查，可以查明各项财产物资的库存和使用情况，发现有无超储积压或储备不足以及不配套等情况，合理安排生产经营活动，充分利用各项财产物资，加速资金周转，提高财产物资的利用率，提高使用效益。

通过财产清查，可以发现财产物资管理工作中存在的各种问题，积极完善财产管理的内部控制制度，保证财经纪律和结算制度的贯彻执行。

【例9－4】（多选）财产清查的意义包括（　　）。

A. 可以确保各项财产物资不会被非法挪用

B. 提高资金的使用效率

C. 可以查明各项财产物资的实有数量，确定账实之间的差异，查明原因，明确责任

D. 提高会计资料的准确性

【解析】正确答案为B、C、D项。

【练9－3】（多选）财产清查主要解决的问题有（　　）。

A. 确定单位财产物资的实存数和债权、债务的实际余额

B. 查明财产物资的实存数与账面数的差异及其产生的原因

C. 调整账目，达到账实相符

D. 不断发现和解决会计核算和会计管理方面的问题

二、财产清查的种类

（一）按清查的范围分类

按清查的范围划分，财产清查可分为全面清查和局部清查。

1. 全面清查

全面清查是指对属于本单位或存放在本单位的全部财产物资进行的清查。具体对象包括库存现金、银行存款等各种货币资产，存货、固定资产等各项实物资产，应收应付款、预收预付款等各种往来结算等。

全面清查范围广、内容多、工作量大，一般只在以下情况下进行。

（1）年终决算前。

（2）单位发生撤销、合并、重组、股份制改造。

（3）单位主要负责人变动等。

【例9-5】（单选）对所有的财产进行全面盘点和核对的是（　　）。

A. 定期清查　　B. 不定期清查　　C. 全面清查　　D. 局部清查

【解析】正确答案为C项。局部清查是指根据需要只对部分财产物资进行的清查，具体对象通常是流动性较强的财产，如现金、原材料、在产品及产成品等。

【练9-4】（单选）财产清查按照（　　）可以分为全面清查和局部清查。

A. 清查的时间　　B. 清查的方法　　C. 清查的地点　　D. 清查的范围

2. 局部清查

局部清查是指对企业的部分实物资产和债权债务进行的盘点与核对。其特点是清查范围小、涉及的财产物资和人数都比较少，可根据需要灵活进行。一般有以下四种。

（1）对于库存现金，每日终了应由出纳人员清点核对一次。

（2）对于银行存款，要根据银行对账单每月至少核对一次。

（3）对于原材料、在产品、产成品，除年度清查外，还必须有计划地每月重点抽查，对于贵重的财产物资，应每月清查盘点一次。

（4）对于债权债务，每年应与有关单位至少核对一次。

【例9-6】（多选）局部清查是对一个单位的部分财产物资进行清查。对（　　）等财物，一般在年中应进行局部清查。

A. 产成品　　B. 贵重物品　　C. 库存现金　　D. 机器设备

【解析】正确答案为A、B、C、D项。

【练9-5】（单选）对贵重物资一般要经常进行（　　）清查，至少每月清查盘点一次。

A. 局部清查　　B. 全面清查　　C. 不定期清查　　D. 非重点清查

（二）按清查的时间分类

按清查的时间划分，财产清查可分为定期清查和不定期清查。

1. 定期清查

定期清查是指根据管理制度的规定和预先计划安排的时间进行的财产清查。定期清查的范围不确定，可以是全面清查（如年终决算前的清查），也可以是局部清查（如月末、季末对货币资金和贵重物资等进行的清查），一般在月末、季末或年末结账时进行。

2. 不定期清查

不定期清查是根据需要进行的临时性清查，也称临时清查。不定期清查可以是全面清查，也可以是局部清查。一般来说，如果更换出纳人员和实物资产的保管人员，单位发生撤销、合并、重组等事项，或者发生贪污盗窃、营私舞弊等事件，或者发生自然灾害和意外事故导致财产损毁等，应根据实际情况的需要进行财产清查。

【例9-7】（判断）一般情况下，全面清查是定期清查，局部清查是不定期清查。（　　）

【解析】 错误。定期清查与不定期清查的范围不确定，可以是全面清查，也可以是局部清查。同样，全面清查与局部清查可以是定期清查，也可以是不定期清查。

【练9-6】（单选）因更换出纳人员而对现金进行盘点和核对属于（　　）。

A. 全面清查和不定期清查　　B. 全面清查和定期清查

C. 局部清查和不定期清查　　D. 局部清查和定期清查

三、财产清查的盘存制度

财产清查的重要环节是盘点财产的实存数量，为使盘点工作顺利进行，应建立一定的盘存制度。确定实物财产账面结存的盘存制度一般有实地盘存制和永续盘存制两种方法。

1. 实地盘存制

实地盘存制也称以存计耗制，是对企业的各项财产物资不进行连续地记录，平时只在账簿中登记其购进或收入等增加数，不登记其销售或耗用等减少数，期末根据实地盘点确定的结存数倒挤出财产物资的减少数，并据以登记有关账簿的盘存制度。计算公式为

$$期末结存金额=期末财产物资盘点数量\times 单价$$

$$本期减少金额=期初账面结存金额+本期增加金额-期末结存金额$$

【例9-8】（思考）简述实地盘存制的优缺点。

【解析】 优点：简化了日常财产物资的核算。缺点：①由于平时不做财产物资的减少记录，发出手续不严密，不利于日常对财产物资的管理和控制；②由于财产物资的减少数量是个倒挤数，就有可能掩盖了非正常原因减少的财产物资，会计资料会失真；③由于每个会计期末对财产物资进行盘点，要花费大量的人力、物力，加大了工作量，会影响会计工作的及时性。在实际工作中，实地盘存制一般只适用于规模较小的企业或者是价值很低、易于损耗、消耗频繁和计量确实有困难的财产物资核算。

2. 永续盘存制

永续盘存制也称账面盘存制，是平时在财产物资的账簿记录中对财产物资的收入数和发出数及其金额逐笔登记，并随时在账簿中结算出各项财产物资结存数的盘存制度。计算公式为

本期减少金额 = 发出财产物资数量 × 单价

期末账面结存金额 = 期初账面结存金额 + 本期增加金额 − 本期减少金额

【例 9 −9】（思考）简述永续盘存制的优缺点。

【解析】优点：采用永续盘存制，可以随时掌握各项财产物资的增减变动和结存情况；尽管日常的会计核算工作比较复杂，但有利于加强财产物资的管理。因此，各单位一般都采用这种盘存制度。缺点：由于种种原因，仍然可能发生账实不符的情况，仍需要对各项财产物资进行定期或不定期清查，以便查明账实是否相符。对于账实不符的，要及时查明原因，按规定进行处理，达到账实相符。

【练 9 −7】（判断）无论是永续盘存制还是实地盘存制，对各项财产物资进行实地清查盘点都是为了账实核对。（ ）

任务二　财产清查的方法

一、财产清查的一般程序

财产清查，尤其是全面清查和较复杂情况下的清查，涉及面广、工作量大，为了保证清查工作有条不紊地进行，一般可按照以下程序组织财产清查工作。

（1）组建清查小组。一般由会计部门、财产保管部门及使用部门等的人员组成。

（2）组织清查人员学习。清查人员要掌握有关法律、法规和相关业务知识，以提高清查工作质量。

（3）确定清查对象、范围，明确清查任务。

（4）制订清查方案。具体安排清查内容、时间、步骤、方法，做好清查前的准备工作。

（5）遵守先数量后质量的原则。清查时本着先清查数量，核对有关账簿记录等，后确定质量的原则进行。

（6）填制盘存清单。

(7) 根据盘存单填制账存实存对比表。

需特别指出的是，现代意义上的财产清查，不仅包括资产实存数量和质量的检查，还应包括资产价值量的测定，并关注资产是否发生减值等情况。

【例9-10】(单选) 以下项目中不属于财产清查基本程序的是（　　）。

A. 清查前的准备工作　　　　B. 账簿核对和实地盘点

C. 清查结果处理　　　　　　D. 复查报告

【解析】正确答案为D项。在上述(1)~(7)基本程序中无复查报告。

二、库存现金的清查

(一) 库存现金的清查方法

库存现金采用实地盘点法进行清查，即通过盘点确定现金的实存数，然后将实存数与现金日记账的账面余额进行核对，以查明账实是否相符及盈亏情况。

现金收支业务频繁，容易出错，出纳人员每日终了都要将现金日记账的账面余额与现金的实存数进行核对，做到账实相符。

单位应定期或不定期组织专门清查。清点库存现金时，出纳人员必须在场，以明确责任；清查时应注意不能用收据、借据等充抵库存现金，注意库存现金是否超过库存限额，注意有无坐支现金的现象等；实地清点现金后，确定现金长短款的数额；现金盘点结束后，应根据盘点的结果及现金日记账核对的情况编制库存现金盘点报告表(见表9-1)，并由会计和出纳人员共同签字或盖章。库存现金盘点报告表兼有盘存单和实存账存对比表的作用，是证明现金实有数额的重要原始凭证，也是查明账实不符原因和据以调整账簿记录的重要依据。

表9-1　　**库存现金盘点报告表**

单位名称：　　　　年　月　日　　　　单位：元

实存金额	账存金额	对比结果		备注
		盘盈	盘亏	

出纳人员：　　　　会计：

【例9-11】(多选) 现金清查的主要内容包括（　　）。

A. 是否有未达账项　　　　B. 是否有白条顶库

C. 是否超限额留存现金　　D. 是否坐支现金

【解析】 正确答案为 B、C、D 项。库存现金清查时应注意不能用收据、借据等充抵库存现金，注意库存现金是否超过库存限额，注意有无坐支现金的现象等。

【练 9 -8】（判断）盘点现金时，出纳人员必须在场，以明确经济责任。（　　）

【练 9 -9】（判断）库存现金盘点报告表应由盘点人员和会计机构负责人共同签章方能生效。（　　）

（二）库存现金清查结果的账务处理

无法查明原因的现金长款应计入营业外收入。出纳人员失职造成的现金短款应由出纳人员赔偿，计入其他应收款；无法查明原因的报经批准后可列入管理费用。

【例 9 -12】 东方公司在财产清查中发现库存现金溢余 500 元，无法查明原因，经批准，列作营业外收入处理。

【解析】 报审批前，根据库存现金盘点报告表所确定的溢余数额编制会计分录如下。

借：库存现金　　500

　贷：待处理财产损溢——待处理流动资产损溢　　500

报审批后，根据上级批准的处理意见分录如下。

借：待处理财产损溢——待处理流动资产损溢　　500

　贷：营业外收入　　500

【例 9 -13】 东方公司在财产清查中发现库存现金短缺 200 元，其中 100 元应由出纳人员李小月负责赔偿，另 100 元无法查明原因。

【解析】 报审批前，根据库存现金盘点报告表所确定的短缺数额编制会计分录如下。

借：待处理财产损溢——待处理流动资产损溢　　200

　贷：库存现金　　200

报审批后，应由出纳人员承担责任的部分由其赔偿，无法查明原因的部分列入管理费用，编制会计分录如下。

借：其他应收款——李小月　　100

　　管理费用　　100

　贷：待处理财产损溢——待处理流动资产损溢　　200

东方公司收回李小月的赔偿款时编制会计分录如下。

借：库存现金　　　　　　　　　　　　　　　　　　　　100

　贷：其他应收款——李小月　　　　　　　　　　　　　　100

【练9-10】（单选）现金清查中，无法查明原因的短款，经批准后计入（　　）。

A. 管理费用　　　B. 财务费用　　　C. 其他应收款　　　D. 营业外支出

三、银行存款的清查

银行存款采用与银行核对账目的方法进行清查。清查前先检查本单位银行存款日记账的正确性与完整性，然后将银行存款对账单与本单位登记的银行存款日记账逐笔核对，以查明银行存款的收入、支出和结余的记录是否正确。

【例9-14】（单选）银行存款的清查是将（　　）。

A. 银行存款日记账与总账核对

B. 银行存款日记账与银行存款收、付款凭证核对

C. 银行存款日记账与银行对账单核对

D. 银行存款总账与银行存款收、付款凭证核对

【解析】 正确答案为C项。银行存款的清查采用与开户银行核对账目的方法进行，即将本单位的银行存款日记账与开户银行转来的对账单逐笔核对，查明银行存款的实有数。

【练9-11】（单选）银行存款的清查一般采用（　　）法。

A. 实地盘点　　　B. 技术推算　　　C. 核对账目　　　D. 抽查盘点

在实际工作中，企业银行存款日记账与银行对账单余额往往不一致，其主要原因包括：一是存在未达账项；二是企业或者银行账目存在错误，发生重记、漏记或者金额、科目记错等问题。

未达账项是企业与银行对同一项经济业务由于凭证传递上的时间差所形成的一方已登记入账，而另一方因未收到相关凭证，尚未登记入账的事项。这包括以下四种情况：①企业送存银行的款项，企业已作为存款增加入账，但银行尚未入账；②企业开出支票或其他付款凭证，企业已作为存款减少入账，但银行尚未付款，未入账；③银行代企业收进的款项，银行已作为企业存款的增加入账，但企业尚未收到通知，未入账；④银行代企业支付的款项，银行已作为企业存款的减少入账，但企业尚未收到通知，未入账。

【例 9－15】（单选）关于未达账项，下列说法错误的是（　　）。

A. 未达账项不是错账、漏账

B. 未达账项只应在银行存款余额调节表中进行调节

C. 未达账项不能据以进行任何的账务处理

D. 对未达账项调节后，单位银行存款日记账账面余额和银行对账单余额一定会一致

【解析】正确答案为 D 项。未达账项必须编制银行存款余额调节表进行调节。由于可能存在记账错误，对未达账项调节后，单位银行存款日记账账面余额和银行存款对账单余额仍可能不相等。

【练 9－12】（多选）产生未达账项的情况有（　　）。

A. 企业已收款入账，而银行尚未收款入账

B. 企业已付款入账，而银行尚未付款入账

C. 银行已收款入账，而企业尚未收款入账

D. 银行已付款入账，而企业尚未付款入账

四、其他货币资金的清查

其他货币资金的清查方法与银行存款的清查基本相同。由于货币资金计量精确，收付手续严格，正常情况下不会出现账实不符的情况。但货币资金流动性强、涉及业务多、出现舞弊的风险高，因此如果发现货币资金账实不符，哪怕只是细微的差错也不容忽略。

五、实物资产的清查方法

实物清查主要包括对各种存货以及固定资产等财产物资的清查。由于实物的形态、体积、质量、堆放方式等有所不同，因而所采用的清查方法也有所不同。比较常用的清查方法有实地盘点法和技术推算法。

（一）实地盘点法

实地盘点法是指在财产物资存放现场逐一清点数量或用计量仪器确定实存数的一种方法。其适用的范围较广，大多数财产物资的清查都可以采用这种方法。

（二）技术推算法

技术推算法是指通过量方计尺等技术方法推算财产物资实存数的方法。这种方法

适用于量大、成堆而价值又不高，难以逐一清点的财产物资的清查，如露天堆放的砂石、煤炭等。从本质上讲，它是实地盘点法的一种补充方法。

对实物资产进行盘点时，应注意以下几点。

（1）实物保管人员必须在场，并与清查人员一起参与盘点，以明确经济责任。

（2）对实物资产的数量进行清查的同时，还要对实物的质量进行鉴定，可根据不同的实物采取不同的检查方法，如物理法、化学法、直接观察法等。

（3）盘点结果应由有关人员如实填制盘存单（见表9－2），并由盘点人员和实物保管人员共同签字或盖章。盘存单既是记录盘点结果的书面证明，也是反映财产物资实存数的原始凭证。

表9－2 **盘存单**

单位名称： 盘点时间： 编号：

财产类别： 存放地点： 金额单位：

编号	名称	计量单位	数量	单价	金额	备注

盘点人员签章： 保管人员签章：

（4）账存数与实存数进行对比，确定盘盈或盘亏情况，编制实存账存对比表（见表9－3）。该表是用以调整账簿记录的重要原始凭证，也是分析差异、明确经济责任的重要依据。

表9－3 **实存账存对比表**

<table>
<tr><th rowspan="3">编号</th><th rowspan="3">类别及名称</th><th rowspan="3">计量单位</th><th rowspan="3">单价</th><th colspan="8">对比结果</th><th rowspan="3">备注</th></tr>
<tr><th colspan="2">实存</th><th colspan="2">账存</th><th colspan="2">盘盈</th><th colspan="2">盘亏</th></tr>
<tr><th>数量</th><th>金额</th><th>数量</th><th>金额</th><th>数量</th><th>金额</th><th>数量</th><th>金额</th></tr>
<tr><td></td><td></td><td></td><td></td><td></td><td></td><td></td><td></td><td></td><td></td><td></td><td></td><td></td></tr>
</table>

主管人员： 会计： 制表：

（5）对于委托外单位加工、保管的材料、商品、物资以及在途的材料、商品、物资等，可以采用询证的方法与有关单位进行核对，及时查明账实是否相符。

【例9－16】（多选）下列项目中可以采用实地盘点法的有（ ）。

A. 银行存款 B. 固定资产 C. 应收账款 D. 库存现金

【解析】正确答案为B、D项。银行存款采用账目核对法，应收账款采用发函询证法。

【练 9－13】（单选）实物盘点法不适用于（　　）的清查。

A. 固定资产　　B. 原材料　　C. 银行存款　　D. 库存现金

【练 9－14】（判断）技术推算法是指利用技术方法推算财产物资实存数的方法，适用于煤炭、砂石等大宗物资。（　　）

【练 9－15】（多选）实物资产清查常用的方法有（　　）。

A. 实地盘点法　　B. 抽查盘点法　　C. 技术推算法　　D. 核对账目法

六、往来款项的清查方法

往来款项是指各种债权债务结算款项，主要包括应收款项、应付款项和预收、预付款项等。往来款项的清查一般采用发函询证的方法进行。具体做法如下。

（1）在检查单位结算往来款项账目正确性和完整性的基础之上，根据有关明细分类账的记录，按用户编制对账单。

（2）送交对方单位进行核对。对账单一般一式两联，其中一联作为回单。如果对方单位核对相符，应在回单上盖章后退回；如果核对不符，则应将不符情况在回单上注明，或另抄对账单退回，以便进一步清查。

（3）企业收到有关单位退回的对账单后，应据以编制往来账项清查表（见表 9－4），注明核对相符或不相符的款项。

（4）对于有争议的款项、没有希望收回的款项或者无法支付的款项，及时采取措施，避免坏账损失。

表 9－4　往来账项清查表

单位名称：　　　　年　　月　　日　　　　单位：元

明细账户名称	账面结存余额	清查结果			核对不符原因分析					
		核对相符金额	核对不符金额	发生日期	错误账项	未达账项	拒付账项	有争议账项	其他	备注

任务三　银行存款余额调节表编制案例

如果通过清查发现未达账项，应编制银行存款余额调节表，即在企业银行存款日记账余额和银行对账单余额的基础上，各自补记对方已入账而本单位尚未入账金额，简言之即交叉记账，然后验证经过调节的双方余额是否相等。经过调节后，双方的余额应相互一致。其计算公式为

$$\text{银行存款日记账余额}+\text{银行已收企业未收款项}-\text{银行已付企业未付款项}=\text{银行对账单余额}+\text{企业已收银行未收款项}-\text{企业已付银行未付款项}$$

【例9-17】 2017年6月30日，某企业银行存款日记账的账面余额为115400元，银行对账单账面余额为98000元，经逐笔核对，发现有下列未达账项。

（1）28日，企业开出现金支票一张，计1000元，银行尚未入账。

（2）29日，企业销售商品一批，收到转账支票23400元，银行尚未到账。

（3）29日，银行代企业收回货款8000元，收款通知尚未到达企业，企业尚未入账。

（4）30日，银行代企业付电费3000元，付款通知尚未到达企业，企业尚未入账。

【解析】 根据以上资料编制银行存款余额调节表（见表9-5）。

表9-5　　银行存款余额调节表

单位：元

项　目	金 额	项　目	金 额
银行存款日记账账面余额	115400	银行对账单账面余额	98000
加：银行已收，企业未收	8000	加：企业已收，银行未收	23400
减：银行已付，企业未付	3000	减：企业已付，银行未付	1000
调节后余额	120400	调节后余额	120400

如果调节后双方余额相等，则一般说明企业与银行的记账没有差错。若不相等，则表明一方或双方记账有差错，应进一步核对，及时查明原因，并按照错账的更正方法予以更正。

需要注意的是，银行存款余额调节表的编制只是为了检查账簿的正确性，而不是要更改账簿记录，所以不得按照银行存款余额调节表调整账面余额，各项未达账项要待收到银行转来的有关收、付结算凭证时，才进行账务处理。

【例9-18】（判断）对于未达账项应编制银行存款余额调节表进行调节，同时将未达账项编制记账凭证登记入账。　　（　　）

【解析】 错误。银行存款余额调节表的编制只是为了检查账簿的正确性，不得按照银行存款余额调节表调整账面余额。

【练9－16】（单选）某企业2017年12月31日银行存款日记账余额为500000元，银行对账单余额为600000元，经逐笔核对，发现存在以下未达账项：

（1）公司于月末开出转账支票30000元，企业已记账，银行未记账。

（2）银行代企业收回70000元，银行已入账，企业未收到收账通知，尚未入账。

根据资料，2017年底该企业可动用的银行存款为（　　）元。

A. 500000　　B. 600000　　C. 570000　　D. 630000

【练9－17】（多选）下列可作为原始凭证据以调整账簿记录的有（　　）。

A. 现金盘点报告表　　B. 银行存款余额调节表

C. 盘存单　　D. 账存实存对比表

任务四　财产清查的结果处理

一、财产清查结果的处理步骤

（一）账务处理步骤

财产清查结束后，清查人员应向有关方面报告清查结果，对盘盈和盘亏的财产提出处理建议，经股东大会或董事会、经理（厂长）会议或类似机构根据管理权限批准后执行。

从账务处理的步骤看，一般分审批前与审批后两步处理。

审批前：依据实存账存对比表、现金盘点报告表等资料，编制记账凭证并登记入账，调整有关财产物资的账面价值，达到账实相符；并将盈亏数额记入待处理财产损溢账户。

审批后：接到有关部门的批复意见后，根据财产物资盘盈、盘亏的性质及原因，分别编制向责任人索赔、转入管理费用、转入营业外支出、转入营业外收入等的记账凭证，转销审批前登记的待处理财产损溢账户的金额，并记入有关账簿。

（二）待处理财产损溢账户的设置

待处理财产损溢账产是资产类账户，下设待处理流动资产损溢和待处理固定资产损溢两个明细账户。待处理财产损溢账户借方登记财产物资的盘亏、毁损数以及盘盈的转销数；贷方登记财产物资的盘盈数及盘亏、毁损的转销数。该账户在批准处理前，若为借方余额，反映企业尚未处理的各项财产物资的净损失；若为贷方余额，反映企业尚未处理的各项财产物资的净溢余。期末，报经批准处理后该账户应无余额。

【例9－19】（思考）简述待处理财产损溢账户在期末的处理。

【解析】按现行会计制度的规定，对清查发现的各种财产损溢应于期末前查明原因，并经股东大会或董事会、或经理（厂长）会议、或类似机构批准后，在期末结账前处理完毕。如果在期末结账前尚未经批准的，应在对外提供财务报告时先按上述规定进行账务处理，待下月初再用红字会计分录冲回。因此，待处理财产损溢账户在期末没有余额。

二、固定资产清查结果的账务处理

在财产清查中盘盈的固定资产，作为前期会计差错处理，按固定资产的入账价值，借记固定资产科目，贷记以前年度损益调整科目。

在财产清查中盘亏的固定资产，按盘亏的固定资产的账面价值，借记待处理财产损溢——待处理固定资产损溢科目，按已计提的累计折旧，借记累计折旧科目，按固定资产的账面原值，贷记固定资产科目。报批处理后，按可收回的保险赔偿或过失人赔偿，借记其他应收款科目，差额借记营业外支出科目，同时贷记待处理财产损溢——待处理固定资产损溢科目。

（一）固定资产盘盈的账务处理

【例9－20】东方公司在财产清查中盘盈设备一台，该设备的目前市场价为10000元。

【解析】

借：固定资产　　10000
　贷：以前年度损益调整　　10000
借：以前年度损益调整　　10000
　贷：盈余公积　　1000
　　　利润分配——未分配利润　　9000

【练9－18】（判断）盘盈的固定资产，应按同类或类似固定资产的重置成本入账，并按前期差错进行账务处理。（　）

（二）固定资产盘亏的账务处理

【例9－21】东方公司在财产清查中发现盘亏机器一台，其账面原值为40000元，已提折旧18000元，报经批准后，作为营业外支出处理。

【解析】报审批前，根据实存账存对比表所确定的盘亏数额编制会计分录如下。

借：待处理财产损溢——待处理固定资产损溢　　22000

　　累计折旧　　18000

　贷：固定资产　　40000

报审批后，根据上级批准的处理意见编制会计分录如下。

借：营业外支出　　22000

　贷：待处理财产损溢——待处理固定资产损溢　　22000

【练9－19】东方公司在报表决算前进行财产清查时发现如下问题，要求做出以下事项批准前后的账务处理。

（1）现金短缺100元，经查明是由出纳人员收发错误造成的，经批准由出纳人员赔偿。

（2）原材料甲盘盈100千克，单价为10元/千克，经查明属于自然升溢。

（3）原材料乙盘亏5000元，其中400元属于定额内自然损耗，500元是由于计量不准造成的误差，1300元属于保管人员失职造成的丢失，2800元属于非常灾害造成的。报经批准后，因计量不准多发和定额内损耗列入管理费用；因保管人员失职造成的由其赔偿，款项尚未收回；非常灾害造成的2800元中由保险公司赔偿2200元，600元列入营业外支出。（不考虑增值税）

（4）盘亏设备一台，固定资产原值为50000元，已经计提折旧8000元，未计提减值准备，经查明属于失窃，可以获得保险公司赔偿20000元。

三、存货清查结果的账务处理

存货发现有盘盈、盘亏、毁损时，通过待处理财产损溢——待处理流动资产损溢账户反映。对存货清查发现的盘盈、盘亏、毁损等情况，应查明原因，分清责任，提出处理意见。存货盘盈时冲减管理费用。盘亏时，如属过失人责任或保险公司应赔偿的，通过其他应收款反映；如属自然损耗，计入管理费用；如属非常损失，则在扣除保险公司的赔偿和残料收入后，计入营业外支出。

（一）存货盘盈的账务处理

【例9－22】东方公司在财产清查中发现甲材料盘盈1500元，经查明是材料收发计量上的错误所致，经批准冲减管理费用。

【解析】报审批前，根据实存账存对比表所确定的盘盈数额编制会计分录如下。

借：原材料——甲材料　　1500

　贷：待处理财产损溢——待处理流动资产损溢　　1500

报审批后，根据上级批准的处理意见编制会计分录如下。

借：待处理财产损溢——待处理流动资产损溢　　1500

　贷：管理费用　　1500

【练9-20】（单选）存货盘盈，经批准后一般应作为（　　）处理。

A. 营业外收入　　B. 资本公积　　C. 冲减管理费用　　D. 投资收益

（二）存货盘亏的账务处理

【例9-23】东方公司在财产清查中发现乙材料盘亏200千克，价款2000元，增值税税率为13%，进项税额为260元，经查明属于计量差错造成。

【解析】报审批前，根据实存账存对比表所确定的盘亏数额编制会计分录如下。

借：待处理财产损溢——待处理流动资产损溢　　2260

　贷：原材料——乙材料　　2000

　　　应缴税费——应缴增值税（进项税额转出）　　260

报审批后，根据上级批准的处理意见编制会计分录如下。

借：管理费用　　2260

　贷：待处理财产损溢——待处理流动资产损溢　　2260

【练9-21】（单选）由非正常原因导致存货的盘亏一般应作为（　　）处理。

A. 营业外支出　　B. 财务费用　　C. 管理费用　　D. 坏账损失

四、往来款项清查结果的账务处理

在财产清查过程中，若发现长期不清的往来款项，应分情况及时进行处理。

（1）对于无法支付的应付账款，应按其账面价值计入营业外收入，借记应付账款账户，贷记营业外收入账户。

（2）对于无法收回的应收账款，按管理权限报经批准后作为坏账转销，企业采用备抵法时，借记坏账准备账户，贷记应收账款账户。

【例9-24】东方公司经查明应付给大森公司的货款9000元，因大森公司撤销而无法支付，按规定转作营业外收入处理。编制会计分录如下。

借：应付账款——大森公司　　9000

　贷：营业外收入　　9000

【例9－25】东方公司在财产清查中发现应收长锐公司的货款6000元，因该公司撤销确实无法收回，按规定做坏账损失处理。编制会计分录如下。

借：坏账准备　　6000

　贷：应收账款——长锐公司　　6000

知识小结

本项目主要介绍财产清查的概念、意义、种类、盘存制度、方法及财产清查结果的处理，学习时应重点掌握财产清查的方法、财产清查结果的处理。

本项目的主要内容包括以下三个方面。

一是财产清查概述。财产清查按照不同的标准分别划分为全面清查和局部清查，定期清查和不定期清查。

二是财产清查的方法。库存现金主要通过实地盘点的方式进行清查；银行存款通过与开户银行转来的对账单进行核对并编制银行存款余额调节表的方式进行清查；实物清查常用实地盘点法和技术推算法的方式进行；往来款项通过发函询证的方式进行清查。

三是财产清查结果的处理。企业需要设置待处理财产损溢账户对财产清查结果进行处理，除固定资产盘盈以外，其他所有财产的盘盈、盘亏以及固定资产盘亏都通过待处理财产损溢账户核算。

技能强化

一、单项选择题

1. 关于现金的清查，下列说法不正确的是（　　）。

A. 在清查小组盘点现金时，出纳人员必须在场

B. 库存现金盘点报告表需要清查人员和出纳人员共同签字盖章

C. 要根据库存现金盘点报告表进行账务处理

D. 不必根据库存现金盘点报告表进行账务处理

2. 下列反映在待处理财产损溢科目借方的是（　　）。

A. 财产的盘亏数　　B. 财产的盘盈数

C. 财产盘亏的转销数　　D. 尚未处理的财产净溢余

3. 一般来说，在企业进行清产核资时，应对财产进行（　　）。

A. 实地盘点　　B. 局部清查　　C. 全面清查　　D. 定期清查

4. 年终决算前进行的财产清查属于（　　）。

A. 全面清查和不定期清查　　B. 全面清查和定期清查

C. 局部清查和定期清查　　D. 局部清查和不定期清查

5. 在财产清查中，通过账存实存对比表发现：账存甲材料 100000 元，实存甲材料 110000 元，原因待查。在未批准处理前，下列账务处理中正确的是（　　）。

A. 借：原材料——甲材料　　10000

　　贷：待处理财产损溢——流动资产损溢　　10000

B. 借：原材料——甲材料　　10000

　　贷：营业外收入　　10000

C. 借：固定资产——甲材料　　10000

　　贷：待处理财产损溢——非流动资产损溢　　10000

D. 借：待处理财产损溢——流动资产损溢　　10000

　　贷：原材料——甲材料　　10000

6. 下列记录可以作为调整账面数字的原始凭证的是（　　）。

A. 盘存单　　B. 银行存款余额调节表

C. 实存账存对比表　　　　　　　　　D. 往来款项对账单

7. 银行存款日记账余额为 56000 元，调整前银行已收、企业未收的款项为 2000 元，企业已收、银行未收款项为 1200 元，银行已付、企业未付款项为 3000 元，则调整后存款余额为（　　）。

A. 58000 元　　B. 51200 元　　C. 56200 元　　D. 55000 元

8. 对于天然堆放的矿石，一般采用（　　）法进行清查。

A. 技术推算　　B. 抽查检验　　C. 询证核对　　D. 实地盘点

9. 盘盈的固定资产应该通过（　　）科目核算。

A. 固定资产清理　　　　　　　　　B. 待处理财产损溢

C. 材料成本差异　　　　　　　　　D. 以前年度损益调整

10. 华为公司 2019 年 6 月 30 日银行存款日记账的余额为 100 万元，经逐笔核对发现未达账项如下：银行已收、企业未收 20000 元；银行已付，企业未付 15000 元。调整后的企业银行存款余额应为（　　）元。

A. 1005000　　B. 1000000　　C. 1035000　　D. 1020000

二、多项选择题

1. 以下关于财产清查意义的表述正确的有（　　）。

A. 通过财产清查，可以查明各项财产物资的保管情况是否良好，有无因管理不善，造成霉烂、变质、损失、浪费的情况

B. 通过财产清查，可以查明各项财产物资的实有数量，确定实有数量与账面数之间的差异，查明原因，明确责任

C. 通过财产清查，可以查明各项财产物资的保管情况是否良好，有无非法挪用、贪污盗窃的情况，以便采取有效措施改善管理，切实保障各项财产物资的安全与完整

D. 通过财产清查，可以查明各项财产物资的库存和使用情况，合理安排生产经营活动，充分利用各项财产物资，加速资金周转，提高资金使用效率

2. 财产清查是对（　　）的盘点或核对，确定其实存数，查明账存数与实存数是否相符的专门方法。

A. 货币资金　　B. 实物资产　　C. 实收资本　　D. 往来款项

3. 银行存款的清查，下列说法正确的有（　　）。

A. 经过银行存款余额调节表调整后，若双方账目没有差错，它们应该相符，且其金额表示企业可动用的银行存款实有数

B. 编制银行存款余额调节表的目的是消除未达账项的影响，核对银行存款账目有无错误

C. 在清查过程中若发现长期存在的未达账项，应查明原因并及时处理

D. 银行存款余额调节表是原始凭证，可以根据该表在银行存款日记账上登记

4. 以下关于清查方法的表述正确的有（ ）。

A. 对实物资产的数量进行清查的同时，还要对其质量进行鉴定，可根据不同的实物采用物理法、化学法和直接观察法等不同的检查方法

B. 往来款项的清查，一般采用查询核对法或账单核对法进行

C. 量大成堆而又价值不高、难以清点的煤炭，应采用技术推算法

D. 库存现金和银行存款的清查，采用实地盘点法

5. 某企业在财产清查中盘盈原材料一批，价值为2000元，批准前、后编制的会计分录分别为（ ）。

A. 借：原材料 2000
　贷：待处理财产损溢 2000

B. 借：待处理财产损溢 2000
　贷：原材料 2000

C. 借：待处理财产损溢 2000
　贷：管理费用 2000

D. 借：待处理财产损溢 2000
　贷：营业外收入 2000

6. 库存现金盘亏的账务处理中可能涉及的科目有（ ）。

A. 营业外支出　B. 管理费用　C. 其他应收款　D. 库存现金

7. 关于往来款项和库存现金的清查，下列说法正确的有（ ）。

A. 往来款项的清查一般采用实地盘点法

B. 现金盘点报告表不能作为调整账簿记录的原始凭证，不能进行账务处理

C. 往来款项的清查采用发函询证法，对方单位经核对相符后，在回单上加盖公章退回，表示已核对

D. 往来款项的清查要按每一个经济往来单位填制往来款项对账单

8. 编制银行存款余额调节表时，应调整银行对账单余额的业务是（ ）。

A. 企业已收，银行未收　B. 银行已付，企业未付

C. 银行已收，企业未收　D. 企业已付，银行未付

9. 造成账实不符的原因主要有（ ）。

A. 财产物资收发计量错误　B. 财产物资的自然损耗

C. 会计账簿漏记、重记、错记　D. 财产物资的毁损、被盗

10. 银行存款的清查，需将（ ）进行逐笔核对。

A. 银行存款总账单　B. 银行对账单

C. 银行存款日记账单　　　　D. 支票登记簿

三、判断题

1. 当存货发生盘亏时，若属于一般经营性损失或定额内损失，记入管理费用科目。（　）
2. 单位撤销、合并或改变隶属关系、更换财产物资保管人员时，需要进行全面清查。（　）
3. 当进行库存现金和存货清查时，出纳人员和实物保管人员不得在场。（　）
4. 企业在财产清查中发现账外设备一台，报经批准后，应冲减营业外支出。（　）
5. 每日终了，银行存款日记账必须结出余额，并与银行对账单核对相符。（　）
6. 定期清查和不定期清查对象的范围既可以是全面清查，也可以是局部清查。（　）
7. 非正常原因造成的存货盘亏损失经批准后应该记入营业外支出。（　）
8. 小企业会计制度也要设置待处理财产损溢科目。（　）
9. 盘存单和实存账存对比表是记录盘点结果的书面证明，是调整账簿记录的重要原始凭证。（　）
10. 银行存款余额调节表不能作为调整账簿的原始凭证，故不是会计档案。（　）

四、简答题

1. 比较存货与固定资产清查结果账务处理的异同。
2. 比较库存现金与往来款项清查结果账务处理的异同。
3. 简述银行存款余额调节表的编制要点。

项目十　财务会计报告

任务一　财务会计报告概述

一、财务会计报告的概念

财务会计报告简称“财务报告”，是指企业对外提供的反映某一特定日期的财务状况和某一会计期间的经营成果、现金流量等会计信息的文件。

财务报告是单位财务会计确认计量结果的最终体现，它把分散在各账簿上的资料进行分类、计算、汇总，形成一套全面、综合反映企业财务会计信息的系统文件，包括一套完整的结构化的报表体系以及相关文字说明等。财务报告属于通用的对外会计报告，使用者主要是单位外部的有关方面，如出资人、债权人、监管机构、银行、税务机关等，帮助其了解该经济单位管理层受托责任的履行情况，分析其业务活动中存在的问题。

本项目主要介绍企业财务报告的有关知识。

二、财务会计报告的构成

财务会计报告包括会计报表、会计报表附注和财务情况说明书。

1. 会计报表

会计报表主要包括以下四类。

（1）资产负债表，是反映企业在某一特定日期的财务状况的会计报表。

（2）利润表，是反映企业在一定会计期间的经营成果的会计报表。

（3）现金流量表，是反映企业在一定会计期间的现金和现金等价物流入和流出的会计报表，有助于使用者评价单位的现金流和资金周转情况。

（4）所有者权益变动表（股东权益变动表），是反映企业所有者权益的各组成部分当期增减变动情况的会计报表。

2. 附注

附注是对在资产负债表、利润表、现金流量表和所有者权益变动表等报表中列示项目的文字描述或明细资料，以及对未能在这些报表中列示项目的补充说明等。附注有助于向使用者提供更为有用的决策信息，帮助其做出更加科学合理的决策。

3. 财务情况说明书

财务情况说明书是对单位一定会计期间内财务、成本等情况进行分析总结的书面文字报告，也是财务会计报告的重要组成部分。账务情况说明书主要包括以下四项。

（1）企业生产经营的基本情况。

（2）利润实现和分配情况。

（3）资金增减和周转情况。

（4）对企业财务状况、经营成果和现金流量有重大影响的其他事项。

【例 10－1】（多选）会计报表附注是为便于会计报表使用者理解会计报表的内容，对会计报表的（　　）及主要项目等所做的解释。

A. 编制基础　　　　B. 编制依据

C. 编制原则　　　　D. 编制方法

【解析】 正确答案为 A、B、C、D 项。会计报表附注是为便于会计报表使用者理解会计报表的内容，对会计报表的编制基础、编制依据、编制原则和方法及主要项目等所做的解释。会计报表附注是财务会计报告的一个重要组成部分，有利于提高会计信息的可理解性，提高会计信息可比性和突出重要的会计信息。

【练 10－1】（单选）附注是指会计报表正式项目之外的资料，通常不采用（　　）的形式表示。

A. 表格　　　　B. 文字

C. 数字图表　　　　D. 文字加数字图表

三、财务会计报告的分类

财务会计报告包括会计报表及其附注和其他应当在财务会计报告中披露的相关信息和资料。财务会计报告根据以下四种不同的分类标准进行分类。

（一）按反映资金运动状态分类

账务会计报告按反映资金运动状态的不同，分为静态财务会计报告和动态财务会计报告。

(1) 静态财务会计报告是指反映企业资金运动处于某一相对静止状态情况的财务会计报告，即某一特定时点的报告，如资产负债表，它是由资产、负债、所有者权益静态三要素构成的报表。

(2) 动态财务会计报告是指反映企业资金处于运动状态情况的财务会计报告，即某一特定时段的报告，如利润表，它是由收入、费用、利润动态三要素构成的报表。

(二) 按报送对象分类

财务会计报告按照报送对象的不同，可以分为外部财务会计报告和内部财务会计报告。

(1) 外部财务会计报告是指按照会计准则和国家统一会计制度的规定专门为投资人、债权人、政府部门等企业外部报表使用者提供的报告，如资产负债表、利润表、现金流量表、所有者权益变动表。

(2) 内部财务会计报告是指各单位根据本单位的经营特点和管理要求自行规定、设计，专门为企业内部职能部门和领导人报送的报告，如产品成本明细表等。

(三) 按编制期间分类

财务会计报告按编制期间的不同，可以分为年度账务会计报告和中期财务会计报告。

(1) 年度财务会计报告是从年初至年末的财务报告。

(2) 中期财务会计报告是指以中期为基础编制的财务报告，中期是指短于一个完整的会计年度的报告期间，可以是1个月、1个季度或者半年等，常见的中期财务会计报告有月度财务报告、季度财务报告、半年度财务报告等。

(四) 按编制主体分类

财务会计报告按编制主体的不同，可以分为个别账务会计报告和合并财务会计报告。

(1) 个别财务会计报告是指独立核算的单位根据本企业核算资料和其他资料所编制的只反映本单位财务状况及经营成果的财务会计报告。

(2) 合并财务会计报告是指投资企业在投资总额占被投资企业资本总额的50%以上的情况下，将投资企业与被投资企业视为一个会计主体，将双方的有关经济指标合并在一起所编制的财务会计报告。合并会计报告反映的是母子公司共同的财务状况和经营成果，一般只编制对外财务会计报告。

【例 10 -2】（多选）根据我国会计准则的规定，下列属于年度财务会计报告组成部分的是（　　）。

A. 资产负债表　　B. 所有者权益变动表

C. 利润表　　D. 会计报表附注

【解析】正确答案为 A、B、C、D 项。《中华人民共和国会计法》第二十条第二款规定："财务会计报告由会计报表、会计报表附注和财务情况说明书组成。"企业会计报表按其反映内容的不同，分为资产负债表、利润表、现金流量表。相关附表是反映企业财务状况、经营成果和现金流量的补充报表，主要包括利润分配表以及国家统一会计制度规定的其他附表。

【练 10 -2】（多选）财务会计报告可以提供企业（　　）的信息。

A. 财务状况　　B. 劳动状况　　C. 经营成果　　D. 现金流量

四、财务会计报告的编制要求

为了实现财务会计报告的编制目的，最大限度地满足财务会计报告使用者的信息需求，单位编制的财务会计报告应当真实可靠、全面完整、编报及时、便于理解，符合国家统一的会计制度和会计准则的有关规定。

（一）真实可靠

企业要使会计信息有用，必须以可靠为基础。如果财务会计报告所提供的会计信息不是真实的，便是不可靠的，就会对使用者产生误导，从而导致使用者产生损失。为此，单位应当以实际发生的交易或者事项为依据进行确认、计量和报告，不得根据虚构的、没有发生的或者尚未发生的交易或者事项进行确认、计量和报告。

（二）全面完整

企业按照有关规定编报财务会计报告时，不得漏编漏报，更不得有意隐瞒，应力求保证相关信息全面、完整，充分披露。会计法规制度要求提供的财务报表，应该全部编制、报送；应当填列的报表指标，应分别按照表内、表外和补充资料的要求全部填列披露。

（三）编报及时

企业对于已经发生的交易或事项，应按照规定的时间做好记账、算账和对账工作，做到日清月结，按照规定的期限及时进行确认、计量和报告，保证会计信息的时效性。

企业平时不得延迟也不能为赶编报告而提前结账。

（四）便于理解

企业提供的会计信息应当清晰明了，便于财务会计报告使用者理解和使用。对于某些与会计信息使用者决策相关的复杂信息，如交易本身较为复杂或者会计处理较为复杂，应当在财务会计报告中予以充分说明。

【练10－3】（多选）以下属于财务会计报告编制要求的有（　　）。

A. 编制及时　　B. 全面完整　　C. 真实可靠　　D. 节约成本

【练10－4】（多选）我国的企业会计报表体系已基本与国际上较为通行的会计报表体系接轨，形成了以（　　）三大报表为主的会计报表体系。

A. 资产负债表　　B. 利润表

C. 现金流量表　　D. 所有者权益变动表

任务二　资产负债表的编制

一、资产负债表的内容

资产负债表是指反映单位在某一特定日期财务状况的会计报表。它是根据“资产＝负债＋所有者权益”这一会计等式，依照一定的分类标准和编排程序，将单位在特定日期的全部资产、负债和所有者权益项目进行适当分类、汇总、排列后编制而成的。资产负债表主要反映资产、负债、所有者权益三个方面的内容。

（一）资产

资产应当按照流动资产与非流动资产两大类别在资产负债表中列示，在流动资产与非流动资产两大类别下进一步按性质分项列示。流动资产项目通常包括货币资金、交易性金融资产、应收票据、应收账款、预付账款、应收利息、应收股利、其他应收款、存货、1年内到期的非流动资产。

非流动资产项目通常包括长期股权投资、固定资产、在建工程、工程物资、固定资产清理、无形资产、开发支出、长期待摊费用以及其他非流动资产。

资产是按流动性的大小顺序进行排列的，流动性大的排列在前，流动性小的排列在后。

（二）负债

负债应当按照流动负债与非流动负债两大类别在资产负债表中列示，在流动负债与非流动负债两大类别下进一步按性质分项列示。流动负债项目通常包括短期借款、应付票据、应付账款、预收账款、应付职工薪酬、应缴税费、应付利息、应付股利、其他应付款、1年内到期的非流动负债。

非流动负债项目通常包括长期借款、应付债券和其他非流动负债等。

负债一般是按求偿权先后顺序进行排列的，偿还期短的排列在前，偿还期长的排列在后。

（三）所有者权益

所有者权益一般按实收资本（或股本）、资本公积、盈余公积和未分配利润四大项列示。所有者权益是按金额的稳定性进行排列的，金额稳定程度高的排列在前，金额稳定程度低的排列在后。在资产负债表中，流动负债排在前，非流动负债排在中间，在单位清算之前不需要偿还的所有者权益项目排在后面。

二、资产负债表的结构

资产负债表的格式主要有账户式和报告式两种，我国通常采用的是账户式。在账户式中，报表按照“T”形账户的形式设计，采取左右结构。左边列示资产项目，反映全部资产的分布及存在形态；右边列示负债和所有者权益项目，反映全部负债和所有者权益的内容及构成情况。资产负债表左右双方平衡，资产各项目的合计等于负债和所有者权益各项目的合计，即“资产 = 负债 + 所有者权益”。

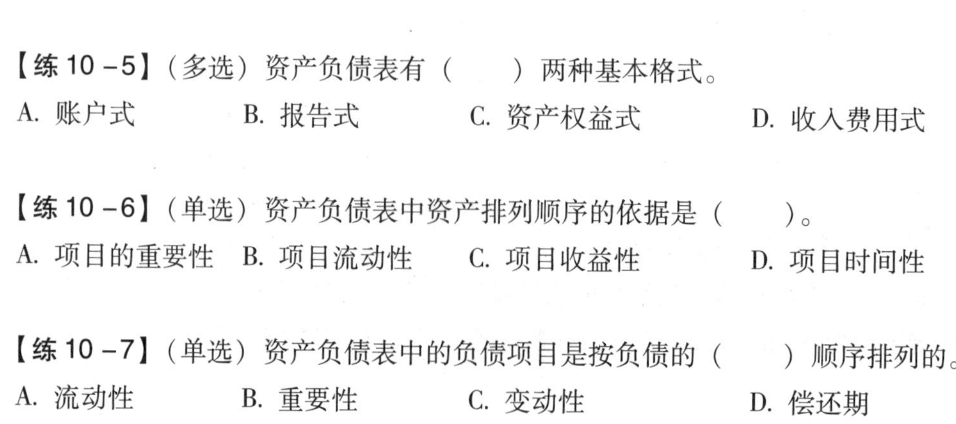

【练 10 –5】（多选）资产负债表有（　　）两种基本格式。

A. 账户式　　B. 报告式　　C. 资产权益式　　D. 收入费用式

【练 10 –6】（单选）资产负债表中资产排列顺序的依据是（　　）。

A. 项目的重要性　　B. 项目流动性　　C. 项目收益性　　D. 项目时间性

【练 10 –7】（单选）资产负债表中的负债项目是按负债的（　　）顺序排列的。

A. 流动性　　B. 重要性　　C. 变动性　　D. 偿还期

三、资产负债表的编制

资产负债表各项目均需填列“年初余额”和“期末余额”两栏。其中“年初余额”栏内各项目，应根据上年末资产负债表“期末余额”栏内所列数据填列。如果本年度资产负债表中各项目的名称和内容与上年度不一致，应对上年度年末资产负债表中各项目的名称和数据按照本年度的规定进行调整，填入本年度资产负债表“年初余额”栏内。

期末余额主要有以下几种填列方式。

1. 根据总账账户的余额直接填列

资产负债表大部分项目的填列都是根据有关总账账户的余额直接填列的，如交易性金融资产、应收票据、工程物资、递延所得税资产、短期借款、交易性金融负债、应付职工薪酬、应缴税费、递延所得税负债、预计负债、实收资本、资本公积、盈余公积等。

【练 10－8】（多选）下列资产负债表项目中，（　　）应根据相应总账账户期末余额直接填列。

A. 交易性金融资产　　B. 应收票据　　C. 短期借款　　D. 应收账款

2. 根据总分类账户期末余额计算填列

资产负债表中的部分项目是根据总分类账户期末余额计算填列的。如货币资金项目，应根据库存现金、银行存款、其他货币资金三个总分类账户期末余额的合计数填列；未分配利润项目，应根据本年利润和利润分配账户余额计算填列。

【练 10－9】（多选）资产负债表中货币资金项目的期末数，应根据（　）账户期末余额数的合计数填列。

A. 其他应收款——备用金　　B. 库存现金

C. 其他货币资金　　D. 银行存款

【练 10－10】（单选）部分账户的期末余额如下：库存现金 20000 元，银行存款 800000 元，其他货币资金 50000 元，应收账款 250000 元。则资产负债表中的货币资金项目应填列（　　）元。

A. 820000　　B. 850000　　C. 870000　　D. 1120000

3. 根据明细账户的余额计算填列

应收账款项目应根据应收账款、预收账款两个科目所属的有关明细科目的期末借方余额计算后填列。应付账款项目应根据应付账款、预付账款两个科目所属的有关明细科目的期末贷方余额计算后填列。

【例10－3】（单选）东方公司应付账款明细账期末余额情况如下：应付账款——X企业贷方余额为180000元，应付账款——Y企业借方余额为120000元，应付账款——Z企业贷方余额为150000元。假如该企业预付账款明细账期末余额情况如下。预付账款——H企业贷方余额为110000元，预付账款——W企业借方余额为160000元。根据以上数据计算的反映在资产负债表上应付账款项目的数额为（　　）元。

A. 210000　　B. 330000　　C. 440000　　D. 50000

【解析】正确答案为C项。应付账款项目根据应付账款和预付账款科目所属各明细科目的期末贷方余额合计数填列。因此，本题中在资产负债表上应付账款项目的数额＝180000＋150000＋110000＝440000（元）。

【练10－11】（单选）某企业期末应收账款账户为借方余额210000元，其所属明细账的借方余额合计为280000元，所属明细账户贷方余额合计为70000元，坏账准备贷方余额为1000元，其中针对应收账款的坏账准备为680元。则该企业资产负债表中应收账款项目的期末数应是（　　）。

A. 280000元　　B. 279320元　　C. 210000元　　D. 209320元

4. 根据总账余额和明细账余额计算填列

对于长期借款项目，应以长期借款总账余额减去该账户明细账中1年内到期的长期负债的差额填列。

5. 综合运用上述填列方法分析填列

对于存货项目，应根据原材料、库存商品、委托加工物资、周转材料、材料采购、在途物资、发出商品、材料成品差异等总账科目期末余额汇总数，再减去存货跌价准备科目余额后的差额填列。

【练10－12】（单选）在资产负债表的下列项目中，必须根据总账科目和明细账科目两者的余额分析计算填列的是（　　）。

A. 短期借款　　B. 长期借款　　C. 应收账款　　D. 应付账款

【练10－13】（多选）在资产负债表的下列项目中，需要根据总账科目余额减去其备抵项目后的净额填列的有（　　）。

A. 交易性金融资产　B. 无形资产　C. 存货　D. 固定资产

四、资产负债表的编制示例

（一）资料

资产负债表的编制资料见表10－1与表10－2。

表10－1 **东方公司科目余额**

2019年12月31日 单位：元

借方		贷方	
科目名称	发生额	科目名称	发生额
库存现金	800	短期借款	66000
银行存款	138000	交易性金融负债	271200
其他货币资金	97000	应付票据	35000
交易性金融资产	28000	应付账款	22200
应收票据	62800	预收账款	7200
应收账款	5200	应付职工薪酬	5800
预付账款	7000	应交税费	7400
应收利息	245600	应付利息	4500
应收股利	9000	其他应付款	483300
其他应收款	465800	一年内到期的非流动负债	34800
原材料	60000	长期借款	52800
生产成本	280000	应付债券	583100
周转材料	314000	实收资本	920000
库存商品		资本公积	21600
固定资产	112800	盈余公积	90000
在建工程	24200	利润分配	12300
固定资产清理	859200	本年利润	72000
无形资产	87000	坏账准备	2400
		累计折旧	8000
		存货跌价准备	87000
		累计摊销	9800
借方合计	2796400	贷方合计	2796400

表 10－2　　东方公司有关明细账户余额

单位：元

账户名称	方向	金额	账户名称	方向	金额
应收账款	借	5200	预付账款	借	7000
——A 公司	借	6500	——E 公司	借	8600
——B 公司	贷	1300	——F 公司	贷	1600
预收账款	贷	7200	应付账款	贷	22200
——C 公司	贷	9000	——G 公司	贷	24000
——D 公司	借	1800	——H 公司	借	1800

（二）资产负债表的编制

根据相关资料所编制的资产负债表见表 10－3。

表 10－3　　资产负债表　　会企 01 表

编制单位：东方公司　　2019 年 12 月 31 日　　单位：元

资产	期末余额	年初余额	负债及所有者权益	期末余额	年初余额
流动资产			流动负债		
货币资金	235800	略	短期借款	66000	略
交易性金融资产	28000		交易性金融负债	271200	
应收票据	62800		应付票据	35000	
应收账款	5900		应付账款	25600	
预付账款	10400		预收账款	10300	
应收利息	245600		应付职工薪酬	5800	
应收股利	9000		应交税费	7400	
其他应收款	465800		应付利息	4500	
存货	567000		应付股利		
一年内到期的非流动资产			其他应付款	483300	
其他流动资产			一年内到期的非流动负债	34800	
非流动资产			其他流动负债		
可供出售的金融资产			流动负债合计	943900	
持有至到期投资			非流动负债		
长期应收款			长期借款	52800	
长期股权投资			应付债券	583100	

续 表

资产	期末余额	年初余额	负债及所有者权益	期末余额	年初余额
投资性房地产			长期应付款		
固定资产	104800		专项应付款		
在建工程	24200		预计负债		
工程物资			递延所得税负债		
固定资产清理	859200		其他非流动负债		
生产性生物资产			非流动负债合计	635900	
油气资产			负债合计	1579800	
无形资产	77200		所有者权益		
开发支出			实收资本	920000	
商誉			资本公积	21600	
长期待摊费用			减：库存股		
递延所得税资产			盈余公积	90000	
其他流动资产			未分配利润	84300	
非流动资产合计	1065400		所有者权益合计	1115900	
资产合计	2695700		负债及所有者权益合计	2695700	

表 10－3 中各项目填写说明如下。

（1）资产负债表中“年初余额”栏中的数字是根据该企业上年度 12 月资产负债表中“期末余额”栏中的数字直接填列的。

（2）货币资金＝库存现金＋银行存款＋其他货币资金＝800＋138000＋97000＝235800 元。

（3）应收账款＝应收 A 公司账款＋预收 D 公司账款－坏账准备＝6500＋1800－2400＝5900 元。

（4）预付账款＝预付 E 公司账款＋应付 H 公司账款＝8600＋1800＝10400 元。

（5）应付账款＝应付 G 公司账款＋预付 F 公司账款＝24000＋1600＝25600 元。

（6）预收账款＝预收 C 公司账款＋应收 B 公司账款＝9000＋1300＝10300 元。

（7）存货＝原材料＋生产成本＋周转材料－存货跌价准备＝60000＋280000＋314000－87000＝567000 元。

（8）固定资产＝固定资产－累计折旧＝112800－8000＝104800 元。

（9）无形资产＝无形资产－累计摊销＝87000－9800＝77200 元。

（10）长期借款＝长期借款－一年内到期的非流动负债＝87600－34800＝52800 元。

（11）未分配利润＝利润分配＋本年利润＝12300＋72000＝84300 元。

（12）资产负债表其他各项目的数额可以按该公司科目余额表的数据直接填列。

任务三　利润表的编制

一、利润表概述

利润表是反映单位在一定会计期间经营成果的会计报表。由于表内数据说明某一期间的情况，所以利润表属于动态报表。

通过利润表，可以从总体上了解单位收入、成本和费用、净利润（或亏损）的实现及构成情况，帮助财务报表使用者全面了解单位的经营成果，分析企业的获利能力及未来发展趋势，评价净利润的质量及风险，了解投资者投入资本的保值增值情况，从而为其做出经济决策提供依据。

二、利润表的结构

利润表的格式主要有多步式和单步式两种。我国企业利润表采用多步式。

多步式利润表通过对当期的收入、费用按性质加以归类，按利润形成的主要环节列示一些中间性利润指标，分步计算当期净损益。这种格式虽然在计算上较为复杂，但是提供的信息丰富，可以揭示不同性质的收入与费用之间的配比关系，还能反映单位最终的经营成果以及经营成果的不同来源和形成过程。

【例 10－4】（思考）简述单步式利润表的优缺点。

【解析】单步式利润表是将当期所有的收入列在一起，然后将所有的费用列在一起，两者相减得出当期净损益。该报告格式直观、简单，避免了项目分类上的困难，但是提供的信息比多步式利润表大为减少，不利于报表使用者分析单位经营业绩的主要来源和构成以及在不同单位之间进行比较，也不利于预测单位未来的盈利能力。

三、利润表的编制方法

（一）上期金额栏的填列方法

利润表中的“上期金额”栏，应根据上年利润表中“本期金额”栏内所列数字填列。如果上年利润表规定的各个项目的名称和内容同本期不一致，应对上年利润表各项目的名称和数字按本期的规定进行调整，填入利润表“上期金额”栏内。

（二）本期金额栏的填列方法

我国利润表中的“本期金额”栏内各项数字一般应根据损益类科目的发生额填列。主要编制步骤如下。

第一步，以营业收入为基础，计算营业利润。

营业利润 = 营业收入 - 营业成本 - 税金及附加 - 销售费用 - 管理费用 - 财务费用 - 资产减值损失 + 公允价值变动收益（ - 公允价值变动损失） + 投资收益（ - 投资损失）

第二步，以营业利润为基础，计算利润总额。

利润总额 = 营业利润 + 营业外收入 - 营业外支出

第三步，以利润总额为基础，计算净利润（或净亏损）。

净利润 = 利润总额 - 所得税费用

第四步，以净利润（或净亏损）为基础，计算每股收益。

每股收益包括基本每股收益和稀释每股收益，反映普通股或潜在普通股已经公开交易的企业，以及正处于公开发行普通股或潜在普通股过程中的企业的每股收益信息。非上市公司没有此项目。

第五步，以净利润（或净亏损）和其他综合收益为基础，计算综合收益总额。

其他综合收益反映企业根据企业会计准则的规定未在损益中确认的各项利得和损失扣除所得税影响后的净额。

综合收益总额反映企业净利润与其他综合收益的合计金额。

另外，利润分配表可以作为利润表的一部分而被纳入利润表，也可作为利润表的附表单独编制。由于利润分配表反映了企业全年利润分配情况，所以该表的各项目应分别根据利润分配账户及其所属的明细分类账户的全年累计发生额及年初、年末余额分析计算填列。

【例 10 - 5】（单选）编制动态报表的主要依据是（　　）。

A. 账户的期初余额　　B. 账户的期末余额

C. 账户的本期发生额　　D. 账户的期初、期末余额

【解析】正确答案为 C 项。我国利润表中的“本期金额”栏内各项数字一般应根据损益类科目的发生额填列。

【练 10 - 14】（单选）某企业损益类账户的本月发生额如下：营业收入 8000000 元，营业成本 5000000 元，税金及附加 1050000 元，销售费用 500000 元，管理费用 400000 元，财务费用 100000 元，营业外收入 50000 元，所得税费用 250000 元。则利

润表中净利润项目的本月数为（　　）元。

A. 750000　　B. 950000　　C. 1000000　　D. 700000

【练 10－15】（单选）在利润表上，利润总额扣除（　　）后，得出净利润或净亏损。

A. 管理费用　　B. 增值税　　C. 营业外收支净额　　D. 所得税费用

四、利润表的编制示例

（一）资料

承【例 5－33】～【例 5－45】资料，编制 12 月科目余额表，如表 10－4 所示。

表 10－4　　12 月华瑞公司损益类账户发生额明细　　单位：元

会计科目	借方发生额	贷方发生额
主营业务收入		210000
主营业务成本	102000	
税金及附加	9000	
其他业务收入		30000
其他业务成本	11000	
销售费用	900	
管理费用	1600	
财务费用	500	
投资收益		12000
营业外收入		3000
营业外支出	9000	
资产减值损失	6600	
所得税费用	28600	

（二）利润表的编制

根据上述资料编制华瑞公司 2019 年 12 月利润表，如表 10－5 所示。

表 10－5　　利润表

编制单位：华瑞公司　　2019 年 12 月　　单位：元

项　目	本期金额	上期金额
一、营业收入	240000	略
减：营业成本	113000	
税金及附加	9000	
销售费用	900	
管理费用	1600	
财务费用	500	
资产减值损失	6600	
加：公允价值变动收益（损失以“－”号填列）		
投资收益（损失以“－”号填列）	12000	
其中：对联营企业和合营企业的投资收益		
二、营业利润（亏损以“－”号填列）	120400	
加：营业外收入	3000	
减：营业外支出	9000	
其中：非流动资产处置损失		
三、利润总额（亏损以“－”号填列）	114400	
减：所得税费用	28600	
四、净利润（净亏损以“－”号填列）	85800	
五、每股收益		
（一）基本每股收益		
（二）稀释每股收益		
六、其他综合收益		
七、综合收益总额		

本例中各项目填写说明如下。

（1）营业收入＝主营业务收入＋其他业务收入＝210000＋30000＝240000 元。

（2）营业成本＝主营业务成本＋其他业务成本＝102000＋11000＝113000 元。

（3）营业利润＝营业收入－营业成本－税金及附加－销售费用－管理费用－财务费用－资产减值损失＋投资收益＝240000－113000－9000－900－1600－500－6600＋12000＝120400 元。

（4）利润总额＝营业利润＋营业外收入－营业外支出＝120400＋3000－9000＝114400 元。

（5）净利润＝利润总额－所得税费用＝114400－28600＝85800 元。

知识小结

本项目主要介绍财务报告的概念，财务报告的构成，财务报告编制的基本要求，资产负债表、利润表的内容、结构以及编制方法。

本项目的主要内容包括以下三个方面。

一是财务会计报告概述，介绍了财务报告的概念与分类、财务报告的构成以及财务报告编制的基本要求。

二是资产负债表的编制，介绍了资产负债表的内容与结构、列示要求、一般格式及编制的基本方法。

三是利润表的编制，介绍了利润表的作用与结构、列示要求、一般格式及编制的基本方法。

技能强化

一、单项选择题

1. 编制利润表主要根据（　　）。

A. 资产、负债及所有者权益各账户的期末余额

B. 资产、负债及所有者权益各账户的本期发生额

C. 损益类各账户的期末余额

D. 损益类各账户的本期发生额

2. 资产负债表中，（　　）项目的“期末余额”栏可根据总账科目的期末余额直接填列。

A. 交易性金融资产　　B. 无形资产　　C. 存货　　D. 应付账款

3. 利润表中，（　　）项目的“本期金额”栏应根据几个总账科目的发生额计算填列。

A. 税金及附加　　B. 营业外收入　　C. 营业收入　　D. 管理费用

4. 期末，应将其余额转入本年利润账户的是（　　）账户。

A. 生产成本　　B. 自制半成品　　C. 库存商品　　D. 主营业务成本

5. 关于资产负债表的格式，下列说法不正确的是（　　）。

A. 我国的资产负债表采用报告式

B. 资产负债表主要有账户式和报告式

C. 账户式资产负债表分为左右两方，左方为资产，右方为负债和所有者权益

D. 负债和所有者权益按照求偿权的先后顺序排列

6. 可以反映企业的短期偿债能力和长期偿债能力的报表是（　　）。

A. 利润表　　B. 所有者权益变动表

C. 资产负债表　　D. 现金流量表

7. 编制静态报表的主要依据是（　　）。

A. 账户的期初余额　　B. 账户的期末余额

C. 账户的借方发生额　　D. 账户的贷方发生额

8. 资产负债表中，直接根据总账账户的余额填列的项目有（　　）。

A. 交易性金融资产、短期借款、应付职工薪酬、实收资本、盈余公积

B. 交易性金融资产、应收账款、短期借款、实收资本、盈余公积

C. 交易性金融资产、存货、短期借款、长期借款、实收资本、盈余公积

D. 交易性金融资产、应收票据、存货、应付账款、实收资本、盈余公积

9. 某企业2019年2月主营业务收入为100000元，主营业务成本为800000元，管理费用为50000元，资产减值损失为20000元，投资收益为100000元，假定不考虑其他因素，该企业当月的营业利润为（　　）元。

A. 130000　　B. 150000　　C. 180000　　D. 230000

10. 下列关于现金流量表的描述正确的是（　　）。

A. 现金流量表是反映企业在一定会计期间库存现金流入和流出的报表

B. 现金流量表是反映企业在一定会计期间现金和现金等价物流入和流出的报表

C. 现金等价物指的是企业的银行存款以及其他货币资金

D. 购买的股票投资也属于企业现金等价物

二、多项选择题

1. 资产负债表中“期末金额”的来源是（　　）。

A. 总账账户余额

B. 明细账户余额

C. 科目汇总表

D. 根据有关科目余额减去备抵科目余额后的净额填列

2. 利润表中的营业成本项目填列的依据有（　　）。

A. 营业外支出发生额　　B. 主营业务成本发生额

C. 其他业务成本发生额　　D. 税金及附加发生额

3. 某企业2019年12月31日固定资产账户余额为3000万元，累计折旧账户余额为900万元，固定资产减值准备账户余额为100万元，工程物资账户余额为200万元，则该企业2019年12月31日资产负债表中固定资产项目的金额不可能为（　　）。

A. 2200万元　　B. 2000万元　　C. 2100万元　　D. 2900万元

4. 下列各项中，属于影响利润总额计算的有（　　）。

A. 营业收入　　B. 营业外支出　　C. 营业外收入　　D. 投资收益

5. 下列属于利润表提供的信息有（　　）。

A. 实现的营业收入　　B. 发生的营业成本

C. 营业利润　　D. 企业本期实现的利润或发生的亏损总额

6. 下列各项中，属于现金流量表中投资活动产生的现金流量的有（　　）。

A. 分配股利、利润或偿付利息支付的现金

B. 构建固定资产、无形资产和其他长期资产支付的现金

C. 处置子公司及其他营业单位收到的现金净额

D. 购买商品、接受劳务收到的现金

7. 资产负债表中应收账款项目应根据（　　）之和减去坏账准备账户中有关应收账款计提的坏账准备期末余额填列。

A. 应收账款科目所属明细科目的借方余额

B. 应收账款科目所属明细科目的贷方余额

C. 应付账款科目所属明细科目的贷方余额

D. 预收账款科目所属明细科目的借方余额

8. 利润表中的营业利润项目由（　　）构成。

A. 主营业务收入　　B. 其他业务成本

C. 税金及附加　　D. 管理费用

9. 下列各项中，只影响营业利润而不影响利润总额的有（　　）。

A. 将罚款支出记入“主营业务成本”

B. 将投资收益记入“其他业务收入”

C. 将定额内损失记入“营业外支出”

D. 将出售的原材料记入“营业外支出”

10. 多步式利润表可以反映企业的（　　）等利润要素。

A. 每股收益权　　B. 营业利润　　C. 利润总额　　D. 净利润

三、判断题

1. 企业编制会计报表的目的是满足投资者的需要。（　　）

2. 资产负债表是反映企业某一特定期间财务状况的会计报表。（　　）

3. 利润表中营业收入项目，就是根据主营业务收入和主营业务成本两个科目的本期贷方发生额相抵后得到的。（　　）

4. 财务会计报告是单位财务会计确认、计量结果的最终体现，属于通用的对外会计报告，其使用者主要是单位内部的有关方面。（　　）

5. 待处理财产损溢中的流动资产盘亏损失，期末编制资产负债表时应该将待处理财产损溢账户的借方余额记入资产负债表的流动资产中。（　　）

6. 实际工作中，为使财务报表及时报送，企业可以提前结账。（　　）

7. 预收款项项目应根据应收账款和预收账款账户所属明细账借方余额之和填列。（　　）

8. 资产负债表中货币资金项目应根据银行存款账户的期末余额填列。 （ ）

9. 营业利润减去管理费用、销售费用、财务费用和所得税费用后得到净利润。

（ ）

10. 资产负债表是总括反映企业特定日期资产、负债和所有者权益情况的静态报表，通过它可以了解企业的资产分布、资金的来源和承担的债务以及资金的流动性和偿债能力。 （ ）

四、简答题

1. 简述财务会计报告的构成。
2. 简述财务会计报告的分类。
3. 简述资产负债表的编制方法。
4. 简述利润表“本期金额”栏编制的主要步骤。

附录　技能强化参考答案

项目一　总论

一、单项选择题

1. C　2. C　3. B　4. C　5. C
6. A　7. D　8. C　9. D　10. D
11. C　12. B

二、多项选择题

1. AB　2. ABC　3. BD　4. ACD　5. BC
6. ABCD　7. AD　8. BCD　9. ABC　10. ABCD
11. ABC　12. ABC

三、判断题

1. ×　2. ×　3. ×　4. ×　5. ×
6. ×　7. ×　8. ×　9. √　10. √

四、简答题

略。

项目二 会计要素与会计等式

一、单项选择题

1. D 2. C 3. A 4. C 5. C

二、多项选择题

1. BC 2. BCD 3. ABCD 4. BC 5. ABC

三、判断题

1. × 2. × 3. × 4. √ 5. ×

四、简答题

略。

项目三 会计科目与会计账户

一、单项选择题

1. D 2. A 3. C 4. D 5. B
6. B 7. B

二、多项选择题

1. CD 2. BCD 3. ABD 4. AC 5. ABCD
6. ABC 7. ABC

三、判断题

1. √　2. √　3. ×　4. √　5. √
6. ×　7. ×　8. ×

四、简答题

略。

项目四　会计记账法

一、单项选择题

1. D　2. C　3. C　4. C　5. A
6. D

二、多项选择题

1. ACD　2. BD　3. BC　4. BCD

三、判断题

1. ×　2. ×　3. ×　4. ×

四、计算分析题

（1）35000
【解析】银行存款账户本月借方发生额合计 =30000（1）+5000（4）=35000（元）。
（2）63000
【解析】银行存款账户本月贷方发生额合计 =23000（2）+40000（3）=63000（元）。

（3）40000

【解析】 银行存款账户本月末余额＝68000＋30000（1）－23000（2）－40000（3）＋5000（4）＝40000（元）。

（4）23000

【解析】 用银行存款偿还应付账款23000元，应付账款减少23000元，记入借方。

（5）8000

【解析】 应付账款账户本月末余额＝30000－23000（2）＋1000（3）＝8000（元）。

五、简答题

略。

项目五　工业企业的生产经营过程核算

一、单项选择题

1. C　2. B　3. A　4. B　5. A
6. A　7. B　8. C　9. C　10. A
11. D　12. A　13. A　14. A　15. D
16. A

二、多项选择题

1. ABC　2. ABC　3. ABCD　4. AB　5. ABCD
6. ABC　7. BD　8. ABC　9. ABC　10. ABC
11. AB　12. ABD　13. ABCD

三、判断题

1. ×　2. ×　3. ×　4. ×　5. ×
6. √　7. √　8. ×　9. √　10. ×

四、计算分析题

（1）

借：原材料　　　　　　　　　　　　　　　950000

　贷：实收资本——乙公司　　　　　　　　　　800000

　　　资本公积——资本溢价　　　　　　　　　150000

（2）

借：销售费用　　　　70000

　贷：银行存款　　　　70000

（3）

借：营业外支出　　　　10000

　贷：银行存款　　　　10000

（4）本月折旧额 =（937000 − 937000 × 4%）÷ 100000 × 3000 = 26985.6（元）。

会计处理为

借：管理费用　　　　26985.6

　贷：累计折旧　　　　26985.6

项目六　会计凭证

一、单项选择题

1. B　2. B　3. A　4. C　5. B

6. B　7. C　8. D　9. D　10. C

二、多项选择题

1. ABD　2. ABD　3. BC　4. ABCD　5. ABD

6. ABCD　7. ABD　8. BCD　9. ABC　10. ABD

三、判断题

1. ×　2. ×　3. ×　4. √　5. ×

6. × 7. × 8. √ 9. √ 10. √

四、简答题

略。

项目七 会计账簿

一、单项选择题

1. B 2. B 3. D 4. B 5. C
6. A 7. B 8. B 9. A 10. A

二、多项选择题

1. ABC 2. BCD 3. BCD 4. BCD 5. ABCD
6. ABC 7. ABC 8. AD 9. ABD 10. ABCD

三、判断题

1. √ 2. √ 3. × 4. × 5. √
6. × 7. √ 8. × 9. √ 10. √

四、简答题

略。

项目八 会计核算程序

一、单项选择题

1. D 2. B 3. C 4. C 5. C

6. C　　7. A　　8. A　　9. B　　10. D

二、多项选择题

1. ABC　　2. ABCD　　3. ABCD　　4. ABCD　　5. BC
6. ABC　　7. ABC　　8. AB　　9. AC　　10. ABD

三、判断题

1. √　　2. ×　　3. √　　4. √　　5. √
6. ×　　7. ×　　8. ×　　9. √　　10. √

四、简答题

略。

项目九　财产清查

一、单项选择题

1. D　　2. A　　3. C　　4. B　　5. A
6. C　　7. D　　8. A　　9. D　　10. A

二、多项选择题

1. ABCD　　2. ABD　　3. ABC　　4. AC　　5. AC
6. BCD　　7. CD　　8. AD　　9. ABCD　　10. BC

三、判断题

1. √　　2. ×　　3. ×　　4. ×　　5. ×
6. √　　7. √　　8. ×　　9. ×　　10. ×

四、简答题

略。

项目十　财务会计报告

一、单项选择题

1. D　2. A　3. C　4. D　5. A
6. C　7. B　8. A　9. D　10. B

二、多项选择题

1. ABD　2. BC　3. ACD　4. ABCD　5. ABCD
6. BC　7. AD　8. ABCD　9. ACD　10. ABCD

三、判断题

1. ×　2. ×　3. ×　4. ×　5. ×
6. ×　7. ×　8. ×　9. ×　10. √

四、简答题

略。

参考文献

[1] 徐金仙，胡霞．基础会计［M］. 4版．上海：立信会计出版社，2019.

[2] 石艳荣，李敬锋．基础会计［M］. 北京：中国商业出版社，2019.

[3] 张爱玲，黄南秀．基础会计［M］. 北京：中国人民大学出版社，2019.

[4] 李迪，赵靖．基础会计学［M］. 2版．北京：清华大学出版社，2019.

[5] 高香林．基础会计［M］. 5版．北京：高等教育出版社，2019.

[6] 李云宏，王娜，夏玲．基础会计［M］. 北京：中国经济出版社，2018.

[7] 蒋希众．基础会计［M］. 成都：西南财经大学出版社，2018.

[8] 周本权，李良平．基础会计［M］. 重庆：重庆大学出版社，2018.

[9] 陈伟清，张玉森．基础会计［M］. 5版．北京：高等教育出版社，2018.

[10] 中华会计网校．会计基础［M］. 北京：人民出版社，2019.